C·H·Beck
PAPERBACK

Die Deutschen und der Nationalsozialismus
Herausgegeben von Norbert Frei

Sybille Steinbacher
«Dass ihr mich gefunden habt»
Hitlers Weg an die Macht

Dietmar Süß
«Ein Volk, ein Reich, ein Führer»
Die deutsche Gesellschaft im Dritten Reich

Markus Roth
«Ihr wißt, wollt es aber nicht wissen»
Verfolgung, Terror und Widerstand im Dritten Reich

Moritz Föllmer
«Ein Leben wie im Traum»
Kultur im Dritten Reich

Tim Schanetzky
«Kanonen statt Butter»
Wirtschaft und Konsum im Dritten Reich

Birthe Kundrus
«Dieser Krieg ist der große Rassenkrieg»
Krieg und Holocaust in Europa

Norbert Frei
«Niemand will Nazi gewesen sein»
Die Nachgeschichte des Dritten Reiches

Tim Schanetzky

«Kanonen statt Butter»

Wirtschaft und Konsum im Dritten Reich

C.H.Beck

Mit 5 Abbildungen

Originalausgabe

Satz: Druckerei C.H.Beck, Nördlingen
Druck und Bindung: Pustet, Regensburg
Umschlagentwurf: Geviert, Grafik & Typografie
Umschlagabbildung: Eintopfsonntag des Winterhilfswerkes, Februar 1937
in Altenburg im Erzgebirge © ullstein bild
ISBN 978 3 406 67515 7
Printed in Germany

www.beck.de

Inhalt

«Kanonen statt Butter»

Am nasskalten Nikolaustag des Jahres 1935 besuchte Hermann Göring die Hamburger Werft Blohm & Voss. Fast die gesamte Belegschaft versammelte sich in der großen Schiffbauhalle. Der Luftfahrtminister, ausstaffiert mit der Uniform eines Generals der Flieger, muss die Unzufriedenheit unter den Arbeitern gespürt haben. Zwar hatte der Rüstungsaufschwung viele Werftarbeiter, die während der Weltwirtschaftskrise arbeitslos geworden waren, wieder in Lohn und Brot gebracht. Nun aber befand sich das Dritte Reich in einer für jeden spürbaren Versorgungskrise. Schon im November hatte man ohne großes Aufheben begonnen, Butter zu rationieren, nachdem ihr Preis binnen zwei Jahren um fast ein Drittel gestiegen war. Neben Butter und Fleisch wurde selbst das Brot so knapp, dass die Deutschen die im Spätherbst 1933 eingeführten Eintopfsonntage in einem anderen Licht betrachteten. Was ursprünglich die Not der Arbeitslosen lindern sollte, galt vielen nun als Symbol der Versorgungskrise.

Entsprechend stellte die Prager Exilorganisation der SPD den «wachsenden Unmut der Bevölkerung über die Lebensmittelknappheit» an den Anfang ihres Monatsberichts vom November 1935. In den Großstädten komme der aus Krieg und Inflation bekannte Schleichhandel wieder in Gang, und auf «mehreren Wochenmärkten» musste die «Polizei den Verkauf der wenigen Fleischwaren» übernehmen, weil die Marktstände regelrecht gestürmt worden seien.[1] Vor diesem Hintergrund rief der wohlbeleibte Göring die Hamburger Werftarbeiter zum Verzicht auf: «Erz hat stets ein Reich stark gemacht, Butter und Schmalz haben höchstens ein Volk fett gemacht». Für Regimegegner war das ein gefundenes Fressen. John Heartfield verarbeitete Görings Satz im

Prager Exil zu einer bitteren Satire. Der als Helmut Herzfeld geborene Graphiker galt als Erfinder der politischen Fotomontage. Nachdem ihn ein SA-Schlägertrupp in seiner Wohnung überfallen hatte, floh der Kommunist nach Prag, wo er weiter für die *Arbeiter Illustrierte Zeitung* arbeitete. Unterschrieben mit «Hurrah, die Butter ist alle!» karikierte er eine regimetreue Familie, deren gute Stube mit Hakenkreuztapete, Hitler-Porträt und Hindenburg-Sofakissen ausstaffiert ist. Während sich die Erwachsenen mit Wonne über die Teile eines alten Fahrrades und weitere Gegenstände aus der Alteisensammlung hermachen, kauert unter dem Tisch der Familienhund, der eine Schraube in Knochenform verspeist. Im Kinderwagen knabbert ein Baby an einem Henkersbeil.

Zwar gelangte die kommunistische *AIZ* inzwischen kaum noch nach Deutschland und ihre Auflage war mit 12 000 Exemplaren auf einen Bruchteil ihrer früheren Verbreitung gefallen. Internationalen Beobachtern galt sie dennoch als wichtige Informationsquelle, und so wurden nun auch Blätter wie die britische *Times* auf die Lebensmittelknappheit in Deutschland aufmerksam. Sie berichtete nicht nur über Görings Anweisung an die Polizei, hart gegen Schwarzhändler vorzugehen, sondern mokierte sich auch über die «Schwierigkeiten für Hausfrauen» in Deutschland. In der Vorweihnachtszeit seien in Berlin kaum noch frische Eier aufzutreiben.[2]

Die Versorgungskrise traf die NS-Propaganda völlig unvorbereitet. Hilflos bezeichnete sie die Knappheit zunächst als Phänomen, das gewiss bald überwunden werde. So wies Goebbels die Presse an, etwas zur «Niederschlagung der Psychose» zu unternehmen. Angesichts des wachsenden Unmuts in der Bevölkerung ließ sich diese Linie aber nicht durchhalten. Zum Jahreswechsel 1935/1936 nannte der Propagandaminister in seiner Silvesteransprache erstmals Gründe für die knappe Versorgung: Den Import von Lebensmitteln habe man «zu einem Teil einschränken» müssen, um der Einfuhr von Rohstoffen für die Aufrüstung Vorrang zu geben.[3] Zwei Wochen später wurde er auf dem Berliner Gauparteitag der NSDAP deutlicher: «Wir werden zur Not auch einmal ohne Butter fertig werden, niemals aber ohne Kanonen!» Rudolf Hess griff diese bündige Formel im Oktober 1936 auf, als er im oberfränkischen Hof die neue Adolf-Hitler-Halle einweihte: «Und wir sind bereit, auch künftig, wenn notwendig, mal etwas weniger Fett, etwas weniger Schweinefleisch, ein paar Eier weniger zu verzehren. [...] Wir wissen, dass die Devisen, die wir dadurch sparen, der Aufrüstung zugutekommen. Auch heute gilt die Parole: Kanonen statt Butter.»[4]

Die Phrase begann sich nun zu verselbständigen und galt bald schon überall als Ausspruch Hermann Görings. Dieser gebrauchte sie jedoch gar nicht, als er wenige Tage nach der Hess-Rede an die Opferbereitschaft der Deutschen appellierte. Er behauptete im Berliner Sportpalast vor einem Massenpublikum, auf Butter inzwischen gänzlich zu verzichten und dadurch bereits tüchtig abgenommen zu haben. Die Zuhörer jubelten. In Hamburg hörte der irische Schriftsteller Samuel Beckett die «endlose Tirade» im Radio und notierte in sein Tagebuch: «Sehr volkstümlich. Kolonien, Rohstoffe, Fettwaren. Er hat X Kilo verloren».[5] Auch in Svendborg, einem beschaulichen Hafenstädtchen an der Südküste der Insel Fünen, kam die Botschaft an. Bertolt Brecht, der 1933 aus Deutschland geflohen war, dichtete in seinem dänischen Exil: «Sonst aber wäre zu sagen, dass/Kanonen auf den leeren Magen/Nicht jedes Volkes Sache sind.»[6]

Ob im Spottvers oder auf der Massenkundgebung, bei linken Exilanten oder als sarkastische Reaktion auf die Widrigkeiten des Alltags – spätestens im Herbst 1936 war die Formel «Kanonen statt Butter» überall fest etabliert. Eigentlich kennzeichnete sie die Handlungsalternativen einer Nation im Krieg, und so verstanden viele das offensive Bekenntnis zur staatlichen Machtpolitik als Flucht nach vorn. Hitler sah sich im Februar 1937 ebenfalls zur Stellungnahme genötigt, wenngleich nicht in der breiten Öffentlichkeit, sondern vor einem Publikum handverlesener Nationalsozialisten. Auf dem «17. Jahrestag des Beginns der nationalen Erhebung» betonte er gleich mehrfach, dass ihm die Versorgungsprobleme «gänzlich gleichgültig» seien – und bewies damit das genaue Gegenteil. Einerseits sei die Lage nicht schlecht, denn wegen der Erfolge auf dem Arbeitsmarkt kämen inzwischen «nahezu 20 Millionen Menschen» in den Genuss eines «anderen Lebensstandards» als zur Zeit der Weltwirtschaftskrise: «Und sie essen nun wieder. Und es gibt keine Zweifel, das deutsche Volk sieht heute besser genährt aus als vor vier oder fünf oder sechs Jahren.» Andererseits laute die politische Alternative nicht «Kanonen oder Butter», sondern «Kanonen oder Versklavung», und da gebe es nur eine Antwort: «Dann schon lieber Kanonen!»[7]

Ironischerweise versuchten die Spitzen des Regimes, die Deutschen auf eine Weise zu beeinflussen, die Hitler ein Jahrzehnt zuvor noch für völlig aussichtslos gehalten hatte. In seinem zweiten Buch, der unveröffentlichten Fortsetzung von «Mein Kampf», hatte er 1928 festgestellt, dass sich der Anspruch an den eigenen Lebensstandard stets an den verfügbaren Vorbildern orientiere und dabei die amerikanische Konsumgesellschaft der «Roaring Twenties» im Sinn gehabt. Demnach führte die moderne Technik zwangsläufig dazu, dass «Lebensverhältnisse aufeinander abfärben» und sich international «anzugleichen versuchen». Darum sei es auf Dauer unmöglich, ein «Volk [...] durch einen Appell an Erkenntnisse oder auch an Ideale unter einem sonst allgemein gültigen Lebensstandard» zu halten.[8]

Diese Überlegungen bestärkten ihn damals in seiner Überzeugung, dass mehr Wohlstand nur vom machtpolitischen Streben nach «Lebensraum» ermöglicht werde, und Machtpolitik benötigte Waffen. Einschränkungen beim Lebensstandard waren also nur für eine politisch notwenige Übergangsphase hinzunehmen. Der Alarmismus, mit dem das Regime auf die Versorgungskrise reagierte, unterstreicht, wie aufmerksam Hitler die Konsumchancen der Deutschen beobachtete. Dahinter stand die Erfahrung der Niederlage im Ersten Weltkrieg. Sie war in der Wahrnehmung vieler Nationalsozialisten nicht Folge einer wirtschaftlichmilitärischen Unterlegenheit, sondern vorrangig auf den Zusammenbruch der «Heimatfront» zurückzuführen. Einen Hungerwinter wie 1916/17 galt es künftig ebenso zu vermeiden wie die Auswirkungen der Seeblockade oder die administrative Überforderung durch den totalen Krieg. Bündig resümierte das Reichswirtschaftsministerium im September 1934: «Noch ist die Erinnerung lebendig daran, wie fürchterlich sich im Weltkrieg das Fehlen jeglicher wirtschaftlicher Kriegsvorbereitung gerächt hat.»[9]

Schon angesichts dieser zeitgenössischen Perspektive muss unter der Wirtschaft des Nationalsozialismus mehr verstanden werden als lediglich die Fragen von Aufrüstung und Überwindung der Weltwirtschaftskrise, freiem Unternehmertum und staatlicher Lenkung, Kriegswirtschaft, Raubökonomie und Zwangsarbeit. Begreift man das Dritte Reich als Produkt der Industriemoderne, gilt es auch, die Dynamisierung der Gesellschaft und die Verheißungen des Konsums systematisch herauszustellen. Die Kampagnen für Volksprodukte, erschwingliche Autos oder Urlaubsreisen waren nämlich weit mehr als Propaganda, bedeuteten nicht nur eine Manipulation der Öffentlichkeit und die Schaffung einer «Pseudo-Massenkonsumgesellschaft».[10] So wie die wichtigsten wirtschaftspolitischen Entscheidungen seit 1933 einem militärischen Kalkül folgten, so waren die Möglichkeiten des realen und die Hoffnungen auf den zukünftigen Konsum kaum zu überschätzende Mittel der Herrschaftsstabilisierung.

Das zeigte sich besonders im Krieg, von dessen Raubökonomie die Deutschen materiell profitierten. Während man sowjetische Kriegsgefangene und ganze Zivilbevölkerungen wie in der Ukraine dem Hungertod überließ, wurde die Versorgung der Deutschen bis ins Frühjahr 1945 – wenn auch auf kargem Niveau – aufrechterhalten. Von einer «Gefälligkeits-» oder gar «Wohlfühl-Diktatur» konnte zwar schon wegen der dürftigen Lebensumstände keine Rede sein.[11] Aber die Idee der Volksgemeinschaft bedeutete eben doch mehr als eine leere Propagandaformel. So trat gerade in der Wirtschafts- und Konsumpolitik die wichtigste Herrschaftstechnik des Dritten Reiches hervor: nicht zwischen den vermeintlichen Alternativen von Zwang und Lockung, Terror und Integrationsangeboten zu wählen, sondern Verführung und Verbrechen stets gleichzeitig einzusetzen.[12] Repression gewann erst unter dem Eindruck der nahenden Kriegsniederlage die Oberhand. Davor jedoch hatte die NS-Führung die Stimmung der Bevölkerung stets im Blick und zog deren Reaktionen bei ihren Handlungen ins Kalkül.

Bereits im Frühjahr 1932 hatte Hitler erklärt: «Es gibt zwei Arten, wie man die Not lindern, ja sie vielleicht sogar beseitigen kann: entweder indem man die Not tatsächlich beseitigt, – das aber geht nicht immer, zum mindesten sofort, oder indem man das Gefühl für die Not beseitigt! Und das geht, wenn man es richtig anfängt!»[13] Nach diesem Prinzip sollte das psychologische Moment nicht nur bei der Überwindung der Wirtschaftskrise die entscheidende Rolle spielen, sondern auch bei Konsum und Lebensstandard. Von Beginn an müssen daher nicht nur Terror und Repression, rassistische Ausgrenzung und mörderische Ausbeutung, sondern auch die Integrationsangebote, kurzum: die Verheißungen der Volksgemeinschaft gleichranging in den Blick genommen werden.

In diesem Sinne ist die Geschichte der Wirtschaft des Dritten Reiches immer auch als die Erforschung ihrer Wahrnehmung zu verstehen – in Form von Alltagsbeobachtungen, durch die Ermittlung des Lebensstandards und über die Betrachtung von realen Konsumchancen. Dabei wird nicht nach verborgenen wirtschaftlichen Triebkräften für die politische Entwicklung des Dritten Reiches oder für den militärischen Verlauf des Krieges gesucht. Wirtschaftliche Erwägungen mögen punktuell immer wieder auch politisch-militärisch folgenreich geworden sein, sei es die Versorgung mit Devisen, sei es der Zugang zu Rohstoffen oder Nahrungsmitteln. Doch ungeachtet aller Freiräume, Mitwirkungschancen und funktionalen Eigenlogiken der Ökonomie war es vor allem Hitlers politisch-militärisches Kalkül, das den Handlungsrahmen auch in der Wirtschaft entscheidend prägte. Und das bedeutete: Obwohl Rüstung und die militärischen Ziele («Kanonen») absoluten Vorrang vor den zivilen Bedürfnissen der Konsumenten hatten («Butter»), galt es, die Stimmung der Bevölkerung sorgfältig im Blick zu behalten. In diesem Spannungsverhältnis liegt nicht nur der Schlüssel für das Verständnis der Wirtschaft des Dritten Reiches. Daraus folgt ein methodischer Zugriff, der auch den Erfahrungen der Zeitgenossen nachspürt und auf diese Weise zu einer modernen Gesellschaftsgeschichte des Nationalsozialismus gelangt.

SIEMENS-
SCHUCKERT

I.

Terror und Verheißung

Am 11. November 1933 hielt Hitler eine große Rede vor den Arbeitern der Berliner Siemens-Werke. Am Samstag unmittelbar vor dem Referendum über Deutschlands Austritt aus dem Völkerbund und der daran gekoppelten Reichstagswahl inszenierte das Regime dort den Wahlkampfhöhepunkt. Zwar gab es keine geheime Wahl mehr, und nur die NSDAP war zugelassen. Aber das Referendum eignete sich, um den gesellschaftlichen Anpassungsdruck im entstehenden Dritten Reich weiter zu erhöhen und auch nach außen Einigkeit zu demonstrieren.

Hitlers Rede wurde live im Radio übertragen und war im gesamten Reichsgebiet zu hören: «Wenn ich heute zu ihnen und damit zu Millionen anderen deutschen Arbeitern und Arbeiterinnen spreche, dann habe ich dazu mehr Recht als irgendein anderer. Ich bin aus euch selbst herausgewachsen, bin einst selbst unter euch gestanden». Hitler, der nie einer geregelten Arbeit nachgegangen war, behauptete nun, er habe sich «durch Fleiß, durch Lernen und [...] durch Hungern langsam emporgearbeitet. In meinem innersten Wesen bin ich immer geblieben, was ich vorher war.» Er traf damit offenbar den richtigen Ton. Die Siemens-Arbeiter jubelten, als er die neugewonnene Einigkeit im Inneren beschwor und daraus seinen außenpolitischen Kurs ableitete. Und er weckte neue Hoffnungen: «Wenn einige sagen, ja, aber unser Existenzniveau ist nicht besser geworden, dann antworte ich, das erste war, dass ich die Menschen wieder in den Arbeitsprozess eingliederte. Das nächste wird sein, die Konsumkraft zu steigern.»[1]

Während Hitler die Verheißungen aussprach, musste er den Terror vor dem Arbeiterpublikum gar nicht erwähnen – wenige Monate nach dem Verbot von SPD und KPD, nach der Ausschaltung der Gewerkschaften, und noch während deren frühere Funktionäre und Aktivisten mit offenem Terror mundtot gemacht, in Konzentrationslager gesperrt oder ermordet wurden.

Die Siemensstadt lag im proletarischen Nordwesten Berlins zwischen der SPD-Hochburg Spandau und dem Wedding, einer Bastion der Kommunisten. Hier hatte sich die SA seit 1927 Saal- und Straßenschlachten mit ihren linken Gegnern geliefert. Über die Zahl der Schwerverletzten und Toten – zumal in den Monaten nach dem Januar 1933 – gibt es keine Statistiken. Aber jeder Siemens-Arbeiter wird, sofern er nicht selbst betroffen war, von früheren oder aktuellen Kollegen gehört haben, die von den Schlägertrupps der SA entführt und misshandelt worden waren. Angesichts dieser Erfahrungen war die Entscheidung für eine Abschlusskundgebung an genau diesem Ort fraglos ein Wagnis: Die Reaktionen der Siemens-Arbeiter waren von Goebbels und seinen Helfern nicht zu orchestrieren. Aber das Kalkül ging auf. Von einer feindseligen Stimmung konnte keine Rede sein, und entsprechend starke Bilder lieferten die jubelnden Arbeitermassen. Die Wochenschau brachte sie sofort in die Kinos. Goebbels war begeistert: «Toller Jubel! Nur Arbeiter», notierte er in sein Tagebuch. «Vor einem Jahr noch hätte man uns totgeschlagen.»[2]

Wie Hitler war auch dem Propagandaminister bewusst, dass man die Massen allen diktatorischen Vollmachten zum Trotz gewinnen musste, um die Eroberung der Macht auf Dauer zu stellen. In wie kurzer Zeit und in welch erstaunlichem Maß dies gelungen war – das stellte Hitlers Siemens-Auftritt demonstrativ heraus. Auf seine Gegner im konservativen Lager wie auf der Linken musste dies demoralisierender wirken als der offizielle Ausgang der manipulierten Wahl. Bei der Reichstagswahl erhielt die NSDAP 92,1 Prozent der Stimmen, und dem Austritt aus dem Völkerbund stimmten 95,1 Prozent der Wähler zu.

Moralischer Zusammenbruch

Ein halbes Jahr zuvor, an einem Vorfrühlingssamstag im März, hatte in Braunschweig die SA zum Platzkonzert aufgespielt. Aus der Zuschauermenge, die sich rasch im Zentrum der Altstadt versammelte, lösten sich plötzlich einige Zivilisten und eilten zu den Kaufhäusern Karstadt und Adolf Frank. Die Männer hatten Steine mitgebracht und warfen die Schaufensterscheiben der beiden Warenhäuser ein. Danach verwüsteten sie die Verkaufsräume, verprügelten Angestellte und Kunden. Entsetzte Inhaber benachbarter Geschäfte riefen die Polizei, doch die erschien nicht. So plötzlich, wie er begonnen hatte, war der Überfall auch wieder beendet. Die Männer mischten sich erneut unter die Zuhörer des Konzerts, und kurz darauf betrat Friedrich Alpers die Bühne. Der SS-Standartenführer rief ins Publikum, Kommunisten hätten die Warenhäuser gestürmt – tatsächlich aber waren sie von SS-Männern unter dem Kommando von Alpers verwüstet worden. Zwei Tage zuvor hatten dieselben Männer bereits das Gebäude des *Braunschweiger Volksfreund* besetzt. Sie folterten und misshandelten die Beschäftigten des sozialdemokratischen Blattes, das seit dem 1. März nicht mehr erscheinen durfte. Ein Verlagsmitarbeiter wurde erschossen. Auch hier führte Alpers persönlich das Kommando. In dem demolierten Gebäude entstand ein improvisiertes Gefängnis, in das seine Leute viele Sozialdemokraten, Kommunisten, Gewerkschafter, Angehörige der katholischen Jugend und andere Gegner der NSDAP verschleppten.

Auch dort kam es zu Folterungen. Ein sozialdemokratischer Stadtverordneter starb an seinen Verletzungen.

Der Freistaat Braunschweig mag ein extremer Fall gewesen sein, weil die NSDAP dort bereits seit 1930 an der Regierung beteiligt gewesen war. Hier hatte man Adolf Hitler zur deutschen Staatsbürgerschaft verholfen, was eine formale Voraussetzung für die Kanzlerschaft gewesen war. Und ausgerechnet jener Friedrich Alpers, dessen SS-Männer Angst und Schrecken verbreiteten, sollte am 8. Mai 1933 in die Landesregierung eintreten – als Justizminister.[3] Aber Gewaltexzesse wie in Braunschweig waren am Anfang des Dritten Reiches überall die Regel. Sie begannen mit der Machtübernahme vom 30. Januar 1933, steigerten sich im Vorfeld der Reichstagswahl vom 5. März und begleiteten danach über Monate die Errichtung der Diktatur. Offiziell wurden allein in den Wochen vor der Märzwahl 69 politische Morde gezählt, unter deren Opfern auch 18 Nationalsozialisten waren. Dabei verschwamm die Grenze zwischen Staat und Partei schon jetzt: Hermann Göring sorgte in seiner Funktion als preußischer Innenminister dafür, dass SA- und SS-Männer zu Hilfspolizisten ernannt wurden, und andere Landesregierungen zogen rasch nach – wie in Braunschweig, wo Alpers offiziell als Chef der Hilfspolizei amtierte. Wer diesen Trägern staatlicher Macht in die Hände fiel, war schutzlos. So erinnert sich der Berliner Arzt Erich Simenauer: «Rechts und links von mir wurden einige Leute mit Knüppeln so lange geschlagen bis sie tot waren; es war entsetzlich. Wenn sie die wenigstens erschossen hätten, aber sie haben sie zu Tode geprügelt.»[4]

In großen Teilen der NSDAP und bei manchem in der neuen Staatsführung war es zunächst durchaus erwünscht, dass die SA ihre neu gewonnene Macht in einem Rausch der Gewalt auslebte.[5] Zum einen unterstrichen die Aktionen gegen die Kaufhäuser, dass das verbreitete Bedürfnis, alte Rechnungen zu begleichen, den politischen Gegner einschüchterte. Zum anderen verdeutlichten sie aber auch die Widersprüche zwischen den ideologischen Zielen der NSDAP und den pragmatischen Anforderungen an die neue Regierung. Kaufhäuser waren seit Hitlers Ernennung zum Reichskanzler immer wieder Ziel unkoordinierter Attacken gewesen, und die Aktionen kulminierten in der Woche nach den Märzwahlen. Zum Boykott aufgerufen hatte der *Völkische Beobachter*, das Zentralorgan der NSDAP. Immerhin sprach sich die Partei bereits seit 1920 für den Schutz des alteingesessenen Handels aus, den es vor der Einkaufsmacht und der Preispolitik der Warenhausketten zu schützen gelte. Dass es 1928 erst 312 Kaufhäuser in Deutschland gab, deren Anteil am Gesamtumsatz des Einzelhandels bei 4,2 Prozent lag, zählte aus Sicht der Mittelstandsideologen nicht. Sie lehnten die Betriebsform in toto als «jüdisch» ab, ganz gleich, welcher Eigentümer im Einzelnen dahinterstand: «Ramsch bleibt Ramsch, ob ihn Tietz oder Karstadt oder Woolworth, der eine oder der andere Jude anbietet».[6]

Im Kampf gegen die Kaufhäuser überschnitten sich Rasseideologie und Mittelstandsprogrammatik, und deshalb waren die Boykottaktionen hier besonders effektiv. Nicht immer kam es zu ähnlich gewalttätigen Ausschreitungen wie in Braunschweig, aber im März 1933 bildete die SA überall Menschenketten vor den Warenhäusern. Die Einschüchterung der Kundschaft führte zu einem spürbaren Rückgang des Umsatzes. Und die Regierung signalisierte Unterstützung, indem sie noch Mitte März eine für Kaufhäuser verdoppelte Gewerbesteuer beschloss. Dies traf die drei größten Unternehmen schwer: Rudolph Karstadt, Leonhard Tietz und Hermann Tietz waren schon wegen der Wirtschaftskrise finanziell angeschlagen und vom Wohlwollen der Gläubigerbanken abhängig. Bis zum Frühsommer 1933 fiel ihr Umsatz um fast ein Viertel unter die Werte des bereits sehr schlechten Vorjahres. So konnte die Rudolph Karstadt AG schon wenige Tage nach dem systematischen Boykott ihre Lieferanten nicht mehr bezahlen; das Unternehmen mit seinen 20 000 Beschäftigten stand vor dem Konkurs. Angesichts des wirtschaftlichen Gewichts und der politischen Tragweite, die ein Zusammenbruch des Konzerns gehabt hätte, verhielt sich die Regierung nun jedoch pragmatisch. Kaum zwei Wochen nachdem sie offen gegen die Warenhäuser vorgegangen war, vergab sie im Stillen einen Rettungskredit. Instrument dazu war die staatliche Akzept- und Garantiebank, und Hitler stimmte zu.

Am Fall Karstadt ist auch zu studieren, welche Binnendynamik aus eilfertiger Anpassung und skrupellosem Karrierestreben das staatliche Rettungsmanöver begleitete. Als die Karstadt-Leitung davon Wind bekam, dass für den 1. April ein umfassender und systematischer Boykott aller jüdischen Betriebe in Deutschland vorbereitet wurde, reisten zwei Direktoren mit NSDAP-Parteibuch sofort nach München. Karstadt sollte von weiteren Aktionen möglichst ausgenommen werden. In der Parteizentrale hieß es, Voraussetzung dafür sei die Entlassung der jüdischen Angestellten. Am Vorabend des April-Boykotts und mit der Bewilligung des staatlichen Rettungskredits wurden daraufhin vier von sieben Vorstandsmitgliedern mit sofortiger Wirkung entlassen. Sechs Angehörige des Aufsichtsrats legten ihre Mandate «freiwillig» nieder. Und eine interne Erhebung ergab, dass von 135 leitenden Angestellten des Unternehmens 50 Personen jüdischen Glaubens waren. Anfang April mussten 47 Geschäftsführer und Zentraleinkäufer das Unternehmen verlassen. Auf Druck der Nationalsozialistischen Betriebszellenorganisation wurde bald aber auch einfachen Verkäuferinnen gekündigt. Die Gesamtzahl der Entlassungen ist nicht bekannt. Fest steht, dass dem Unternehmen durch Abfindungen, die bis 1935 in einer Vielzahl von Arbeitsgerichtsprozessen erstritten wurden, zur Unzeit erhebliche Zusatzkosten entstanden.

Karstadt tat weit mehr, als nur ein opportunistisches Signal an die neuen Machthaber zu senden. Vielmehr schuf der Personalaustausch eine Fülle von Aufstiegschancen für jüngere Führungskräfte. Sie nutzten die sich bietenden Chancen bei Karstadt ebenso wie in anderen Unternehmen der Branche. Bei Hermann Tietz war die Liquidität bereits im Frühjahr gefährlich knapp, und als die Banken das Unternehmen im Juni schließlich fallenließen, sprang erneut das Reichswirtschaftsministerium ein. Die Akzept- und Garantiebank beteiligte sich auch an der Rettung des bald als Hertie firmierenden Kaufhauskonzerns, dessen jüdische Eigentümer aus dem Unternehmen gedrängt wurden. Stattdessen stieg Georg Karg zunächst zum neuen Geschäftsführer, später mit Hilfe der Banken auch zum Eigentümer auf. Die jüdischen Besitzer von Leonhard Tietz traf es ebenso; dort sorgten die Banken für eine Umwandlung der Firma in die Westdeutsche Kaufhof AG.

Solchen Manövern der «Arisierung» fehlte in den Anfangsmonaten des Dritten Reiches jede Rechtsgrundlage, und sie traf neben den Kaufhauskonzernen eine Vielzahl weiterer Unternehmen, darunter liberale Verlags- und Pressehäuser wie Ullstein oder Rudolf Mosse. Oft lag die Initiative bei Gauleitern, Staatskommissaren oder bei örtlichen SA-Trupps. Der massenhafte Raub wurde besonders beim Vorgehen gegen die linken Gegner der NS-Bewegung nur notdürftig legalisiert. Offiziell ging das kommunistische und sozialdemokratische Parteivermögen – darunter Immobilien, Druckereien und Verlagshäuser – mit entsprechenden Gesetzen vom Sommer 1933 auf die Länder über. An eine geordnete Arbeit der Parteiorganisationen war aber schon seit Februar nicht mehr zu denken gewesen. Welche Begehrlichkeiten ihr Vermögen nach der entschädigungslosen Enteignung weckte, zeigt ein Beispiel aus der bayerischen Provinz. Gegen die vier sozialdemokratischen Zeitungshäuser in Bayreuth, Coburg, Hof und Regensburg waren Partei und SA zunächst mit Überfällen vorgegangen, die denen in Braunschweig ähnelten. Redakteure wurden willkürlich verhaftet, die Druckereibetriebe geschlossen. Offiziell fiel das enteignete Vermögen danach an den bayerischen Staat. Doch der reichte die Betriebe sofort an den Gauverlag Bayerische Ostmark weiter, der vom Bruder des Gauleiters geleitet wurde. Obwohl allein der Maschinenpark der Druckereien auf eine Million Mark geschätzt wurde, erhielt der Gauverlag seinen neuen Besitz zu Spottpreisen. Beim Druckereibetrieb in Hof setzte man das Inventar mit sechs Prozent seines Werts an. Die Tinte unter den Verträgen war kaum trocken, als der bayerische Fiskus den ohnehin schon stark gedrückten Kaufpreis zinslos stundete – bis zum 31. Dezember 1944. Faktisch hatte sich damit nicht die Partei, sondern die Familie des Gauleiters den wertvollsten Teil des sozialdemokratischen Parteivermögens zum Nulltarif angeeignet.[7]

Während der Besitz von SPD und KPD noch durch eigens verabschiedete Gesetze vom Sommer 1933 verstaatlicht wurde, die zumindest den äußeren Anschein der Legalität wahrten, gingen die Unternehmen der organisierten Arbeiterbewegung vollständig in der Deutschen Arbeitsfront auf. Sie trat an die Stelle von Gewerkschaften, Angestellten- und Arbeitgeberverbänden und übernahm aus den Händen der Gewerkschaften neben einer Reihe von Verlagen und Banken auch zwei Versicherungsgesellschaften (Deutscher Ring, Volksfürsorge) sowie Konsumgenossenschaften mit fast 11 000 Verkaufsstellen und Wohnungsunternehmen mit 40 000 Wohnungen. Die christlichen Arbeitnehmervertretungen, die unternehmerfreundlichen Hirsch-Dunckerschen Gewerkvereine sowie der Deutschnationale Handlungsgehilfen-Verband gaben ihr Eigentum unter beträchtlichem politischen Druck, aber formal freiwillig an die Arbeitsfront ab. Obwohl sich die mit der Sozialdemokratie verbundenen Freien Gewerkschaften bis zur Selbstverleugnung um politische Neutralität bemüht und gehofft hatten, ihre Existenz auf diese Weise sichern zu können, wurden auch sie enteignet – nicht per Gesetz, sondern durch die Justiz. Der Berliner Generalstaatsanwalt ermittelte wegen Korruptionsvorwürfen und ordnete am 12. Mai 1933 die Beschlagnahmung an. Um eine «geordnete Verwendung des deutschen Arbeitervermögens zu gewährleisten», setzte er Arbeitsfront-Leiter Robert Ley als «verfügungsberechtigten Pfleger» ein.[8] Korruptionsvorwürfe wurden aber auch benutzt, um Unternehmen unter Druck zu setzen, etwa im Fall des Hamburger Zigarettenherstellers Reemtsma, den man bei der stark expandierenden SA-Marke «Sturm» als unliebsame Konkurrenz empfand. Im April 1933 stand Reemtsma auf einer Korruptionsliste, die das preußische Innenministerium an die Presse gab. Als ein Strafverfahren in Gang kam, suchte Reemtsma das Gespräch mit Hermann Göring und spendete einen Millionenbetrag. Auch angebliche Verstöße gegen die komplizierten Bestimmungen der Devisenbewirtschaftung waren ein typischer Hebel, um Druck aufzubauen – so verhaftete die preußische Polizei den Industriellen Günther Quandt aus einer Sitzung bei der Deutschen Bank heraus und verfrachtete ihn wegen Korruptionsverdachts für sechs Wochen in die Haftanstalt Moabit. Doch auch Quandt stellte sich schnell auf die neuen Verhältnisse ein und trat bereits kurz darauf der NSDAP bei.

Willkürakte wie diese verursachten eine tiefe Verunsicherung. Waren gesetzlich verbriefte Eigentumsrechte generell in Frage gestellt? Wie war beispielsweise mit den Gläubigern der verstaatlichten oder in die Deutsche Arbeitsfront eingegliederten Unternehmen umzugehen? Ähnlich wie die Kaufhauskonzerne hatten auch viele Partei- und Gewerkschaftsunternehmen unter der Weltwirtschaftskrise schwer zu leiden gehabt und waren überschuldet. Als sich die Gläubiger nun an die Arbeitsfront hielten, machte diese rasch deutlich, dass sie zwar das Vermögen der Gewerkschaften übernehmen wollte, nicht aber die damit verbundenen Lasten. Es dauerte bis 1937, ehe durch mehrere Gesetze und Verordnungen zumindest formelle Rechtssicherheit hergestellt war: Offiziell blieben die Ansprüche der Gläubiger bestehen. Weil Robert Leys Organisation fortan aber nur als Treuhänderin des Vermögens fungierte, musste sie für Zinsen und Tilgung nicht aufkommen. Faktisch wurden damit auch die Gläubiger enteignet. Beim Parteivermögen von SPD und KPD trat dasselbe Problem auf. Sofern den Gläubigern eine «vorsätzliche Förderung marxistischer Bestrebungen» nachzuweisen war, konnten ihre Ansprüche ersatzlos gestrichen werden.[9] Weil der Besitz meist direkt an Parteigliederungen der NSDAP oder ihre Funktionäre überging, nutzten diese den fraglichen Passus, um den Schuldendienst umstandslos einzustellen. Die Hypothekenbanken protestierten daraufhin gegen die Untergrabung der «Staatsautorität», und das Reichswirtschaftsministerium mochte nicht einsehen, dass die Gläubiger die «Kosten der nationalen Revolution aufbringen» sollten. Dies mache «im Ausland den ungünstigsten Eindruck».[10]

In der Tat: Das US-Konsulat in Stuttgart hielt bereits Anfang Juli 1933 nüchtern fest, viele Industrielle befürchteten «jeglicher Gesetzlichkeit Hohn sprechende Maßnahmen», die sie «der Kontrolle über ihre Geschäfte berauben».[11] Früh schon erhob sich im Ausland scharfer Protest gegen Gewalt und staatliche Willkür. Öffentliche Äußerungen der politischen Flüchtlinge trugen dazu ebenso bei wie die Berichte der Berlin-Korrespondenten britischer und amerikanischer Zeitungen. So wurden besonders die Übergriffe auf Juden aufmerksam registriert. In den USA setzten die jüdischen Kriegsveteranen den American Jewish Congress unter Druck, der sich aus Rücksicht auf den eben erst in das Amt eingeführten Präsidenten Franklin D. Roosevelt zunächst zurückgehalten hatte. Mitte März hob dort ein Proteststurm an, der eine breite Basis hatte. Allein am 26. März kamen bei Kundgebungen in den USA rund 1,25 Millionen Menschen zusammen. Der auf eigenen Wunsch bald abgelöste deutsche Botschafter in Washington, Friedrich von Prittwitz und Gaffron, kabelte alarmiert nach Berlin, dass der Protest inzwischen den Charakter einer regelrechten «Deutschhetze» angenommen habe. Er warnte vor den Auswirkungen einer breiten «Boykottbewegung gegen deutsche Schiffe und deutsche Waren».[12]

Den internationalen Protest nahm Hitler zum Anlass für den flächendeckenden Boykott jüdischer Geschäfte, Kanzleien und Praxen am 1. April 1933. Offiziell zeichnete dafür das vom fränkischen Gauleiter und *Stürmer*-Herausgeber Julius Streicher eigens gegründete «Zentralkomitee zur Abwehr der jüdischen Gräuel-

und Boykotthetze» verantwortlich, federführend war aber das Propagandaministerium. Die bereits von den Aktionen gegen die Kaufhäuser bekannten Gewaltakte wiederholten sich, und überall wurden nun Fensterscheiben zerschlagen und Kunden am Betreten jüdischer Geschäfte gehindert. Am Abend des 1. April notierte Goebbels in sein Tagebuch, dass sich das Publikum «überall solidarisch» erklärt habe. Diesem Zweckoptimismus stand eine Wirklichkeit gegenüber, in der sich die Bevölkerung überwiegend gleichgültig zeigte, und mitunter kam es sogar zur offenen Solidarisierung mit den jüdischen Gewerbetreibenden.[13] Victor Klemperer, der zwei Tage vor dem Boykott noch besorgt notiert hatte, die Stimmung sei unheilvoll wie «vor einem Pogrom im tiefsten Mittelalter», hielt nach dem Boykott wenig beeindruckt fest: «Am Sonnabend rote Zettel an den Geschäften: ‹anerkannt deutschchristliches Unternehmen›. Dazwischen geschlossene Läden, SA-Leute davor mit dreieckigen Schildern: ‹Wer beim Juden kauft, fördert den Auslandsboykott und zerstört die deutsche Wirtschaft.›» Dass der Boykott schon «nach einem Tage abgeblasen» wurde, hielt der jüdische Romanistikprofessor für ein «unsinniges Schwenken». Er vermutete, dass dahinter «Widerstand im Aus- und Inland» stand. Und sehr richtig erkannte er, dass Hitler mit dem Boykott auch auf den «Druck der nationalsozialistischen Straße» reagiert hatte.[14]

Die Aktion zielte tatsächlich vor allem darauf, den wilden SA-Terror einzufangen und planvoll-organisiertes Handeln zu demonstrieren. Nur stellten sich dabei praktische Probleme, die ungelöst waren: Wie waren sogenannte jüdische Betriebe zu definieren? Zählte die Firmenbezeichnung, gaben die Besitzverhältnisse oder die Mitarbeiter den Ausschlag? Warum sollten sich nichtjüdische Angestellte solidarisch verhalten, wenn der Boykott ihren Arbeitsplatz gefährdete? Und was war von den Reaktionen des Auslands zu halten, das mit Sanktionen drohte? Der großangelegte Boykott zeigte vor allem, dass an ein vom Staat zentral gesteuertes, offenes Vorgehen gegen jüdische Unternehmen aus taktischen Gründen noch nicht zu denken war. Wichtiger war das kurz darauf erlassene Gesetz zur Wiederherstellung des Berufsbeamtentums, weil es mit seiner Durchführungsverordnung vom 11. April erstmals festlegte, wer als Jude im Sinne der NS-Rasseideologie zu gelten hatte. Es schuf der rassistischen Politik eine erste gesetzliche Grundlage, auch wenn die Verdrängung von Juden im Staatsdienst, in Verbänden, Kammern, freien Berufen und nicht zuletzt in der Wirtschaft bereits im vollen Gange war. Auch dies sollte den Aktionskreis von SA und Parteibasis beschränken helfen.

Der Boykott und die Enteignungen, die Vielzahl der Übergriffe und Gewaltakte, mehr noch das Schulterzucken, mit dem die Entlassung jüdischer Manager und Verbandsfunktionäre überall hingenommen wurde – das Dritte Reich begann mit einem moralischen Zusammenbruch. Georg Solmssen beklagte ihn mit kalter Präzision. Der Vorstandssprecher der Deutschen Bank und Disconto-Gesellschaft hatte die «völlige Passivität» und den «Mangel jedes Solidaritätsgefühls» seiner Kollegen selbst erlebt. Im Vorstand der Bank sei über die Frage der demonstrativen Solidarität zwar diskutiert worden. Die Idee stieß aber nur auf «sehr lauen Widerhall». Die meisten Bankvorstände wären wohl zu einer symbolischen Geste bereit gewesen, nicht jedoch zu energischem Widerstand gegen die antisemitische Politik.[15] Frühere Kollegen oder langjährige Geschäftspartner fallenzulassen war der Normalfall, der die «Gleichschaltung» von Institutionen und Verbänden überall begleitete. Aus der Vielzahl möglicher Beispiele kann man die Deutsche Schrott-Vereinigung herausgreifen. Dabei handelte es sich um eine Einkaufsgemeinschaft, deren Produkte von der Stahlindustrie in Mittel- und Ostdeutschland als Rohstoff verwendet wurden. Ihr gehörten viele jüdische Händler an, und auch der Geschäftsführer war Jude. Er hatte im Mai 1933 «freiwillig» auszuscheiden. Im Vorstandsprotokoll heißt es nüchtern, dies sei schon wegen der «gleichartigen Vorgänge» unumgänglich, die überall festzustellen seien. Verbände, Syndikate und Unternehmen müssten sich von ihren jüdischen Beschäftigten trennen, um «ihren rein arischen Charakter zu wahren». Überdies hatte einer der wichtigsten Geschäftspartner die Gesellschaft unter Druck gesetzt: Die Deutsche Reichsbahn stellte ihre Lieferungen ein.[16] Obwohl Belege fehlen, dürfte auch in diesem Fall ein jüngerer Aufsteiger von der Vakanz profitiert haben. Daher war der Umgang mit der «Arisierung» und dem erzwungenen Personalwechsel auch eine Generationenfrage: Während für Georg Solmssen, einen assimilierten Juden des Jahrgangs 1869, eine Welt zusammenbrach, sahen jüngere Unternehmer vor allem die Chance zum Aufstieg. Dabei war im Vorteil, wer vor der Anwendung robuster Methoden nicht zurückschreckte, was etwa der Mannesmann-Vorstand Wilhelm Zangen (Jahrgang 1891) in seiner Autobiographie treffend auf den Punkt brachte: «Für keine Aufgabe darf man sich für [zu] vornehm oder zu schade halten.»[17]

Teil des moralischen Zusammenbruchs waren schließlich auch die mannigfaltigen Möglichkeiten zur Bereicherung in einem Klima von Konformität, Gewalt und Gesetzlosigkeit. So verkaufte der Truppführer eines Darmstädter SA-Sturms dem Kaufmann Heinrich Katz einen «Schutzbrief». Der jüdische Schuhhändler hatte das besondere Pech, dass sich die Dienststelle der Braunhemden im Nachbarhaus seines Ladens befand. Katz zahlte 10 000 Mark für die Unversehrtheit von Geschäft, Personal und Kundschaft, ein Betrag, mit dem er sechs zusätzliche Angestellte mühelos ein Jahr lang hätte beschäftigen können. Auf die Erpressung eingegangen zu sein, zahlte sich jedoch nicht aus. Binnen Jahresfrist halbierte sich sein Umsatz, und im Sommer 1935 emigrierte die Familie nach Palästina.[18] Oft ging es in diesen Tagen darum, langjährigen Nationalsozialisten wirtschaftliche Vorteile zu verschaffen, was angesichts einer noch immer hohen Arbeitslosigkeit, die im Durchschnitt des Jahres 1933 rund 4,8 Millionen Personen betraf, in den meisten Fällen hieß: einen Arbeitsplatz. In einer Zeit des Terrors war es leicht, Druck auf mögliche Arbeitgeber auszuüben; die SA in Bautzen setzte beispielsweise ihr in einer stillstehenden Kupferfabrik errichtetes Konzentrationslager – in dem sie binnen zweieinhalb Monaten 741 Personen festhielt – auch als Druckmittel gegenüber möglichen Arbeitgebern ein. Den Linke-Hofmann-Busch-Werken übermittelte sie eine Liste mit den Namen der «aufzunehmenden Leute» und äußerte ihre Wünsche «in recht eindringlicher Form». Als der Waggonhersteller entsprechende Einstellungen vornahm, obwohl die schwache Wirtschaftslage eigentlich dagegensprach, bekam er Ärger mit der Nationalsozialistischen Betriebszellenorganisation. Sie bestand auf der Entlassung der eben erst eingestellten Personen. Binnen Wochen waren dem Unternehmen sich widersprechende «Listen über einzustellende Leute [...] von der NSBO und sämtlichen SA- und SS-Abteilungen unterbreitet worden».[19]

Wenn man von den direkten und häufig gewaltsamen Eingriffen in die Eigentumsverhältnisse absieht, standen also selbst Unternehmen, die sich eigentlich kooperationsfreudig zeigen wollten, vor dem Problem unklarer Kompetenzen und sich widersprechender Direktiven. Bereits im April 1933 begannen Bemühungen, Willkür und Gewalt einzudämmen oder zumindest wieder unter zentrale Kontrolle zu bekommen. Den Anfang machte Otto Wagener, der Anfang 1933 noch ein enger Berater Hitlers in Wirtschaftsfragen gewesen war. Als designierter Reichskommissar stellte er Ende April jeden Eingriff in die Wirtschaft unter den Vorbehalt seiner persönlichen Genehmigung. Praktische Auswirkungen hatte seine Verfügung freilich nicht, dazu gab es für die örtlichen Parteiführer zu viel zu gewinnen. Aus Sicht Hermann Görings waren nationalsozialistische Wirtschaftsreformer wie Wagener ein Teil des Problems. Ende Mai warnte Hitler in einem Erlass, dass bei den «Führern der Wirtschaft ein Gefühl der Vogelfreiheit» entstehe, das niemand wünschen könne. Und am 6. Juli wandte er sich in Berlin vor den Reichsstatthaltern offen gegen die Revolution in Permanenz: «Gleichschaltung hat gar keinen Sinn, wenn man den entsprechenden Mann für die Gleichschaltung nicht besitzt.» Für das Gedeihen der Wirtschaft sei es nun mal «erforderlich, dass man von der Wirtschaft praktisch etwas versteht. Allgemein gesprochen wird ein Nationalsozialist, der nur theoretischer Wirtschaftler ist, schädlicher wirken als ein Wirtschaftler, der nur Wirtschaftler und kein Nationalsozialist ist.» Gemäß dieser Maxime gelte es, «einzig und allein die Leistungen» darüber entscheiden zu lassen, wer «brauchbar ist für uns und wer nicht».[20]

Was wie ein Bekenntnis zum bürgerlichen Leistungsethos klingt, war vielmehr ein Beleg für Hitlers ausgeprägten machtpolitischen Instinkt. Obwohl er die wichtigsten politischen Gegner binnen Monaten ausgeschaltet oder neutralisiert hatte, war seine Macht trotz dieser bemerkenswert reibungslosen «Gleichschaltung» noch längst nicht gefestigt. Vor allem die prekäre wirtschaftliche Lage musste sich rasch bessern, und schon deshalb war es ratsam, auf handlungsfähige Unternehmen zu setzen und mit Eingriffen in die Wirtschaft generell sehr vorsichtig zu sein. Die Erfahrung des moralischen Zusammenbruchs war den Deutschen da jedoch schon nicht mehr zu nehmen: Während die politische Opposition weitgehend kampflos das Feld geräumt hatte, schritt die Usurpation des Staates durch die neuen Machthaber rasant voran. Willkür, Gewalt und Terror prägten die Monate nach dem Januar 1933, auch in der Wirtschaft. Als deutlich wurde, in welchem Umfang der NS-Staat privates Eigentum missachtete, Verträge brach und Karrieren jäh beendete, artikulierte sich kein Sturm der Entrüstung. Auch der Boykott jüdischer Geschäfte oder die rassistisch motivierten Berufsverbote provozierten keinen offenen Protest – obwohl all dies an den funktionalen Kern der auf Recht, Besitz und individueller Leistung gründenden bürgerlichen Gesellschaft rührte. Es war wohl tatsächlich so, wie der Journalist Sebastian Haffner im britischen Exil schrieb: Schon in den zwanziger Jahren war ein «ungeheurer Riss» durch die deutsche Gesellschaft gegangen, und in der Mehrzahl einte gerade die jüngeren Jahrgänge eine Ideologie der Antibürgerlichkeit, die militärischen Schneid und charakterliche Härte an die Stelle des Bildungsideals setzte. Wer auf der Suche nach dem «neuartigen Führertum» war, häufig antikapitalistisch und antisemitisch gestimmt, wird die Radikalität des Frühjahrs 1933 jedenfalls nicht nur schicksalhaft erduldet, sondern freudig begrüßt haben.[21]

Die Unternehmer und Hitler

Dem SA-Terror entkam Bernhard Menne nur knapp. 1928 aus der KPD ausgeschlossen, war der Journalist kurz darauf zur Sozialdemokratie übergetreten; nach dem Reichstagsbrand tauchte er zunächst in Berlin unter. Er schlug sich nach Prag durch, und bald darauf begann er im politischen Exil mit der Arbeit an einem Buch, das Hitlers Weg an die Macht in eine historische Perspektive stellte. Aus seiner Sicht lohnte es nicht, dazu auf die NSDAP oder gar auf die Person ihres Führers zu schauen. Stattdessen schrieb er ein Buch über Krupp, denn der «Boden, aus und auf dem Hitler erwuchs, ist kruppsche Saat». Zwei Jahrzehnte einer von Krupp und anderen Industriellen finanzierten «skrupellosen Propaganda» hätten ausgereicht, um den «Kleinbürgermassen eine Politik der Flottenvermehrung, Heeresaufrüstung und industriellen Annexionspläne als nationale Lebensfrage zu servieren». Menne hielt es für geradezu folgerichtig, dass sie «in dem Mann aus Braunau ihren legitimen Nachfolger» fand.[22]

Wie Menne sahen viele Sozialdemokraten und die meisten Kommunisten in Hitler lediglich die «Marionette» oder einen «Mietling» des Großkapitals.[23] Besonders den Kommunisten galt die Demokratie als System, das der Aufrechterhaltung bürgerlicher Standes- und kapitalistischer Wirtschaftsinteressen diente und das mit dem Zusammenbruch der Weltwirtschaft in seine existenzielle Krise geraten war. Die Errichtung einer faschistischen Diktatur schien notwendig, um den Umsturz zu verhindern, die Arbeiterbewegung zu entmachten und die Interessen von Bankiers und Großindustriellen durchzusetzen. Ins Bild dieser «Agententheorie», die bereits während der zwanziger Jahre am Beispiel Mussolinis entwickelt worden war, passte es, dass Hitler seit je auf das Geld von großbürgerlichen Gönnern wie Ernst Hanfstaengl oder dem Pianofabrikanten Edwin Bechstein angewiesen war. Auch der Großindustrielle Fritz Thyssen spendete früh an die NSDAP. Unter seinen Branchenkollegen war der Aufsichtsratsvorsitzende der Vereinigten Stahlwerke – Europas größter Montankonzern – zwar ein politischer Außenseiter. Aber als die NSDAP aus der Reichstagswahl vom September 1930 als zweitstärkste politische Kraft hervorging, begann er offen für Hitler zu werben: Brünings Präsidialregierung habe nur Aussicht auf Erfolg, wenn es ihr gelinge, die «Bewegung aller nationalen Kreise hinter sich zu ziehen».[24] Joseph Goebbels notierte wenig später über Thyssen: «Todfeind des Marxismus. Sturer Patriot. Muss für später auf Eis gelegt werden.»[25] In Bündnissen wie diesen sahen nicht nur Kommunisten einen Beleg für die Agententheorie. Auch der Reichstagsabgeordnete Carlo Mierendorff, innerhalb der SPD ein Vertreter der «neuen Rechten», sah die besondere «Durchschlagskraft» des Nationalsozialismus in der Verknüpfung der «ökonomischen Einzelinteressen» à la Thyssen mit den «elementaren Hassgefühlen» jener Angestellten und Mittelschichtsangehörigen, die in der Krise den sozialen Abstieg fürchteten.[26]

Das war schon deshalb eine grobe Vereinfachung, weil in der Weltwirtschaftskrise nicht nur die Mittelschicht NSDAP wählte. Heute geht man davon aus, dass etwa 40 Prozent der Hitler-Wähler Arbeiter waren. Aber auch das Verhältnis der Unternehmer zu Hitler war in Wirklichkeit komplizierter. So häufig prominente NSDAP-Unterstützer wie Fritz Thyssen, Edwin Bechstein oder Emil Kirdorf genannt wurden – sie blieben Einzelfälle, während die Mehrzahl der Industriellen bis 1932 Distanz zu Hitler wahrte. Dahinter mag derselbe Standesdünkel gestanden haben wie bei Sebastian Haffner, der Hitler eine abstoßende «persönliche Atmosphäre» bescheinigte: «Die meisten Leute, die ihm 1930 im Sportpalast zuzujubeln begannen, hätten es wahrscheinlich vermieden, sich von diesem Mann auf der Straße Feuer geben zu lassen».[27] Wichtiger noch waren programmatische Gründe, denn weder Hitler noch seine Partei verfügten über ein attraktives Wirtschaftsprogramm. Im Gegenteil: Eine Partei, die seit ihrer Gründung die «Brechung der Zinsknechtschaft» forderte, überdies feindselig gegen Großunternehmen agitierte und Aktiengesellschaften ebenso verteufelte wie Gesellschaften mit beschränkter Haftung oder Warenhäuser – eine solche Partei durfte kaum auf Unterstützung durch die Wirtschaft hoffen. Auch viele Mittelständler begegneten ihr noch zu Beginn der dreißiger Jahre mit deutlicher Reserve, schon weil sie den Export bedroht sahen oder Eingriffe in die betriebliche Autonomie fürchteten. Auch hier gab es Gegenbeispiele, etwa in der bergisch-märkischen Metallindustrie. Verallgemeinern lassen sie sich nicht. Ein sozialer Aufsteiger wie der schwäbische Zigarettenpapierfabrikant Fritz Kiehn setzte ebenso früh und energisch auf die NSDAP wie der aus dem Bielefelder Kaufmannspatriziat stammende Richard Kaselowsky (Dr. Oetker) oder ein umtriebiger Multifunktionär wie Werner Daitz in Lübeck. Unternehmer verhielten sich also keineswegs anders als die übrige Bevölkerung, die sich von der NSDAP als «Volkspartei des Protests» angezogen fühlte.[28]

An ihrer Finanzierung hatten Industriespenden nur einen recht geringen Anteil. Darin unterschied sich die NSDAP von den bürgerlich-liberalen Parteien, denen es an einem professionellen Parteiapparat ebenso mangelte wie an zahlenden Mitgliedern. Während das Zentrum, die Liberalen und auch die Deutschnationalen auf Wirtschaftsspenden zwingend angewiesen waren, machte Hitlers Partei aus der Not eine Tugend und mobilisierte die Finanzen ihrer Anhänger. Neben Einkünften aus Mitgliedsbeiträgen und Sammlungen finanzierte sich die NSDAP aus den Eintrittsgeldern ihrer Kundgebungen, die darum auch abseits des Wahlkampfes stattfanden. Wer Hitler, Goebbels oder einen anderen prominenten Redner sehen wollte, musste eine Mark Eintritt bezahlen, was zu einer Zeit, in der ein Herrenanzug 25 Mark kostete, ausgesprochen teuer war. Daneben verdiente die Partei auch am Konsum ihrer Mitglieder. Ob man nun Margarine der Marke «Kampf» aufs Brot strich, zur Rasierklinge «Stürmer» griff oder «Kommando»-Zigaretten rauchte – stets erhielt die Partei eine Umsatzbeteiligung von den Herstellern. Auf vergleichbare Weise mobilisierten sonst nur die sozialistischen Parteien ihre Mitglieder. Doch Anfang der dreißiger Jahre zeigte sich der besondere Vorteil der NSDAP: Sie wandte die «sozialistische Organisation» und ihre Finanzierungstechnik auf eine «beträchtlich wohlhabendere Anhängerschaft» an.[29]

Hinzu kam, dass sich die NSDAP gegenüber den Bankiers und Industriellen höchst widersprüchlich verhielt. Hitler begann im Winter 1931/32 zunächst die Weichen für eine Annäherung zu stellen. Öffentliches Signal dafür war im Januar 1932 seine Rede vor 650 Mitgliedern des Industrie-Clubs Düsseldorf. Aus den Sympathisanten der Harzburger Front rekrutierten sich zwei Kreise, in denen die NSDAP jetzt ihre Kontakte zu den Unternehmern ausbaute. So gehörten der Ende Dezember 1931 gegründeten Gesellschaft zum Studium des Faschismus auch Industrielle wie Günter Quandt oder Bankiers wie der Commerzbank-Vorstandssprecher Friedrich Reinhardt an. Daneben etablierte der badische Mittelständler Wilhelm Keppler einen Studienkreis für Wirtschaftsfragen, der Hitler beraten sollte und dem sich bis zum Frühsommer 1932 eine Reihe von Unternehmern anschloss, darunter der Vorstandsvorsitzende der Vereinigten Stahlwerke Albert Vögler und der frühere Reichsbankpräsident Hjalmar Schacht. Auch der Wirtschaftsjournalist und spätere Reichswirtschaftsminister Walther Funk fungierte als Türöffner, etwa im Fall Friedrich Flicks. Der Industrielle traf Hitler im Februar 1932 zum Vieraugengespräch, um sich «eine Vorstellung von ihm» zu machen. Er habe ihn für «seine politischen Ideen gewinnen» wollen, «insbesondere auch für die damals bevorstehende Reichspräsidentenwahl». Flick unterstützte Hindenburg mit Spenden über 950 000 Mark, hielt sich aber alle Optionen offen und entsandte seinen engsten Vertrauten Otto Steinbrinck in den Keppler-Kreis.[30]

Aber schon das wirtschaftspolitische Sofortprogramm, mit dem die NSDAP kurz darauf in den Wahlkampf zog, rief bei den Unternehmern blankes Entsetzen hervor. Es sprach sich nicht nur für eine kreditfinanzierte Arbeitsbeschaffung aus, sondern verlangte neben hohen Steuern und einer staatlichen Preiskontrolle auch ein striktes Vorgehen gegen die Kapitalflucht. Neue Industrieanlagen dürften künftig nur noch nach ausdrücklicher staatlicher Genehmigung errichtet werden. Forderungen wie diese trugen im Juli 1932 zum wichtigsten Wahlsieg der NSDAP bei, die nun die mit Abstand stärkste Fraktion im Reichstag stellte. Wenig später zog die Partei das Sofortprogramm jedoch ohne großes Aufheben zurück, und Hjalmar Schacht berichtete erleichtert, Hitler habe das «berüchtigte Heft einstampfen lassen». Angesichts dieser Volte musste nicht nur Otto Christian Fischer vom Vorstand der staatlichen Reichs-Kredit-Gesellschaft zu dem Schluss gelangen, dass die offizielle Wirtschaftsprogrammatik der NSDAP völlig unverbindlich sei und Hitler sich nicht festlegen mochte – jederzeit könne man sich «unter der Flagge des Nationalsozialismus auch ein ganz anderes Wirtschaftsprogramm vorstellen».[31]

Sieht man von prominenten Unterstützern wie Schacht oder Thyssen ab, die den Reichspräsidenten Paul von Hindenburg bereits im November 1932 aufforderten, Hitler mit der Regierungsbildung zu beauftragen, wartete die Mehrheit der Unternehmer ab. Und Hitler gab sich nicht der Illusion hin, unter ihnen viele Anhänger zu gewinnen. Mit sicherem Instinkt taxierte er die politische Macht der Wirtschaft. Glaubt man den Aufzeichnungen seines damaligen Vertrauten Otto Wagener, dann kam er zu dem Schluss, «nicht gegen sie die Wilhelmstraße erobern» zu können.[32] So diente die Kontaktpflege ebenso wie die Vermeidung eindeutiger wirtschaftspolitischer Festlegungen vor allem dazu, den möglichen Widerstand aus der Wirtschaft zu neutralisieren.

Entsprechend ambivalent fielen die Reaktionen der Unternehmer aus, als Hitler am 30. Januar 1933 dann doch noch in die Reichskanzlei in der Wilhelmstraße einzog. Einerseits blieben die wichtigsten Fachressorts zunächst in der Hand konservativer Minister; so übernahm etwa der deutschnationale Alfred Hugenberg in Personalunion das Reichswirtschafts- und das Landwirtschaftsministerium, während Reichsfinanzminister Lutz Graf Schwerin von Krosigk weiter im Amt blieb. Auch Hugenbergs Nachfolger Kurt Schmitt trat der NSDAP erst im Frühjahr 1933 bei. Der frühere Vorstandsvorsitzende der Allianz AG hatte sich allerdings schon seit 1930 in völkischen Kreisen getummelt und auch dem Keppler-Kreis angehört. Er sollte bald zu spüren bekommen, dass fachliche Expertise im Dritten Reich nicht den Ausschlag gab, sondern der direkte Draht zu Hitler. Andererseits wurde rasch deutlich, mit welcher Zielstrebigkeit die Diktatur errichtet wurde. Der frühere Bayer-Vorstandsvorsitzende Carl Duisberg brachte eine verbreitete Unsicherheit auf den Punkt, als er in einem privaten Brief einerseits die «Sammlung aller aufbauenden Kräfte für ein einiges Deutschland» ausdrücklich begrüßte. Andererseits gab es jedoch «vieles, was mit meinen Ansichten, besonders mit Bezug auf die Wirtschaft, nicht konform geht. Alles befindet sich in einer Gärung und unter Spannung warte auch ich, ob als Endprodukt, sinnbildlich gesprochen, ein reiner und klarer Wein herauskommt.»[33]

Im Februar 1933 wurde die Finanzierung der NSDAP und das Verhältnis der Wirtschaft zu Hitler auf eine neue Grundlage gestellt. Hermann Göring lud per Telegramm knapp dreißig Spitzenvertreter der Wirtschaft zu einer Besprechung nach Berlin ein; Hitler werde seine wirtschaftspolitischen Ziele erläutern. Anders als bei der Kontaktpflege der Vorjahre gelang es diesmal, die wichtigsten Industriellen zusammenzutrommeln – darunter die führenden Manager der Chemie-, Elektro- und Automobilindustrie, vor allem aber der verbandspolitisch einflussreichen Montanindustrie. 27 Männer kamen am frühen Abend des 20. Februar 1933 in das Palais des Reichstagspräsidenten. Ähnliche Zusammenkünfte hatte es auch mit Hitlers Amtsvorgängern gegeben, aber Hitler brach mit den gewohnten Erwartungen. Wie üblich wollte Gustav Krupp von Bohlen und Halbach als Präsident des Reichsverbands der Deutschen Industrie dem neuen Reichskanzler die Forderungen der Wirtschaft präsentieren. Hitler jedoch begann einen anderthalbstündigen Monolog, der in wirtschaftspolitischer Hinsicht jede Festlegung scheute. Denkbar eindeutig waren aber seine machtpolitischen Ankündigungen: Der Marxismus müsse endgültig zerschlagen werden, und dazu gelte es, «die ganzen Machtmittel in die Hand bekommen». Vom Ausgang der bevorstehenden Reichstagswahl hänge es ab, ob es gelinge, diesen gemeinsamen Gegner «auf dem Boden der Verfassung» zurückzudrängen. Andernfalls komme es zu einem «Kampf mit anderen Waffen», der «vielleicht größere Opfer fordert. Ich möchte sie gern vermieden sehen.» Das war die unverhohlene Drohung mit dem Bürgerkrieg.[34]

Krupp fand es danach wohl unangebracht, seine Notizen hervorzuholen, und sprach lediglich einige Dankesworte. Hitler verließ die Versammlung, und anschließend machte Göring unmissverständlich klar, welche Rolle der Wirtschaft zugedacht war: Sie habe ein finanzielles Opfer zu bringen und müsse den Wahlkampf der Regierung finanzieren. Das werde ihr leicht fallen, da die «Wahl am 5. März die letzte sicherlich innerhalb 10 Jahren, voraussichtlich aber in 100 Jahren» sei. Nun verließ auch Göring die Versammlung, und Schacht forderte die Herren auf, drei Millionen Mark zu zahlen. Ein Verteilungsschlüssel verordnete nicht nur die Beiträge nach Branchen, sondern bestimmte auch, dass 75 Prozent des Spendenaufkommens der NSDAP zugutekamen.

25 Prozent erhielt die «Kampffront Schwarz-Weiß-Rot», das von Vizekanzler Papen gegründete Wahlbündnis unter Führung der Deutschnationalen. Schacht richtete ein Treuhandkonto ein und sorgte für die Verteilung des Geldes.[35]

Auf Seiten der Wirtschaft fielen die Reaktionen nicht überall euphorisch aus. Ludwig Kastl etwa, der langjährige Geschäftsführer des Reichsverbandes und dort ein Vertreter gemäßigter Positionen, beklagte sich bei Krupp: «Ich finde es an sich eine große, um nicht zu sagen unerhörte Zumutung an die Industrie, in kürzester Frist 3 Millionen aufzubringen. Über den Verteilungsschlüssel [...] bin ich empört.»[36] Ungeachtet solcher Vorbehalte zahlten die Unternehmen und ihre Verbände. Zwar ging das Kalkül nicht auf, denn trotz der offenen Unterdrückung ihrer politischen Gegner auf der Linken verfehlte die NSDAP bei den Märzwahlen die angestrebte absolute Mehrheit. Aber das Treffen vom 20. Februar markiert doch einen wichtigen Wendepunkt, weil sich die Unternehmer mit dem Dritten Reich zu arrangieren und die Herrschaft der NSDAP offen zu stützen begannen.

Danach schlug auch in der Wirtschaft die Stunde der Opportunisten, etwa bei der I. G. Farben. Der Chemiekonzern hatte sich 1932 noch zugeknöpft gezeigt und lediglich einen kleineren fünfstelligen Betrag an die NSDAP gespendet. Nun jedoch leistete er mit einer halben Million Mark die größte Einzelspende für den Wahlkampf. Weitere vier Millionen Mark flossen noch im Laufe des Jahres 1933 an die Partei, und bis 1945 gab der Konzern insgesamt fast 40 Millionen Mark. Das Gros entfiel auf Zahlungen, die bald allen Unternehmen auferlegt wurden, etwa im Rahmen des Winterhilfswerks oder der «Adolf-Hitler-Spende der deutschen Wirtschaft». Letztere hatten Hjalmar Schacht und Gustav Krupp im Frühsommer 1933 gemeinsam entwickelt. Ihnen schwebte ein Instrument vor, das den Unternehmen die leichtere Zurückweisung von Spendenwünschen örtlicher Parteigliederungen ermöglichen sollte. Faktisch schufen sie jedoch eine dauerhafte Einnahmequelle, über die Hitler persönlich verfügte. Bis

1945 zahlte die deutsche Wirtschaft allein auf diesem Weg rund 700 Millionen Mark.

Was im entstehenden NS-Staat euphemistisch Gleichschaltung genannt wurde, lief meist unter dem Eindruck der willkürlichen Gewalt und entsprechender Einschüchterungen ab, denen die Unternehmer nur in seltenen Fällen Widerstand entgegensetzten. Das zeigte sich etwa im Fall der Frankfurter Industrie- und Handelskammer, deren Vizepräsident Wilhelm Hofmann-Bang am 31. März die Einzelhändler zusammentrommelte. Ziel war eine gemeinsame Reaktion auf den für den nächsten Tag angekündigten antisemitischen Boykott. Eben hatte man sich darauf verständigt, jüdische Angestellte zu schützen und keine Entlassungen oder vorsorglichen Kündigungen auszusprechen, als bewaffnete SS-Männer den Saal stürmten. Im Auftrag des hessischen Gauleiters Jakob Sprenger verhafteten sie Hofmann-Bang und 35 weitere Mitglieder der Handelskammer und trieben sie quer durch die Frankfurter Innenstadt. Auf Druck der NSDAP trat das Präsidium der Kammer zurück und machte den Weg frei für den 35jährigen Carl Lüer. Der Betriebswirt gehörte der NSDAP seit 1927 an, und mit Rückendeckung des Gauleiters übernahm er zunächst kommissarisch das Präsidentenamt. Als er in die Kammer einzog, empfing ihn deren Syndikus mit den Worten: «Ich weiß schon alles: Sie sind Kommissar! Und jetzt wollen Sie mich erschießen.»[37]

Der wichtigste Interessenverband der deutschen Wirtschaft war der Reichsverband der Deutschen Industrie. Wie tief er gespalten war, zeigte sich am 23. März: Fritz Thyssen verlangte vom Präsidium ein offenes Bekenntnis zu Hitler; zudem müsse der Verband personelle Konsequenzen ziehen. Gustav Krupp von Bohlen und Halbach signalisierte, dass der Verband beim «notwendigen tatkräftigen Wiederaufbau» mitwirken wolle. Doch alle Präsidiumsmitglieder blieben im Amt – bis zum Boykott am 1. April. Nun besetzte Otto Wagener an der Spitze eines bewaffneten SA-Trupps das Büro des Verbandes und drohte mit Gewalt.

Neben drei Juden im Berliner Büro hatten auch sechs jüdische Präsidiumsmitglieder zurückzutreten, darunter der langjährige Geschäftsführer Ludwig Kastl. Er versuchte, im Regierungsapparat Widerstand zur organisieren, bemerkte aber rasch, dass Wageners Aktion von Hitler ausdrücklich gebilligt wurde. Unter der Regie von Gustav Krupp gab der Verband jetzt ein «Gelöbnis unbedingter Gefolgschaftstreue» ab. Den stellvertretenden Vorsitzenden Georg Müller-Oerlinghausen brachte das in Rage. Der Textilfabrikant erinnerte daran, dass schon «viel zu viele Positionen aufgegeben» worden seien, weil die Industriellen der «herrschenden Partei» willfährig nachliefen. Für «Mangel an Mut haben gerade dic maßgebenden Leute des neuen Regimes am wenigsten Verständnis». Von Krupp ist demgegenüber kein Wort des Protests überliefert. Seine früheren Kollegen ließ er fallen, und als weitere Präsidiumsmitglieder wegen seines opportunistischen Kurses zurücktraten, verkündete er am 22. Mai 1933 zunächst die Auflösung aller Gremien und im Juni schließlich den Zusammenschluss des Reichsverbandes mit der Vereinigung der deutschen Arbeitgeberverbände zum Reichsstand der Deutschen Industrie.[38]

Der Fall Opel unterstreicht, dass sich nicht nur deutsche Unternehmer anpassten, sondern auch die in Deutschland tätigen Tochtergesellschaften internationaler Konzerne. Seit 1929 befand sich Deutschlands größter Automobilhersteller im hundertprozentigen Besitz von General Motors. Die Opel-Manager setzten der Nazifizierung des Betriebsalltags keinen Widerstand entgegen; überdies versuchten sie, den amerikanischen Einfluss nach außen hin möglichst unsichtbar zu machen. Auch erkundigte man sich eigens beim Gauleiter, ob es statthaft sei, Autos an jüdische Kunden zu verkaufen. Jakob Sprenger äußerte keine Bedenken. In einem anderen Kontext hingegen hatte er massiven Druck ausgeübt: Bei Sprengers Antrittsbesuch in Rüsselsheim hatte das einzige jüdische Mitglied im Opel-Vorstand, Manfred Wronker-Flatow, ein kurzes Grußwort an den Gauleiter gerichtet, was dieser wiederum als Provokation deutete. Wenige Monate später zog General Motors den Manager aus Deutschland ab und versetzte ihn auf einen Posten in der New Yorker Zentrale.[39] General Motors-Chef Alfred P. Sloan brachte seine Strategie bündig auf den Punkt: Der Konzern wolle sich mit seinen internationalen Tochtergesellschaften möglichst «in das wirtschaftliche Geschehen» vor Ort einfügen, seine «geschäftlichen Tätigkeiten auf die landesüblichen Gewohnheiten abstimmen» und seine Produkte so gestalten, dass sie «so weit wie möglich» auf die Bedürfnisse und die jeweils «herrschenden Einstellungen» zugeschnitten waren. An dieser Maxime gelte es auch dann festzuhalten, wenn die «Unternehmensleitung mit vielen Dingen, die sich in bestimmten Ländern abspielen, nicht ganz einverstanden» sei.[40]

Spätestens mit dem Boykott vom 1. April und dem Gesetz zur Wiederherstellung des Berufsbeamtentums vom 7. April gehörte zu diesen «landesüblichen Gewohnheiten» auch das systematische Vorgehen gegen die Juden. Obwohl das Gesetz zunächst nur auf den öffentlichen Dienst anzuwenden war, zeigte sich rasch, dass seine Bestimmungen auch in der Wirtschaft benutzt wurden, um jüdische Angestellte systematisch zu drangsalieren. Ein Industriebetrieb wie Opel war davon kaum betroffen, weil das Unternehmen neben Wronker-Flatow nur noch einen weiteren Juden beschäftigte. Bei den Berliner Großbanken war dies anders, zumal sie sich seit der Bankenrettung des Jahres 1931 meist mehrheitlich im Staatsbesitz befanden. Bereits im Mai 1933 machte daher das Reichswirtschaftsministerium deutlich, dass auf solche Aktiengesellschaften ebenfalls das Berufsbeamtengesetz anzuwenden sei. Bei der Dresdner Bank betraf dies etwa 540 Personen oder fünf Prozent der Belegschaft, und viele Juden arbeiteten in leitenden Positionen. Von den 14 Mitgliedern der Geschäftsleitung waren im Frühjahr 1932 zehn jüdisch gewesen, unter den 27 stellvertretenden Direktoren befanden sich zwölf Juden. Wer von den Bestimmungen des Berufsbeamtengesetzes nicht geschützt war, etwa weil er im Ersten Weltkrieg als Frontsoldat gekämpft hatte, verlor bereits Ende Juli 1933 seine Anstellung. Aber die Bank ging weit über diese Bestimmungen hinaus und versetzte auch viele Angestellte, deren Position vom Gesetz eigentlich geschützt war, schon jetzt in den vorzeitigen Ruhestand. Ende 1935 beschäftigte die Bank keinen einzigen Juden mehr.

An einem derart schnellen und weitreichenden Verlust an Erfahrung und langjährigen Kundenkontakten konnte eigentlich kein Unternehmen interessiert sein. Zwei Beispiele aus den Filialen der Dresdner Bank demonstrieren jedoch, dass es zu einem regelrechten «Kesseltreiben» gegen die jüdischen Angestellten kam. So musste der Filialdirektor in Dresden nach einer Denunziation ausscheiden. Angeblich hatte er 1932 dafür gesorgt, dass ein jüdischer Verwandter einen günstigen Kredit der Bank erhielt. Als dieser aus Deutschland floh, wurde auch der Kredit notleidend. Die NS-Betriebszelle informierte das sächsische Wirtschaftsministerium nicht nur über diesen Kredit, sondern berichtete dort auch über eine angebliche Unterdeckung auf den Privatkonten des Filialdirektors. Die Staatsanwaltschaft ermittelte, und auch das Reichswirtschaftsministerium schaltete sich ein.

Nicht nur hier kam der Druck aus der NSDAP. Auch die Nürnberger Filialleitung sah sich ständigen Pressionen der Partei ausgesetzt, weil drei der vier Direktoren jüdischen Glaubens waren. Sie schlugen bereits im März 1933 vor, «einen Herrn hierher zu setzen, welcher in der nationalsozialistischen Bewegung steht». Kurz darauf wurden sie abberufen. Der vierte Direktor wurde zwar wegen seiner Erfahrung gebraucht, galt nun aber nach den rassistischen Kriterien des Berufsbeamtengesetzes ebenfalls als Jude. Er hatte sich aus dem Kundenkontakt zurückzuziehen.

Die Dresdner Bank war gewiss ein extremer Fall – schon wegen des direkten staatlichen Zugriffs. Andernorts gelang es durchaus, jüdische Beschäftigte länger vor vergleichbaren Anfeindungen zu schützen. Das Beispiel der Bank unterstreicht aber, wie gering der Widerstand gegen die rassistische Ausgrenzung und wie stark die Diskriminierung bereits 1933 war. Wenn die Dresdner Bank ihren jüdischen Angestellten kündigte, verhielt sie sich arbeitsrechtlich korrekt und zahlte eine Abfindung. Deren Höhe orientierte sich wie üblich an der Dauer der Betriebszugehörigkeit, nur galten jetzt besondere Bestimmungen für die jüdischen Angestellten, die weniger erhielten, als die Bank vor 1933 in vergleichbaren Fällen zu zahlen bereit gewesen war. Auf mittlere Sicht befanden sich die Opfer der ersten Entlassungswelle paradoxerweise in der günstigsten Situation, weil Abfindungen und Barvermögen die Emigration begünstigten. Wer hingegen in den Genuss von Vorruhestandsregelungen oder Betriebsrenten kam, zögerte die Flucht meist so lange hinaus, bis sie kaum noch möglich oder mit dem vollständigen Verlust des Vermögens gleichbedeutend war.[41]

Keine Zeit für «Blut und Boden»

Der 1. Mai, seit 1890 der offizielle «Kampftag der Arbeiterbewegung», sollte 1933 ein besonderer Tag werden. Was noch in der Gründungszeit der Weimarer Republik auch an der Uneinigkeit im linken Lager gescheitert war, gelang nun ohne größere Mühe: Er wurde zum gesetzlichen Feiertag und zum «Tag der nationalen Arbeit» erklärt. Die Arbeiter für den NS-Staat zu gewinnen war besonders wichtig, weil der Rückhalt der NSDAP in den Betrieben noch schwach war – das demonstrierten nicht zuletzt die Betriebsratswahlen vom März 1933. Die Nationalsozialistische Betriebszellenorganisation kam über ein Viertel der Stimmen nicht hinaus, und aus Sicht der Führung war das Ergebnis so desaströs, dass die Wahlen am Ende ausgesetzt wurden. Dennoch verfolgte der Allgemeine Deutsche Gewerkschaftsbund keinen Oppositionskurs. Vielmehr distanzierte er sich von der Sozialdemokratie und rief seine Mitglieder auf, an den Feierlichkeiten zum 1. Mai teilzunehmen.

Das von Joseph Goebbels orchestrierte Festprogramm zielte auf eine in Deutschland beispiellose Mobilisierung der Massen und war damit zugleich die erste große Bewährungsprobe für das neugegründete Reichsministerium für Volksaufklärung und Propaganda. Bezeichnenderweise machte Reichspräsident von Hindenburg den Anfang. Er trat letztmalig in der Rolle des öffentlichen «Treuhänders der Einigkeit» auf und sprach auf der Kundgebung am Vormittag. Hindenburg begrüßte die Bemühungen Hitlers, besonders die Arbeiter in die «erwachende Nation» zu integrieren. Schon dass er vor einem Massenpublikum im Berliner Lustgarten sprach, war ein politisches Symbol. Dort hatte Karl Liebknecht die Republik ausgerufen, und noch im Februar 1933 versuchten Sozialdemokraten am traditionellen Kundgebungsort des «roten Berlin», die Demokratie zu verteidigen.[42] Wie effektiv Hitlers Taktik war, Hindenburg vorzuschicken und die gerade im Bürgertum verbreitete Sehnsucht nach innerer Einigkeit zu befriedigen, zeigt die Reaktion einer Stadtbaurats-Gattin aus Braunschweig. Von einer Auslandsreise kehrte sie am 1. Mai in ein aus ihrer Sicht verzaubertes Land zurück: «Tannengirlanden über die Straßen, Girlanden von Fähnchen, zu allem Fahnen und wieder Fahnen; Umzüge auf den Landstraßen und jubelnde Menschen, die den Zug mit erhobener Hand begrüßten; stundenlang durch ein festliches Land fahren, das ist ein besonderes Erlebnis.» Ihr schien gerade «das Bild des alten Hindenburg» besonders charakteristisch zu sein: «Mit welch glühender Begeisterung er spricht! Um 20 Jahre jünger geworden.»[43]

Später zogen Hunderttausende auf das Tempelhofer Feld, um Hitler zu hören. Seine Rede wurde auf unzählige Kundgebungen im Reich übertragen, etwa nach Frankfurt am Main. Dort waren am Vortag Hunderte Lastwagen stundenlang durch die Stadt gefahren, um die örtlichen Feiern jedem bekannt zu machen. Der aus Berlin koordinierten Mobilisierung konnte sich kaum jemand entziehen, hatten Betriebszellen, SA, SS, Hitler-Jugend und Gewerkschaften ihre Mitglieder doch ebenso zur Teilnahme aufgefordert wie die eben erst gleichgeschaltete Industrie- und Handelskammer. Schüler ab zehn Jahren bekamen schulfrei und marschierten im Klassenverband auf; auch die knapp 8000 Beschäftigten der Stadtverwaltung hatten teilzunehmen. Auf sieben über die Frankfurter Innenstadt verteilten Kundgebungen wurde vormittags die Hindenburg-Rede übertragen, und nachmittags zogen 200 000 Menschen zum Ostpark. In einer Stadt, die damals etwa eine halbe Million Einwohner zählte, schloss sich beinahe jeder zweite Bürger an. Es herrschte Volksfeststimmung, als die Menschen durch die geschmückten Straßen zur Abschlusskundgebung zogen. Gauleiter Jakob Sprenger sprach auf dem eigens errichteten «Turm der Faust», bevor die Übertragung der Hitler-Rede begann. Nach dem Boykott vom 1. April ersparte er den Zuhörern jeden antisemitischen Ausfall und beschwor stattdessen die Entstehung einer Volksgemeinschaft: «Das deutsche Volk muss sich wieder gegenseitig kennenlernen! Die Millionen Menschen, die in Berufe aufgeteilt, in künstlichen Klassen auseinandergehalten worden sind, die, vom Standesdünkel und Klassenwahnsinn befallen, einander nicht mehr verstehen können, sie müssen wieder den Weg zueinander finden!»[44]

Dass der entscheidende Schlag gegen die organisierte Arbeiterbewegung zu dieser Zeit schon vorbereitet war, konnte am 1. Mai noch niemand wissen. Doch schon am Tag darauf besetzten SA und SS die Gewerkschaftshäuser, verhafteten die Spitzenfunktionäre und setzten überall Kommissare der Betriebszellenorganisation ein. Ebenso rasch wurde allerdings deutlich, wie sehr das von Robert Ley geleitete «Aktionskomitee zum Schutz der deutschen Arbeit» im Widerspruch zu den NS-Betriebszellen stand. Waren Letztere fast immer antikapitalistisch gestimmt, schwebte Ley vielmehr eine «wirkliche Volks- und Leistungsgemeinschaft» vor, die dem «Klassenkampfgedanken abgeschworen» hatte. Was dies konkret bedeuten mochte, war Anfang Mai noch weithin unklar. Fest stand nur, dass die Gewerkschafts- und Angestelltenverbände mit Mann und Maus in eine neue Organisation übergeleitet wurden, die Deutsche Arbeitsfront. Sie kam im Sommer 1933 zunächst auf knapp fünf Millionen Mitglieder; ein Jahr später gehörten ihr bereits 16 Millionen an. Ley schuf einen Apparat, der sämtliche Wirtschaftsbereiche erfasste und der dabei wie eine «Mischung aus Polizei, Sozialamt, Gewerbeaufsichtsamt, Volkshochschule und Wohnungsbaugesellschaft»[45] agierte, nicht jedoch wie eine Interessenvertretung der Arbeitnehmer. Die entsprechenden Funktionen übertrug Hitler kaum drei Wochen nach der Ausschaltung der Gewerkschaften auf den Staat. Dazu ernannte er 13 Treuhänder der Arbeit, die überwiegend aus den Industrie- und Handelskammern oder aus der Arbeitsverwaltung stammten. Auch dies hatte offiziell zwar als «Überwindung des Klassenkampfes» zu gelten, doch in Wirklichkeit vertraten die Treuhänder bei der Lohnfindung oder bei innerbetrieblichen Konflikten fast immer die Interessen der Arbeitgeber oder des Staates.

Dies verstand sich auch als deutliche Absage an alle Bestrebungen, aus der Arbeitsfront einen ständestaatlichen Ordnungsfaktor zu machen, wie er unter den wirtschaftspolitischen Vordenkern der NSDAP, aber auch bei ihren frühen industriellen Förderern für eine Weile populär gewesen war. Beispielhaft dafür ist Fritz Thyssen. Im Mai 1933 gründete er das Nationalsozialistische Institut für Ständewesen, das entsprechende Reformen der Wirtschaftsordnung vorantreiben sollte. Auch Thyssen wünschte sich eine autoritäre Überwindung des Klassenkampfes und sah die Lösung in einer berufsständischen Ordnung, die den Betrieb zur Gemeinschaft erklärte und Konflikte durch Kooperation löste – freilich ohne eine formale Organisation, die alle Interessen berücksichtigt hätte, und ohne dass dabei demokratische Mehrheitsentscheidungen vorgesehen gewesen wären. Auch wurde stets die besondere Unabhängigkeit der selbstverwalteten Berufsstände herausgestellt. Weder der Staat noch die Partei oder andere Interessenorganisationen sollten in ihre internen Angelegenheiten eingreifen dürfen, was schon vom Gesetz über die Treuhänder der Arbeit konterkariert wurde.

Thyssen sollte bald zu spüren bekommen, dass im NS-Staat für Ideen wie diese kein Platz war. Robert Ley stellte sich energisch gegen die Ständestaatsgedanken und strich den Führungsanspruch des Staates in Wirtschaft und Gesellschaft heraus. Und selbst der Reichsstand der Deutschen Industrie betonte im Oktober 1933, dass die Wirtschaft kein «Experimentierfeld» sei. Vielmehr solle man «an das Bestehende und Bewährte anknüpfend» zu einer «nicht auf Theorien, sondern auf den Gesetzen des Lebens beruhenden Organisation» gelangen.[46] Thyssen beklagte sich bei Hitler, dass die Arbeit seines Instituts «bald als doktrinär, intellektuell und besserwisserisch; bald als staatsunterhöhlend und einen neuen Gruppenkampf fördernd; endlich gar als im Bunde stehend mit staatsfeindlichen [...] Strömungen abgestempelt» werde. Gegen seine Mitarbeiter sei mehrfach Redeverbot erlassen, sogar die Schließung des Instituts angedroht worden. Dieses war längst ins Visier der Gestapo geraten und 1935 wurde es schließlich aufgelöst. Thyssen brach bald darauf mit seinem Führer, dem er Undank vorwarf. Angeblich verhöhnte ihn Hitler: «Was Sie für meine Bewegung getan haben, das taten Sie zu Ihrem eigenen Nutzen und schrieben es wie eine Versicherungsprämie ab.»[47]

Die Anhänger des Ständestaates waren damit noch weitaus länger im Amt als jene Exponenten der Wirtschaftspolitischen Abteilung, die vor 1933 das Programm der NSDAP entscheidend mitgeprägt oder Hitlers Vertrauen genossen hatten. Wilhelm Keppler erhielt als Kommissar für Wirtschaftsfragen in der Reichskanzlei zwar eine Schlüsselposition, die der Mittelständler jedoch mangels taktischem Geschick kaum in politische Macht umzumünzen wusste. Selbst den von ihm gegründeten Industriellen-Kreis konnte er nicht halten. Der Geschäftsführer nahm ihm die Leitung aus der Hand und machte aus dem Zirkel eine

Art Wirtschaftsbeirat der SS, den «Freundeskreis Reichsführer SS». Gottfried Feder, der die Formulierung von der «Brechung der Zinsknechtschaft» ursprünglich erfunden und sich schon an Hitlers Münchner Bierkeller-Putsch beteiligt hatte, stieg im Sommer 1933 zwar zum Staatssekretär im Reichswirtschaftsministerium auf, wurde dort aber rasch kaltgestellt und bereits im Jahr darauf von Hjalmar Schacht in den Ruhestand versetzt. Noch schneller wurde deutlich, dass die Mittelstandsideologen um Adrian von Renteln im NS-Staat keine Zukunft hatten. Seinem «Kampfbund für den gewerblichen Mittelstand» wurde bereits im Juli beschieden, dass weitere Aktionen gegen die Warenhäuser und Konsumvereine zu unterlassen seien. Arbeitsplätze gingen vor. Robert Ley trug maßgeblich dazu bei, diesen Schauplatz des schrillen antikapitalistischen Protests stillzulegen, weil er die Konsumvereine aus Gewerkschaftsbesitz in die Arbeitsfront einzugliedern gedachte. Die kürzeste Karriere machte Otto Wagener, lange der vielleicht wichtigste Hitler-Berater in Wirtschaftsfragen. Im April 1933 eben erst zum Kommissar für Wirtschaft ernannt und in dieser Funktion fest entschlossen, das Wirtschaftssystem grundlegend umzugestalten, verspielte er Hitlers Vertrauen binnen Wochen und musste im Juni zurücktreten. Zwar hatte Göring seinen Sturz maßgeblich betrieben, den Ausschlag gab aber, dass Wagener sich allzu energisch als Hugenberg-Nachfolger in Stellung gebracht hatte.

Hinter der Entmachtung dieser führenden NS-Ideologen standen nicht nur Inkompetenz und Intrigen, sondern auch die Zwänge einer Währungskrise, die am Ende sogar den Siegeszug der «Agrarbolschewisten» um Landwirtschaftsminister Darré stoppten. Am 19. April 1933 lösten die USA die direkte Golddeckung des Dollar, der gegenüber der Reichsmark binnen vier Monaten ein Drittel seines Wertes verlor. Mit diesem Alleingang folgte Roosevelt dem Beispiel, das Großbritannien zwei Jahre zuvor gegeben hatte. Das Weltwährungssystem zerfiel; überall wandten sich die Staaten vom Freihandel ab und suchten, ihre

Wirtschaft durch hohe Zollschranken vor ausländischen Waren zu schützen. Bald sollte sich zeigen, dass die Währungspolitik kein technisches Problem war, sondern den Spielraum der Wirtschaftspolitik im NS-Staat maßgeblich bestimmte.

Wie war auf den Dollarsturz zu reagieren? Einerseits profitierte das Reich vom erstarkenden Außenwert der Reichsmark, weil die deutsche Verschuldung im Ausland – besonders in den USA – ein knappes Drittel ihres Wertes verlor. Auch die Einfuhr von Tierfutter, Baumwolle und Eisenerz, Öl, Kautschuk und all den anderen Gütern, auf die deutsche Unternehmen angewiesen waren, verbilligte sich rechnerisch um etwa ein Drittel. Andererseits standen dem erhebliche Nachteile gegenüber, weil sich deutsche Exportgüter im Ausland ebenfalls um ein Drittel verteuerten. Sinkende Exporterlöse würden die Devisenbestände der Reichsbank so weit reduzieren, dass die günstigen Konditionen des Imports bald bedeutungslos sein würden, weil es an den nötigen Zahlungsmitteln mangelte. Die eleganteste Lösung wäre eine Abwertung der Reichsmark gewesen. Sie hätte die internationale Wettbewerbsfähigkeit der deutschen Wirtschaft wiederhergestellt, dabei aber auch zu steigenden Preisen im Inland beigetragen. Mit der Abwertung wäre vor allem der Vorteil einer um ein Drittel verringerten Auslandsverschuldung dahin gewesen.

In diesem Dilemma legte sich Hitler auf die riskantere Strategie fest und erklärte, dass der Außenwert der Reichsmark unverändert bleibe, was die Propaganda sofort zur nationalen Prestigefrage erklärte. Die deutsche Handelsbilanz rutschte tief in die roten Zahlen, weil der Wert der Einfuhren den der Ausfuhren überstieg. Die ohnehin schon arg dezimierten Devisenreserven der Reichsbank, die im Januar etwa 800 Millionen Mark betragen hatten, schmolzen mit jedem Tag zusammen und halbierten sich bis zum Sommer 1933. Es war nur noch eine Frage der Zeit, bis das Reich seine Schulden im Ausland nicht mehr würde bedienen können. Jedes Jahr hatte es für Zins und Tilgung rund eine Milliarde Mark in Devisen aufzubringen – gemessen am Exportvolumen von 4,8 Milliarden Mark ein gewaltiger Betrag. Reichsbankpräsident Schacht lud daher die Gläubiger im Mai zu einer Konferenz nach Berlin ein. Diese erteilten jeder Aussetzung des Schuldendienstes jedoch eine klare Absage, und der internationale Protest gegen die antisemitische Politik des Dritten Reiches dürfte zu dieser harten Linie mit beigetragen haben. Wenige Tage später war Schacht endgültig zum Alleingang entschlossen. Anfang Juni beschloss das Kabinett, die langfristige Auslandsverschuldung des Reiches nur noch in Reichsmark, nicht aber in Devisen zu bedienen, was mit einer Einstellung der Zahlungen gleichbedeutend war. Trotz massiver internationaler Proteste gegen die faktische Enteignung der Gläubiger konnte sich die deutsche Seite von der Londoner Weltwirtschaftskonferenz am 12. Juni bestätigt fühlen. Dort trat das währungspolitische Zerwürfnis zwischen Frankreich, Großbritannien und den USA ein weiteres Mal hervor, und es fehlte jedes Anzeichen für eine Einigung. Im Gegenteil, wenig später stellte Roosevelt noch einmal nachdrücklich heraus, dass die USA in der Krise an ihrer Politik der Dollar-Abwertung festhalten würden.[48]

Wie sehr die im Frühsommer 1933 geschaffenen währungspolitischen Bedingungen auch die Landwirtschaft treffen sollten, war zunächst noch nicht abzusehen. Im Gegenteil führte Alfred Hugenbergs skandalöser Auftritt auf der Londoner Konferenz – der selbsternannte Wirtschaftsdiktator hatte ein flammendes Plädoyer gegen den Freihandel gehalten und von den Westmächten freie Hand für die Eroberung von «Lebensraum im Osten» verlangt – dazu, dass Reichsbauernführer Walther Darré ans Ziel gelangte und nach Hugenbergs Rücktritt nun auch das Landwirtschaftsministerium übernahm. Der Deutsch-Argentinier Darré war viel in der Welt herumgekommen, hatte eine englische Schule besucht, und als studierter Agronom versuchte er seinen Rassismus wissenschaftlich zu begründen. Diese Blut-und-Boden-Ideologie hatte er im völkischen Bund der Artamanen verfeinert, wo er früh auf Heinrich Himmler getroffen war. Darré trat 1930 der NSDAP bei und baute mit organisatorischem Geschick deren Bauernverband auf. Zugleich errichtete er in der SS das Rasse- und Siedlungshauptamt. Er wollte nicht nur Landwirtschafts-, sondern vor allem Rassenpolitik betreiben, und entsprechend radikal waren die Reformvorhaben in einem wichtigen Wirtschaftsbereich, dessen Bedeutung nicht unterschätzt werden sollte. Zwar war Deutschland eine Industrienation, aber noch immer lebte mehr als die Hälfte der Bevölkerung auf dem Land oder in ländlichen Kleinstädten. Etwa neun Millionen Menschen – das entsprach fast einem Drittel der Erwerbstätigen – arbeiteten als Vollzeitlandwirte oder Landarbeiter, und Millionen andere bewirtschafteten ein Stück Land im Nebenerwerb oder hielten sich ein Schwein oder einige Hühner zur Selbstversorgung.

Darré kannte die verbreitete Rückständigkeit der deutschen Landwirtschaft, denn viele Betriebe waren zu klein, um ihren Besitzern ein Auskommen zu ermöglichen. Im Reich kamen rechnerisch auf jeden Bauern nur 2,1 Hektar Boden. Damit lag Deutschland knapp hinter Irland; dänische Bauern besaßen im Schnitt doppelt so viel Boden, ihre Kollegen in den USA sechsmal, kanadische Farmer sogar zehnmal soviel Ackerfläche. Tatsächlich waren die deutschen Verhältnisse noch viel prekärer. Neben den wenigen Großgrundbesitzern, die den Durchschnittswert stark verzerrten, hatte nur etwa ein Viertel der Betriebe eine auskömmliche Größe. Dagegen waren fast drei Viertel der Höfe so klein, dass sie ihre Besitzer auf Dauer nicht ernähren konnten. Im Zentrum der von Darré und anderen propagierten Blut-und-Boden-Ideologie stand aber gerade die Bindung des «Bauernadels» an die Scholle, und daher setzte Darré genau dort an. Mittel dazu war das Reichserbhofgesetz – der umfassendste und systematischste Angriff auf wirtschaftliche Eigentumsrechte, den das Jahr 1933 sehen sollte.[49]

Das Gesetz zielte auf die mittelgroßen Betriebe, betraf Kleinbauern und Nebenerwerbslandwirte also ebenso wenig wie die politisch einflussreichen Großagrarier. Etwa eine Million Betriebe sollten ihre Besitzungen zu Erbhöfen erklären und sich in die sogenannte Erbhöferolle eintragen, was sie vor Sachpfändungen dauerhaft bewahrte. Im Gegenzug beschränkte das Gesetz die Verfügungsrechte der Eigentümer. Die Höfe durften nicht geteilt werden, waren nicht als Kreditsicherheit zugelassen und ausschließlich auf dem Weg des Erbganges weiter zu veräußern. Um der Zersplitterung des Grundbesitzes entgegenzuwirken, galt das Anerbenrecht: Beim Erbgang blieb der gesamte Hof erhalten und ging auf nur einen Sohn über. Nur die Besitzer von Erbhöfen durften sich fortan Bauern nennen; wer keinen Erbhof bewirtschaftete, war als Landwirt zu bezeichnen. Ursprünglich war sogar beabsichtigt, die bereits vorhandene Verschuldung aller Erbhöfe zusammenzufassen und auf die Rentenbank zu übertragen. Wegen des Widerstands von Schacht wurde jedoch nichts aus solchen Experimenten, die den landwirtschaftlichen Hypothekarkredit zu erschüttern drohten. Auch kam das Gesetz nicht bei allen Bauern gut an. Schon bald wurde es daher flexibler gehandhabt als ursprünglich beabsichtigt. Während das besonders unpopuläre Beleihungsverbot systematisch umgangen wurde, gab es beim Kernaspekt der Erbfolge aber keine Ausnahmen.

Den heftigen Widerstand aus Reichsbank, Justiz- und Wirtschaftsministerium hatte Darré von Anfang an einkalkuliert, als er sich Hitlers persönlicher Rückendeckung vergewisserte und das Kabinett am 26. September, einem Dienstag, mit dem fertigen Gesetzentwurf überrumpelte. Bereits am Freitag wurde das Gesetz erlassen, und am Sonntag fand sich die Spitze des neuen Staates auf dem Bückeberg bei Hameln ein, um erstmals das Reichserntedankfest zu feiern. Die Inszenierung war nicht nur ähnlich aufwendig wie die Massenmobilisierung vom 1. Mai, sondern sie erschien als deren logische Fortsetzung. So wie der NS-Staat den traditionellen Kampftag der Arbeiterbewegung für sich vereinnahmte und die Arbeiter zur aktiven Teilhabe in der Volksgemeinschaft einlud, so stellte er am Nordhang des Weserberglandes die besondere Bedeutung der Agrarpolitik heraus. Aus einem unbedeutenden Fest des Kirchenjahres wurde nun eine Inszenierung der Blut-und-Boden-Propaganda zu Ehren des «deutschen Landvolks».

Es traf sich, dass dieses im Laufe des Sommers eine Rekordernte eingefahren hatte. Wohl auch deshalb kamen viele freiwillig, als sich im Laufe des 1. Oktober eine halbe Million Menschen auf dem leicht ansteigenden Festplatz einfanden. Sie wurden Teil einer Inszenierung, die durchaus mit den Massenaufmärschen der Nürnberger Reichsparteitage vergleichbar ist. Als Hitler am späten Nachmittag auf dem Bückeberg eintraf, schritt er in einem Triumphzug durch die jubelnde Menge. Noch präsentierte er sich nahbar und als Mann des Volkes. Dieses feierte und herzte ihn so ausgiebig, dass er eine Dreiviertelstunde benötigte, um die 600 Meter bis zur Rednertribüne zurückzulegen. Aber bereits im Jahr darauf verzichtete er auf das Bad in der Menge. Am Abend freute sich Goebbels über das «phantastische Bild», das sich bei Dunkelheit ergab. Der Architekt Albert Speer demonstrierte, dass er mit einfachsten technischen Mitteln eine fast schon sakrale Atmosphäre erzeugen konnte. «Scheinwerfer und Höhenfeuer» flammten auf, und der Propagandaminister notierte ergriffen, dass die geschickte Lichtregie aus dem Fest eine einzige «Weihe» gemacht hätte. Freilich galt das nur bis zum Ende der Kundgebung, denn bei der Abreise des Landvolkes erwies sich die Dunkelheit als gravierendes Hindernis. Das Chaos war so groß, dass man in den folgenden Jahren lieber auf den Speerschen «Lichtdom» verzichtete, um das Fest bereits im Hellen enden zu lassen.[50]

Hitler nutzte die Gelegenheit, um ein weiteres Mal den gesellschaftlichen Zusammenhalt zu betonen. Zugleich unterstrich er, dass Darré mit seiner Unterstützung rechnen konnte.[51] So wie Robert Ley im Frühjahr nach der Maifeier die Deutsche Arbeitsfront zu einem Machtfaktor ausgebaut hatte, so ging Darré im Herbst daran, den Reichsnährstand zu errichten. Er finanzierte sich aus einer Abgabe, die jeder Hof zu zahlen hatte. Bis Ende der dreißiger Jahre wuchs die Organisation auf 20000 hauptamtliche Beschäftigte und sie erfasste den gesamten Bereich der Agrarwirtschaft. Das war neu, denn neben den Landwirten und Bauern übernahm der Reichsnährstand auch die Zuständigkeit für die landwirtschaftlichen Genossenschaften, für Mühlen, Molkereien und Händler. Damit kontrollierte Darrés Organisation, die mit ihren Ortsbauernführern noch im kleinsten Dorf präsent war, 40 Prozent der deutschen Arbeitskraft oder ein Viertel des Bruttoinlandsprodukts.

In diesem Wirtschaftssektor gab es bald keinen funktionierenden Markt mehr, sondern ausschließlich administrierte Preise. Waren in einem bestimmten Bereich Produktionssteigerungen erwünscht, erhöhte der Reichsnährstand den Preis; umgekehrt sollten Preissenkungen die vorhandenen Ressourcen in andere Bahnen lenken. Doch bald zeigte sich, dass Darré unter dem Eindruck der Rekordernte von 1933 zu siegesgewiss agiert hatte. Das reichliche Angebot hätte eigentlich sinkende Preise zur Folge haben müssen, doch die administrierten Preise waren zu großzügig kalkuliert. Grundnahrungsmittel wie Brot und Milch verteuerten sich Anfang 1934 besonders stark, was zu heftigen Unmutsbekundungen der Bürger führte. Und als dann im Frühsommer klar wurde, dass sich die Rekordernte nicht wiederholen würde, endete Darrés kurzer Siegeszug.

Die heimische Produktion genügte nicht zur Versorgung der Bevölkerung, so dass der Reichsnährstand plötzlich verstärkt auf den Import angewiesen war. Die erforderlichen Devisen verwalteten aber seine Gegner in der Reichsbank, und prompt verlangte Schacht, zunächst sämtliche Überschüsse des Vorjahres abzusetzen. Im Übrigen waren dem Reichsbankpräsidenten die Hände gebunden, denn die Handelsbilanzkrise hatte sich so weit zugespitzt, dass man die spärlichen Devisenrationen inzwischen täglich zuteilte. In der landwirtschaftlichen Produktion möglichst bald autark und damit vom Ausland unabhängig zu werden war nun kein ideologisches Programm mehr, sondern angesichts der Devisenknappheit eine pragmatische Notwendigkeit. Hitler jedenfalls hatte sich längst festgelegt und der Aufrüstung absolute Priorität eingeräumt; in einer Allianz mit dem Militär stellte Schacht die geld- und währungspolitischen Instrumente für die Umsetzung dieses Kurses bereit, der die Lebens- und Konsumchancen der Deutschen fortan bestimmte.[52]

Blickt man auf die ersten anderthalb Jahre des NS-Staates, sticht besonders die Allgegenwart von Willkür und Gewalt hervor, auch in der Wirtschaft. Hitler instrumentalisierte den SA-Terror gleich doppelt: Er war einerseits hilfreich, um politische Gegner einzuschüchtern. Gegenüber den Konservativen in Regierung, Ministerialbürokratie und Militär präsentierte Hitler sich andererseits als Bändiger der SA, deren Streben nach einer «zweiten Revolution» es zugleich einzudämmen galt. Nicht nur die Reichswehr betrachtete die SA als unliebsamen Machtfaktor. Auch all jene, die sich mit der NSDAP nicht identifizierten und lediglich an einem ungestörten Alltag interessiert waren, fühlten sich von ihr zunehmend gestört.

Vor diesem Hintergrund muss Hitlers Taktieren gesehen werden. Wenn das amerikanische Konsulat am Ende des Jahres 1933 noch immer von zahlreichen Willkürakten in der Wirtschaft berichtete, unterstreicht dies nur, dass er zunächst einen Mittelweg wählte, der erst mit der politischen Ausschaltung der SA im Frühsommer 1934 («Röhm-Putsch») und der Ernennung des Reichsbankpräsidenten Hjalmar Schacht zum Reichswirtschaftsminister endete. Schachts Amtsantritt zum 1. August galt als offenes Signal dafür, dass willkürliche Störungen der Wirtschaft im Interesse der Aufrüstung fortan zu unterbleiben hätten. Das galt nicht nur für die Schlägertrupps der SA oder die Bereicherungsversuche der Gauleiter, sondern ebenso für die landwirtschaftliche Reformpolitik. Was im Herbst 1933 als vermeintliche Bauernbefreiung begonnen hatte, blieb angesichts der Sachzwänge des Devisenmangels schon bald im ersten Ansatz stecken. Darrés

Scheitern war jedoch nicht untypisch, denn ähnlich schnell verloren auch all jene nationalsozialistischen Ideologen an Boden, denen ursprünglich eine grundlegende Reform der Wirtschaftsverfassung vorschwebte. Die Rückkehr zur vormodernen Wirtschaft, zu Ständen und Agrarutopien, fiel aus – das mochte für viele Unternehmer ebenso verheißungsvoll sein wie die Tatsache, dass es Gewerkschaften, Streiks und Tarifkonflikte nicht mehr gab. Eine Zustimmung der breiten Mehrheit bedeutete das noch keineswegs, denn sie hing wesentlich von der Beseitigung der Arbeitslosigkeit ab.

II.

Wege aus der Not

Als Alwin Tölle in den dreißiger Jahren den Schwarzwald durchstreifte, entdeckte der aus dem Harz stammende Bildjournalist nicht nur seine spätere Wahlheimat, sondern auch ein fotografisches Sujet, das bestens in die Zeit passte. Überall im Dritten Reich erkundeten Volkskundler und Fotografen das ursprünglich-bäuerliche Volksleben, bei dessen Dokumentation nicht selten kräftig nachgeholfen wurde, um die ärmlichen Lebensumstände auf dem Land in ein mildes Licht zu setzen. Nicht nur im Fall des Bauernmädchens auf dem Freiburger Münstermarkt zeigte Tölle eine Lebens- und Arbeitsweise, die man so wohl auch im späten 18. Jahrhundert vorgefunden hätte. Im rauen Klima des Schwarzwaldes genügten die Erträge, die man dem kargen Boden in harter Arbeit abrang, kaum zum Überleben. Jeder in der Familie musste mithelfen, auch die Jüngsten.

Ob auch die Familie des Mädchens gezwungen war, als Heimarbeiter dazuzuverdienen, indem sie Holzlöffel schnitzte, Bürsten herstellte oder Körbe flocht, wissen wir nicht. Auch ist nicht bekannt, ob sich die Familie mit dem Gedanken trug, die Landwirtschaft aufzugeben, Haus und Boden zu verkaufen und hinab in die Rheinebene zu ziehen. Fest steht nur, dass Tölle das Mädchen am Ende einer langen Epoche fotografierte, in der selbst die

Flucht in die Industrie kaum noch Hoffnung auf ein besseres Leben versprochen hatte.

Die Not der Weltwirtschaftskrise stand am Ende einer fast zwei Jahrzehnte umfassenden Phase der wirtschaftlichen Instabilität. Auf die Hungerwinter des Weltkrieges folgten die Wirren der Inflationszeit, und selbst die wenigen wirtschaftlich guten Jahre nach der Stabilisierung der Währung führten nur dazu, dass die Einkommen im Durchschnitt wieder das Niveau der Vorkriegszeit erreichten. Davon profitierte freilich nicht, wer zu den anderthalb Millionen Arbeitslosen gehörte, die man bereits im Schnitt der Jahre 1926 bis 1929 zählte. Die Weltwirtschaftskrise schuf dann eine Notlage, die im ganzen 20. Jahrhundert einzigartig war.

Im Februar 1933 lag die Zahl der offiziell registrierten Arbeitslosen bei sechs Millionen, und für die Arbeiterschaft bedeutete die Krise einen statistischen Einkommensverlust von über 13 Prozent. Bis September 1932 waren 40 Prozent der Erwerbslosen aus der Arbeitslosenversicherung gefallen und fortan auf die kommunale Wohlfahrtsunterstützung angewiesen. Weißbrot, Bohnenkaffee oder gar Fleisch konnten sie sich nicht mehr leisten, und viele hungerten. Wer nicht genug Geld für die Miete nach Hause brachte, hauste bald in einer wilden Siedlung oder im kommunalen Obdachlosenasyl. Auf der Suche nach Arbeit gingen 1932 geschätzte 400 000 Arbeiter und ganze Familien auf Wanderschaft. Berlin registrierte fast 20 000, Frankfurt am Main knapp 11 000 obdachlose Jugendliche.[1]

Der Wirtschaftsaufschwung des Dritten Reiches muss vor dem Hintergrund dieser wirtschaftlicher Unsicherheit gesehen werden. Er trug entscheidend zur Stabilisierung des NS-Staates bei, und das überraschend hohe Tempo, mit dem die Arbeitslosigkeit schwand, nahm viele Deutsche für die neuen Verhältnisse ein. Hitlers Gegner jedenfalls gaben sich schon am Ende des zweiten Jahres der Diktatur keinen Illusionen mehr hin. So konstatierte die Exil-Organisation der SPD im Januar 1935, dass die «innere Widerstandskraft der Arbeiterbewegung» längst gebrochen sei. Der «mutigste illegale Kämpfer, der rücksichtsloseste Gegner des Regimes ist in der Regel der Erwerbslose, der nichts mehr zu verlieren hat. Kommt aber ein Arbeiter nach jahrelanger Arbeitslosigkeit in den Betrieb, so wird er – und seien Lohn und Arbeitsbedingungen noch so schlecht – auf einmal ängstlich. Jetzt hat er etwas zu verlieren und sei es auch noch so wenig, und die Furcht vor dem neuen Elend der Erwerbslosigkeit ist schlimmer als das Elend selbst.» So hätten die wirtschaftlichen Erfolge der Nationalsozialisten «das Selbstvertrauen der Arbeiterschaft zerstört, die Kräfte der Solidarität verschüttet und ihren Willen zum Widerstand gelähmt».[2]

Lebensstandard und Wirtschaftswunder

Erich Koch meldete den ersten großen Sieg in der sogenannten Arbeitsschlacht. Damit war die aktive staatliche Bekämpfung der Arbeitslosigkeit gemeint, und der frischgebackene Oberpräsident von Ostpreußen ging dabei so energisch voran, dass er bereits im August 1933 Vollbeschäftigung nach Berlin melden konnte. Dem 37jährigen Koch, einem früheren Eisenbahnbeamten aus Elberfeld, schwebte ein nationalsozialistischer «Mustergau» vor, und nicht nur in seinem Selbstverständnis war darin für die Not der Arbeitslosen kein Platz. Für eine Demonstration staatlicher Tatkraft war das dünn besiedelte und überwiegend von der Landwirtschaft geprägte Ostpreußen gerade wegen seiner Rückständigkeit besonders geeignet. Kaum zwei Prozent der deutschen Arbeitslosen waren dort registriert, und weil polnisches Territorium bei Danzig die Provinz vom Reichsgebiet trennte, verstand Koch die Arbeitsbeschaffung immer auch als Faktor der deutschen Ostpolitik. Er hatte mächtige Unterstützer in Berlin. In seiner Funktion als preußischer Innenminister zog Hermann Göring die Fäden, um Ostpreußen weit üppiger mit Steuermitteln auszustatten als andere Regionen. Und das Propagandaministerium stellte den «Koch-Plan» ins Zentrum einer Kampagne, die wohlweislich verschwieg, dass in Ostpreußen vorwiegend Landarbeiter ohne Stelle gewesen waren. Primitive Mittel führten dort zur raschen Beseitigung der Arbeitslosigkeit; der Fiskus ließ neue Straßen bauen und Entwässerungsgräben ausheben. Registrierten Arbeitslosen blieb keine andere Wahl, als schwerste körperliche Arbeit zu verrichten, häufig fernab ihrer Familie und in spartanischen Lagern, in denen sie überdies weltanschaulich geschult wurden.[3]

Obwohl die Propaganda diesen Erfolg weidlich ausschlachtete und einen regelrechten Wettbewerb unter den Gauleitern anstachelte, ließen sich Kochs Methoden nicht einfach auf andere Regionen übertragen – schon gar nicht auf jene Großstädte und industriellen Ballungszentren, welche die Weltwirtschaftskrise besonders stark getroffen hatte. Dort waren Bergleute, Buchhalter oder Stenotypistinnen zu Hunderttausenden ohne Beschäftigung. Weder konnten sie alle durch öffentliche Arbeiten zurück in Lohn und Brot gebracht werden, noch war die Mehrzahl von ihnen bereit und in der Lage, eine provisorische Beschäftigung im Straßenbau oder bei der Trockenlegung von Moorgebieten anzunehmen. Hitler zeigte zunächst eine bemerkenswert indifferente Haltung zur Krise auf dem Arbeitsmarkt. Er hatte bereits Anfang Februar 1933 deutlich gemacht, dass es bei der Vergabe öffentlicher Aufträge ab sofort eine «absolute Vorrangstellung der Interessen der Landesverteidigung» gab.[4] Offenbar vertraute er darauf, dass die schnelle Aufrüstung die Menschen automatisch in Lohn und Brot bringen werde. Günstige Bedingungen ermutigten ihn dazu.

Im Januar 1933 war der Tiefpunkt der Weltwirtschaftskrise nicht nur durchschritten, sondern es waren bereits erste Anzeichen eines kräftigen Konjunkturaufschwungs zu beobachten. Seit Herbst 1932 investierten die Unternehmen wieder, was sich deutlich an den inländischen Aufträgen zeigte, die beispielsweise beim Maschinenbau eingingen. Die für den Winter typische Flaute endete diesmal bereits im November, und seither füllten sich die Auftragsbücher stetig. Auch die Stimmungsberichte, die von den Industrie- und Handelskammern gesammelt wurden, deuteten darauf hin, dass der eigentliche Wendepunkt im Spätsommer 1932 gelegen hatte.[5]

Über kurz oder lang musste sich dieser Aufschwung auch auf die Arbeitslosigkeit auswirken, und dass Hitler es sich erlauben konnte, zunächst abzuwarten, lag auch an der Politik seiner Vorgänger. Wegen der noch unter Brüning stark gesenkten Löhne und Gehälter produzierten die deutschen Unternehmen weit günstiger als in den späten zwanziger Jahren. Auch für die staatliche Arbeitsbeschaffung hatten schon die Präsidialkabinette gesorgt, besonders mit Schleichers Sofortprogramm vom Januar 1933. Als Hitler Reichskanzler wurde, profitierte er also nicht nur von einem beginnenden Wirtschaftsaufschwung, sondern ihm standen auch 600 Millionen Mark zusätzlich für den staatlichen Kampf gegen die Arbeitslosigkeit zur Verfügung. Sofort ließ er ein knappes Drittel des Geldes für militärische Zwecke umwidmen: Die Aufrüstung hatte Priorität.[6]

Demgegenüber ging es bei der im Laufe des Sommers anlaufenden «Arbeitsschlacht» vor allem um die politische Stabilisierung des Dritten Reiches. Zu guten Teilen handelte es sich um einen Propagandafeldzug, obwohl das im Juni 1933 verkündete Reinhardt-Programm – benannt nach dem neuen Staatssekretär im Reichsfinanzministerium – eine weitere Milliarde Mark für die Arbeitsbeschaffung mobilisierte und noch im September ein Programm mit einem Volumen von weiteren 800 Millionen folgte. Diese Zahlen waren jedoch nur auf den ersten Blick beeindruckend, denn die Reichsanstalt für Arbeitsvermittlung wandte im Verein mit der Reichsbahn und der Reichspost fast ebenso viel Geld für die Arbeitsbeschaffung auf. Und zum Vergleich: Ebenfalls im Juni 1933 stellten Hitler, Göring, Schacht und Reichswehrminister von Blomberg die Weichen für die Wiederbewaffnung. Ihr Programm hatte ein Gesamtvolumen von 35 Milliarden Mark, war auf acht Jahre angelegt und sollte jedes Jahr fast zehn Prozent der deutschen Wirtschaftskraft für die Rüstung mobilisieren. Blickt man überdies nicht nur auf die Ankündigung von Programmen und ihre Etatansätze, sondern auch auf die tatsächliche Verwendung der Mittel, ergibt sich ein noch klareres Bild von der Macht der Propaganda: Im ganzen Jahr 1933 wurden zwar 1,5 Milliarden Mark für die Arbeitsbeschaffung ausgegeben. Doch davon stammte lediglich jede neunte Mark aus Programmen, die der NS-Staat selbst aufgelegt hatte. Bei den Arbeitslosen kam das Gros der Mittel wegen langer Planungszeiten und bürokratischer Hindernisse erst im Laufe des Jahres 1934 an.[7]

Auch kam die direkte staatliche Arbeitsbeschaffung zunächst nur wenigen zugute. Gemessen an den offiziell erfassten sechs Millionen Erwerbslosen vom Januar 1933 war es jedenfalls nur ein Tropfen auf den heißen Stein, wenn in den sechs Monaten ab November 1933 durchschnittlich etwa 470 000 Menschen bei staatlichen Notstandsarbeiten wie in Ostpreußen eingesetzt wurden.[8] Viele Arbeitslose fielen zur selben Zeit aus der Statistik. Die im März 1933 eingeführte Landhilfe verfrachtete arbeitslose Jugendliche als Helfer aufs Land. Sie zählten nun ebenso wie die Notstandsarbeiter nicht mehr als Erwerbslose. Auch der Reichsarbeitsdienst expandierte, und daneben begannen örtliche Gliederungen der NSDAP einen systematischen Kreuzzug gegen Doppelverdiener. Frauen sollten aus dem Erwerbsleben möglichst ausscheiden. Auf diese Weise reduzierte sich die Zahl der statistisch erfassten Erwerbslosen allein Laufe des Jahres 1933 um rund 340 000 Personen.[9]

Dennoch handelte es sich um einen politischen Klimawechsel, den die Deutschen nach Jahren der Krise nur begrüßen konnten. Ein kreditfinanziertes Vorgehen des Staates gegen die Misere auf dem Arbeitsmarkt war bis zum Ende der Präsidialkabinette immer umstritten gewesen. Hitler aber beendete diesen Streit nicht nur, sondern erweckte auch geschickt den Eindruck, dass die Bekämpfung der Arbeitslosigkeit im Zentrum seiner Politik stehe. Den Deutschen imponierte, dass die neue Regierung die Zahl der Notstandsarbeiter verfünffachte. Zudem unterstrich die hektische Aktivität des Sommers, wie sehr man steigende Arbeitslosenzahlen im kommenden Winter fürchtete. Dies erklärt, warum das im September aufgelegte zweite Reinhardt-Programm besonders das städtische Bauhandwerk förderte – also jene Maurer, Zimmerer und Dachdecker, die im Winter normalerweise kaum Aufträge erhielten und deren Beschäftigte diesmal aus der Arbeitslosenstatistik herausfallen sollten.

Die Entwicklung jedenfalls sprach bald eindeutig für Hitler: Acht Monate nach dem Machtwechsel waren knapp 2,6 Millionen Menschen zusätzlich in Lohn und Brot gekommen, und auch im Laufe des Winters waren durchgehend zwei Millionen Personen mehr beschäftigt als im Vorjahr. Nach sechs Millionen im Januar wurden im Herbst 1933 nur noch 3,7 Millionen Erwerbslose gezählt. Ein Jahr später lag diese Zahl bei 2,3 Millionen, ein weiteres Jahr später bei 1,8 Millionen, und schon im Herbst 1937 herrschte bei nur noch einer halben Million Erwerbslosen überall ein akuter Mangel an Arbeitskräften.[10]

Entscheidend dafür war der Konjunkturaufschwung, den die rasch steigenden Rüstungsausgaben bald kräftig stützten. Propagandistisch zentrale Projekte wie der Bau der Reichsautobahnen hatten hingegen kaum dazu beigetragen. Hitler konnte das gigantische Infrastrukturprojekt im Frühjahr 1933 auch deshalb auf den Weg bringen, weil es fertige Pläne gab, die auf Vorarbeiten eines privaten Vereins von 1926 zurückgingen. Die Arbeiten begannen im September 1933 unter der Regie von Fritz Todt. Beim ersten Spatenstich im Süden von Frankfurt stellte Hitler demonstrativ heraus, dass er den «zweckmäßigsten Weg, das deutsche Volk wieder in den Prozess der Arbeit zurückzuführen», darin sah, «durch große monumentale Arbeiten [...] die deutsche Wirtschaft in Gang zu setzen».[11] Monumental war das Vorhaben tatsächlich, denn die Baustellen erstreckten sich bald über ganz Deutschland. Bis Ende 1939 waren 3300 Kilometer Straße fertig – obwohl es nur wenige Autos gab. «Deutschland hat die Straßen, während wir den Verkehr haben», bemerkte treffend ein Experte aus den USA, wo Mitte der dreißiger Jahre bereits auf jeden fünften Einwohner ein Auto kam.[12]

Schon wegen seiner Größe und Allgegenwärtigkeit eignete sich das Infrastrukturprojekt bestens, um ganz unterschiedliche Propagandabotschaften zu transportieren. Nur zu Beginn galt es als Schlüsselvorhaben beim Kampf gegen die Arbeitslosigkeit. Danach hatten die Betonpisten nicht nur die Landschaft zu veredeln, sondern im raschen Wechsel den Willen zum Frieden zu symbolisieren, die internationalen Gäste der Olympischen Spiele 1936 für die Modernität des NS-Staates einzunehmen, nach der Angliederung Österreichs die Idee eines großdeutschen Reiches zu verkörpern und schließlich im Krieg dessen strategische Voraussicht und militärische Stärke zu unterstreichen.

Der wirkliche Beitrag des Autobahnbaus zur Überwindung der Krise war gering. Nur bis zum Sommer 1934 förderte die Reichsanstalt für Arbeitsvermittlung und Arbeitslosenversicherung die Bauarbeiten, und entgegen der Ankündigung von Fritz Todt, wonach dort bald 300 000 Arbeitsplätze geschaffen würden, beschäftigten sie nie mehr als 121 000 Personen.[13] Ihr eigentlicher Effekt bestand daher anfangs vor allem darin, bei den örtlichen Eliten, in Handwerk und Baugewerbe die Zustimmung zum NS-Staat zu fördern.[14] Erschwerend kam hinzu, dass die Arbeit auf den Baustellen der Reichsautobahn ungewöhnlich anstrengend und gefährlich war. Aus Gründen der Arbeitsbeschaffung verzichtete man anfangs auf Baumaschinen, so dass die Straßen buchstäblich mit Schaufel und Schubkarre entstanden. Viele Notstandsarbeiter waren nach Jahren der Krise auf diese körperliche Belastung nicht vorbereitet. Karges Essen, schlechte Unterkünfte und lange Fußmärsche zur eigentlichen Baustelle, die mancherorts bis zu drei Stunden täglich dauerten, trugen zu ihrer Erschöpfung bei. Viele Unfälle waren die Folge. Bis 1938 kam auf jeden sechsten fertiggestellten Kilometer ein tödlicher Unglücksfall. Die Berufsgenossenschaften im deutschen Tiefbau schlugen Alarm. Im Laufe des Jahres 1934 hatte sich ein Fünftel aller schweren Arbeitsunfälle auf den Baustellen der Reichsautobahn ereignet, wofür nicht nur die Exil-SPD eine «Antreiberei» verantwortlich machte, die «unbeschreiblich» sei.[15]

Wegen der schweren Bedingungen, vor allem aber wegen der niedrigen Löhne waren Notstandsarbeiten generell höchst unpopulär. Nicht nur auf den Autobahnbaustellen verdienten Notstandsarbeiter weniger als ungelernte Hilfsarbeiter. War der Einsatzort abgelegen, so dass man in einem Lager wohnen musste, reduzierte sich der Lohn um die Kosten für Unterkunft und Verpflegung, so dass die Nettoeinkommen häufig noch unter den Sätzen der Erwerbslosenunterstützung lagen. Zudem war man den Schikanen der Kolonnenführer ausgesetzt. Sie zogen den Notstandsarbeitern beispielsweise die Kosten für Schäden an Arbeitsgerät und -kleidung vom Lohn ab. Nicht nur bei der Deutschen Arbeitsfront hatte man daher Sorge, dass sich die Arbeiterlager der Reichsautobahn zu «Brutstätten neuer kommunistischer Umtriebe» entwickelten.[16] Auch die Gestapo blickte mit größtem Misstrauen auf jene städtischen Arbeiter, die nun im Hunsrück, in der Eifel oder in den niedersächsischen Moorgebieten auf abgelegenen Baustellen schuften mussten. Kritik an der Unterkunft oder an unzureichender Verpflegung interpretierte die Geheimpolizei kurzerhand als «kommunistische Zersetzungsarbeit», ebenso jene Konflikte, die vorwiegend auf das gedrängte Zusammenleben zurückgingen, seien es Schlägereien oder exzessiver Alkoholkonsum. Vermeintliche Rädelsführer landeten im Konzentrationslager.

Unter den Arbeitslosen sprach sich jedenfalls zügig herum, wie hart und für wie wenig Geld gearbeitet werden musste. Die Aachener Gestapo berichtete über Notstandsarbeiten in der Eifel, dass sich «verschiedene Parteigenossen» geweigert hätten, ihre

«Arbeit am Rurtalsperrenbau aufzunehmen», obwohl sie wussten, dass sie damit den Anspruch auf Wohlfahrtsunterstützung einbüßten. Der dortige Regierungspräsident betonte, dass die Notstandsarbeiter nur eine geringe «Mehreinnahme im Vergleich zu ihrer Erwerbslosenunterstützung» hatten; deshalb melde sich kaum jemand freiwillig. Wer hingegen abgeordnet wurde, versuche sich mit Hilfe ärztlicher Atteste zu entziehen. Die Aachener Arbeitslosen mussten sich fortan vom Amtsarzt auf ihre «Eifelfähigkeit» untersuchen lassen. Viele von ihnen waren tatsächlich zu schwach: «Während auf Grund der ärztlichen Voruntersuchung schon fast die Hälfte der benannten Unterstützungsempfänger ausscheidet, verzichtet eine nicht unwesentliche Zahl [...] freiwillig auf die Unterstützung, um der Arbeit bei den Talsperrenbauten zu entgehen.»[17]

Weitaus populärer war ein Instrument der indirekten Arbeitsbeschaffung vom Juni 1933: das sogenannte Ehestandsdarlehen, das Ledige über eine Steuererhöhung teilweise mitfinanzierten. Wer heiratete und einen eigenen Hausstand gründete, konnte fortan ein zinsloses staatliches Darlehen von bis zu tausend Mark beantragen. Ausgezahlt wurde das Geld nicht in bar, sondern in Form von Gutscheinen, die der Handel abnahm. Die Förderung fügte sich in eine Politik, die Frauen systematisch aus dem Beruf zu drängen gedachte. Anspruchsberechtigt waren nur solche Frauen, die vor der Hochzeit berufstätig gewesen waren und die ihre Arbeit nun aufgaben; auf diese Weise entzog das Instrument dem Arbeitsmarkt bis 1935 etwa eine halbe Million Frauen. Daneben hatte es auch eine bevölkerungspolitische Komponente, weil den Schuldnern mit jedem geborenen Kind ein Viertel des Darlehens erlassen wurde. Ob mehr Paare wegen der Ehestandsdarlehen heirateten und dann mehr Kinder bekamen, ist nicht mit Gewissheit zu ermitteln. Zwar stieg die Zahl der Hochzeiten bis 1934 steil an, doch das war nach dem Ende der Wirtschaftskrise nicht überraschend. Anfangs nahm ein Drittel der Paare die Darlehen in Anspruch, später sank dieser Anteil auf ein Viertel.

Bei den fast 900000 frischvermählten Paaren, die bis 1937 durchschnittlich 641 Mark erhielten, dürfte der Mitnahmeeffekt groß gewesen sein.

Die Förderung war eher ein Konjunkturprogramm für die Möbelindustrie und den Handel.[18] Gutscheine konnten außer für Wäsche und Kleidung praktisch für jede Form von Hausrat eingesetzt werden: Öfen, Möbel, Matratzen und Teppiche, aber eben auch Uhren, Kühlschränke, Nähmaschinen, Waschmaschinen oder Radios. Hier zeigten sich die neuen Bedingungen der NS-Volksgemeinschaft. Das Gesetz war nämlich so undeutlich formuliert, dass Kommunalverwaltungen und örtliche Parteigliederungen freie Bahn hatten, um es ganz nach ihren Vorlieben zur örtlichen Wirtschaftsförderung einzusetzen. Überall waren jüdische Händler ausgeschlossen; auch Kaufhäuser oder Konsumvereine nahmen die Gutscheine nicht an. Mancherorts durften Öfen nur im Fachhandel, Sessel nur im spezialisierten Polstermöbelgeschäft gekauft werden, und wie zur Zeit der Zünfte verbündeten sich die alteingesessenen Händler. Sie ließen neue Konkurrenten nicht zum Zuge kommen. Ein weiteres Mal stritt man über die teure Qualitätsarbeit des Handwerks und den Ramsch der Industrieproduktion, wobei die Kundschaft die preiswerteren Produkte vorzog. So beschwerte sich ein fränkischer Möbelfabrikant über seine wendigeren Konkurrenten, die dem Einzelhandel zum Einkaufspreis von 650 Mark neben einer vollständigen Küchenausstattung auch noch ein komplettes Schlafzimmer nebst Matratzen lieferten – für ihn waren dies die «niederträchtigsten und gemeinsten Schädlinge», die doch «mindestens nach Dachau» gehörten.[19]

Größer noch war die Willkür, mit der über die Antragsteller entschieden wurde. Das Gesetz hatte bestimmt, dass sich die Eheleute «jederzeit rückhaltlos für den nationalen Staat» einsetzen mussten, Vorleben und Leumund waren zu prüfen, Juden als Antragssteller von vornherein ausgeschlossen. Auch sollte die Hochzeit im «Interesse der Volksgemeinschaft» liegen, was beispielsweise fatal für alle zeugungsunfähigen Antragsteller war. Schließlich durfte keiner der Eheleute an «vererblichen geistigen oder körperlichen Gebrechen» leiden.[20] Das Gesetz vom Juni 1933 sorgte also nicht nur dafür, dass ledige Steuerzahler stärker belastet, Hochzeiten und Geburten hingegen ebenso subventioniert wurden wie Möbelhersteller und Einzelhändler. Es legte auch fest, wer überhaupt als Mitglied der Volksgemeinschaft gelten konnte.

Nicht länger dazu gehörte beispielsweise Victor Klemperer. Der jüdische Gelehrte notierte im Oktober 1933, dass ihm eine «Freiwillige Winterhilfe» vom Gehalt abgezogen worden sei: «Niemand hat mich deswegen vorher gefragt». Diesen «kaum verhüllten Zwang»[21] erlebten seit Herbst 1933 nicht nur Gehaltsempfänger, sondern die meisten Deutschen. Im September 1933 begonnen, gehörten Sammlungen für das Winterhilfswerk und die obligatorischen Eintopfsonntage bald zum neuen Alltag. Auch hier ging es zunächst darum, ein sichtbares Zeichen gegen die winterliche Not der Arbeitslosen zu setzen. Beobachter der Exil-SPD klagten bald über Straßensammlungen, die einer «organisierten Wegelagerei» glichen. Aber auch sie mussten zugeben, dass «viele Leute [...] wirklich mit ganzem Herzen bei der Sache» waren. Es sei «außerordentlich geschickt», wie auf diese Weise neue «Formen der Mitwirkung der breiten Masse» geschaffen würden.[22]

Im Winterhalbjahr traf man sich jeweils am ersten Sonntag des Monats zum öffentlichen Eintopfessen mit der örtlichen Parteiprominenz. Die Mahlzeit kostete 50 Pfennige, und es wurde erwartet, dass man den Differenzbetrag zu den Kosten, die ein festliches Sonntagsessen verursacht hätte, der Winterhilfe spendete. Der soziale Druck war groß, denn schon im ersten Winter sammelten fast anderthalb Millionen Ehrenamtliche die «freiwilligen» Spenden auch bei jenen, die es vorzogen, zu Hause zu speisen. Die Nationalsozialistische Volkswohlfahrt verwaltete die Geld- und Sachspenden, die Bedürftigen zugutekamen. Neben

Sachleistungen erhielten sie Bezugsscheine für Kohle und Kartoffeln, aber auch Wertgutscheine für Lebensmittel, die im Handel eingelöst werden konnten. Hier ging es nicht nur um ein Stück praktischer Sozialpolitik, um Solidarität und Opferbereitschaft, sondern um die Stiftung von Gemeinschaft. Die Volksgemeinschaft war für die Teilnehmer am Eintopfessen ebenso wie für die Empfänger der Winterhilfe sowenig abstrakt wie sie den Ausgegrenzten demonstrativ vor Augen führte, dass sie nicht mehr dazugehörten.[23]

Diese Mechanismen der Ausgrenzung spielten freilich kaum eine Rolle, als der Wirtschaftsaufschwung ab Mitte der dreißiger Jahre deutsche und internationale Beobachter zu faszinieren begann. Immer wieder war nun die Rede vom deutschen Wirtschaftswunder, das gerade die Amerikaner neidisch betrachteten. Während die deutsche Industrieproduktion bereits 1935 wieder das Niveau von 1929 erreichte, lag in den USA ein Viertel der früheren Kapazität brach; auch die Arbeitslosenquote erreichte dort noch immer zweistellige Prozentwerte. Ohne staatliche Arbeitsbeschaffungsprogramme hätte sie fast 20 Prozent betragen. Kritische Zeitgenossen wie der Volkswirt Hans Priester oder der britische Wirtschaftsstatistiker Colin Clark erkannten freilich schon damals, wie groß der Anteil der Aufrüstung am deutschen Aufschwung war und welch fatale Auswirkungen dies auf den Lebensstandard hatte. Trotz Wirtschaftsboom und Vollbeschäftigung lag das statistische Einkommen pro Kopf der deutschen Bevölkerung im Jahr 1938 noch immer niedriger als in Frankreich. Es war um etwa ein Drittel geringer als in Großbritannien und erreichte gerade einmal die Hälfte des Wertes der von der zählebigen Depression geplagten USA. Rechnet man die Geldentwertung heraus, dauerte es bis 1938, ehe die deutschen Löhne wieder das Niveau von 1928 erreichten.

1936 verdienten 62 Prozent der deutschen Steuerzahler nicht mehr als 60 Pfennige pro Stunde oder knapp 30 Mark in der Woche. Dem standen hohe Ausgaben für Grundnahrungsmittel gegenüber. Für ein Graubrot war beispielsweise ein halber Stundenlohn aufzuwenden, während man einen halben Tag arbeiten musste, um ein Pfund Speck zu kaufen. Ein halbes Pfund Butter war teurer als ein Durchschnittsstundenlohn, ebenso ein halbes Dutzend Eier oder ein Liter Bier. Arbeiterhaushalte gaben fast die Hälfte ihrer Einkünfte für Lebensmittel, Getränke und Tabak aus.[24]

Allerdings sind diese Angaben der Einkommensstatistik mit Vorsicht zu genießen, da sie die politischen Veränderungen der dreißiger Jahre nur unzureichend abbilden. Das Beispiel des Reichsnährstandes zeigt, wie stark und wie früh die Preise politisch manipuliert wurden. Auch geben die Durchschnittswerte vorwiegend Auskunft über das Pro-Kopf-Einkommen, nicht aber über das Gesamteinkommen der Haushalte, zu dem auch die Einkünfte erwerbstätiger Ehefrauen oder älterer Kinder beitrugen. Solidere Indikatoren deuten ebenfalls an, wie lange der Lebensstandard der Deutschen trotz des Aufschwungs auf dem Niveau der Krise verharrte. So starben Deutsche in den dreißiger Jahren früher als ihre Altersgenossen in anderen europäischen Ländern, und die Körpergröße der Kinder blieb geringer, was direkte Rückschlüsse auf die Qualität der Ernährung ermöglicht.[25]

Doch wie passt dies mit der Wahrnehmung der Zeitgenossen zusammen? Die Deutschen gaben ihren Söhnen gerade in den Jahren 1933 und 1934 nun häufig die Vornamen Horst, Hermann, seltener auch Adolf; sie traten Mitte der dreißiger Jahre in bis dahin unbekanntem Maße aus der Kirche aus, und generell wird man sagen können, dass der Wirtschaftsaufschwung im Verein mit den außenpolitischen Erfolgen für eine positive Stimmung sorgte. Schaut man etwa auf den Einzelhandel, nahm der Umsatz mit Nahrungs- und Genussmitteln zwischen 1935 und 1938 jedes Jahr um durchschnittlich 6,6 Prozent zu. Bei den Textilhändlern liefen die Geschäfte sogar noch besser, dort lag der entsprechende Wert bei fast zehn Prozent. Die Deutschen gingen öfter ins Kino, und sie konnten sich erstmals auch Konsumgüter leisten, die lange unerreichbar gewesen waren. Am Tiefpunkt der Weltwirtschaftskrise hatten gerade einmal 64 von tausend Personen ein Radio besessen. Bis 1939 stieg diese Zahl auf 157. Zwei Jahre vor Kriegsbeginn zählte die Organisation Kraft durch Freude zehn Millionen Übernachtungen in ihren Tourismusprogrammen. Und obwohl die Autobahnen leer waren, verdoppelte sich die Zahl der Autos von 560 000 im Jahr 1933 auf 1,3 Millionen sechs Jahre später. Ähnlich stark nahm die Zahl der Motorräder zu.[26] Dass es vielen Deutschen im Aufschwung besser ging als in der Krise, zeigt etwa der Bierkonsum. Binnen sechs Jahren stieg er von jährlich knapp 51 auf 74 Liter – pro Kopf der Bevölkerung gerechnet. Wein wurde 1938 fast doppelt so viel getrunken wie in den Krisenjahren von 1929 bis 1932, und aufs Jahr gerechnet schenkte sich jeder Deutsche vom Kind bis zum Greis 1,2 Liter Hochprozentiges ein, was gegenüber der Krise eine Steigerung um 50 Prozent bedeutete.[27] In den Friedensjahren des Dritten Reiches nahm der Kaffeekonsum pro Kopf um jährlich acht Prozent zu, und bei Kriegsbeginn rauchten die Deutschen 40 Prozent mehr Zigaretten als in der Krise.[28]

Objektiv ging es den Deutschen schlechter als den Franzosen, Briten und erst recht als den Amerikanern. Auch gemessen an ihrem eigenen Lebensstandard, den sie 1928 auf dem Höhepunkt der kurzen Prosperität der Weimarer Republik schon einmal erreicht hatten, waren die Lebensumstände im vermeintlichen Wirtschaftswunder des Dritten Reiches karg. Die hohen Wachstumsraten bewirkten in diesem Sinne nur die Rückkehr zu einem Standard, den die Deutschen vor der Krise schon einmal genossen hatten. Aber entscheidend war doch die subjektive Wahrnehmung, denn die zeitgenössische Erinnerung an die wenigen wirtschaftlich guten Jahre der Weimarer Zeit verblasste längst. Auch verglichen die Deutschen ihre Lage kaum mit der von US-Bürgern, sondern vorrangig mit der bitteren Not der Krisenjahre. Über alle Klassenunterschiede hinweg war man sich einig, dass Hitler die Arbeitslosigkeit und damit die akute Armut in einem Tempo beseitigt hatte, das Staunen machte. Und was noch schwerer wog: Nach fast zwei Jahrzehnten der Instabilität schien es bei Beschäftigung, Einkommen und Konsum für die Mehrheit der Deutschen nun erstmals wieder stetig bergauf zu gehen.

Aufrüstung

Am 16. März 1935 verkündete der Reichskanzler die deutsche «Wehrhoheit». Auf den Tag genau 122 Jahre nachdem der preußische König Friedrich Wilhelm III. dem Frankreich Napoleons den Krieg erklärt hatte, setzte sich Adolf Hitler erstmals offen über die Bestimmungen des Vertrages von Versailles hinweg. Dieser hatte das deutsche Militär ursprünglich auf 100 000 Mann beschränkt. Für den Herbst kündigte Hitler nun die Einführung der allgemeinen Wehrpflicht an; die Truppenstärke sollte möglichst rasch auf eine halbe Million Mann steigen. Schon im Laufe des Sommers erhöhte das Militär dieses Planziel auf 700 000 Mann, und wie stark die Mobilisierung danach ausgeweitet wurde, zeigte sich vier Jahre später: Fast 4,6 Millionen deutsche Soldaten standen im Herbst 1939 zum Angriff bereit.

Von den internationalen Reaktionen auf seinen Vorstoß durfte sich Hitler ermutigt fühlen. Zwar verdoppelte Frankreich die Dauer seines Militärdienstes, und der Völkerbund verurteilte den einseitigen Bruch des Vertrages scharf. Niemand jedoch war zu Sanktionen bereit, im Gegenteil: Die USA hielten sich demonstrativ abseits, und unter Umgehung des Parlaments handelte die britische Regierung mit Berlin ein Flottenabkommen aus, das die entsprechenden Bestimmungen des Versailler Vertrages ersetzte.

Bis zum März 1935 war die deutsche Aufrüstung eine Art offenes Geheimnis gewesen, über das die Siegermächte des Ersten Weltkrieges hinwegsahen – «besessen vom Pazifismus und abgelenkt durch innenpolitische Probleme», wie Winston Churchill in der Rückschau bitter bemerkte.[29] Dabei hatte die Reichswehrführung die Aufrüstung schon 1928 konzipiert, so dass Hitler bei seinem Amtsantritt, ähnlich wie bei der Arbeitsbeschaffung, fertige Pläne in den Schubladen vorfand. Die ersten konkreten Schritte gingen auf ein Rüstungsprogramm zurück, das auf fünf Jahre angelegt war und vom Frühjahr 1932 datierte. Nun aber, mit dem offenen Bruch des Versailler Vertrages, veränderte sich die Lage, und in den Hauptstädten Europas begann man sich verstärkt Gedanken über das genaue Ausmaß der deutschen Aufrüstung zu machen. Das war nicht leicht, denn in der Reichswehr hatte man die Bestimmungen von Versailles nicht nur nie akzeptiert, sondern sie von Beginn an und mit teils beträchtlicher krimineller Energie umgangen. Entsprechend konspirativ erfolgte die militärische Mobilisierung bis zum Frühjahr 1935. Doch das Beispiel zweier Exiljournalisten zeigt, dass es absolute Geheimhaltung in einem modernen Staat nicht geben kann.

Im September 1935 landeten Leopold Schwarzschild und sein Neffe Rudolf Aron in Paris einen journalistischen Coup, weil sie in einer Serie von Artikeln das wichtigste Instrument der verdeckten deutschen Rüstungsfinanzierung aufspürten. Schwarzschilds Wochenblatt *Das Neue Tage-Buch* wurde überall aufmerksam gelesen, denn hier publizierten namhafte Literaten des Exils, darunter Thomas Mann und Walter Benjamin. Wichtiger noch als diese Feuilletons waren Schwarzschilds sozioökonomische Analysen. Strikt antikommunistisch gesinnt, blickte das *Neue Tage-Buch* immer wieder nüchtern auf die wirtschaftlichen Bedingungen der NS-Herrschaft, und schon Ende 1934 hatte Schwarzschild bemerkt, dass die deutsche Wirtschaft zu einem Instrument der systematischen Kriegsvorbereitung gemacht wurde.

Da ihm die militärischen Geheimnisse der Aufrüstung, besonders die Stärke der Truppe und ihre Bewaffnung, nicht zugänglich waren, wählte er einen Umweg. Er fragte nach der Finanzierung, um auf diese Weise Aufschluss über das Ausmaß der Rüstung zu erhalten. Die Volkswirte fahndeten nach den Spuren einer Mobilisierung für den Krieg, die in Friedenszeiten beispiellos war. Von 1933 aus gesehen stiegen die deutschen Militärausgaben binnen fünf Jahren um das 23-fache. Ihr Anteil am Sozialprodukt lag 1933 noch bei einem Prozent; 1938 flossen hingegen fast 20 Prozent der deutschen Wirtschaftskraft in die Rüstung. Blickt man nur auf die Ausgaben des Reiches, erhielt das Militär zwischen 1933 und 1939 jede zweite Mark. Und es war eine Staatskonjunktur auf Pump. Obwohl die Steuereinnahmen im Aufschwung kräftig zunahmen, genügten sie bei weitem nicht, um die Vorbereitung auf den Krieg vollständig zu bezahlen. Steuern, Zölle, Gebühren und alle weiteren Einnahmen des Staates, etwa aus dem Gewinn von Bahn und Post, deckten lediglich die Hälfte der Ausgaben des Reiches. Dessen Verschuldung nahm entsprechend rasant zu: Von knapp 14 Milliarden Mark im Jahr 1933 auf fast 41 Milliarden sechs Jahre darauf.[30] Keine andere moderne Volkswirtschaft war je in diesem Ausmaß für den Krieg gerüstet worden.

Im Laufe des Sommers 1935 entdeckten Schwarzschild und seine Mitstreiter eine Spur, die ins Zentrum der geheimen deutschen Rüstungsfinanzierung führte. In den Berichten des Statistischen Reichsamtes, des Instituts für Konjunkturforschung und der staatlichen Reichs-Kredit-Gesellschaft stießen sie auf Ungereimtheiten der Wechsel-Statistik. Sogenannte Handelswechsel dienen üblicherweise der Finanzierung von Wareneinkäufen oder Dienstleistungen, häufig in der Form, dass der Hersteller mit dem Abnehmer ein Zahlungsziel vereinbart und ihm auf diese Weise einen kurzfristigen Kredit gewährt. Die öffentliche Statistik erfasste diese Geschäfte in drei statistischen Reihen, deren Angaben bis zum Frühjahr 1933 logisch aufeinander bezogen waren. Dann gab es plötzlich einen Bruch, und fortan stieg das statistisch erfasste Volumen des Wechselumlaufs steil an – während die beiden übrigen Reihen keine Anhaltspunkte für die Ursachen dieser Steigerung gaben. Schwarzschild stellte fest, dass «jeder intelligente Leser», der die Zahlen betrachte, sich «leicht seinen eigenen Vers dazu machen» könne. Offenbar würden Wechsel zur geheimen Rüstungsfinanzierung genutzt. Zwar überschätzte er das Volumen dieses Finanzierungsweges dramatisch, dennoch hatte er damit ins Schwarze getroffen: «Klar aber ist, selbst amtlich zugegeben, dass der größte Teil der überetatsmäßigen Aufwendungen in die Rüstungen ging. Klar ist zweitens, dass die Reichs-Ausgaben insgesamt rund zweieinhalb mal so hoch waren wie die französischen Staatsausgaben in dieser Zeit. [...] Klar ist schließlich, dass über 20 Milliarden Mark dieser überetatsmäßigen Ausgaben in Form kurzfristiger Schulden finanziert» wurden.[31]

Einfachste Mittel hatten genügt, um einem komplizierten Finanzierungsmodell auf die Spur zu kommen, das Reichsbankpräsident Hjalmar Schacht im Frühjahr 1933 ersonnen hatte. Im Mittelpunkt stand die Metallurgische Forschungsgesellschaft, für deren Kapital fünf Rüstungsunternehmen aufkamen: die Vereinigten Stahlwerke, Siemens, Krupp, die Deutschen Industriewerke Spandau sowie die Gutehoffnungshütte. Die Mefo war von vornherein als Tarngesellschaft konzipiert, deren Geschäfte vom Personal der Reichsbank geführt wurden. Ihr einziger Zweck bestand darin, zwischen die Lieferanten von Rüstungsgütern und ihre staatlichen Auftraggeber geschaltet zu werden. Den von einem Rüstungsunternehmen ausgestellten Wechsel akzeptierte die Mefo und sicherte damit verbindlich zu, die entsprechende Summe sechs Monate später zu zahlen.

Entscheidend war, dass der Staat für die Mefo-Wechsel garantierte. Wegen dieser Sicherheit konnten die Rüstungsunternehmen die Wechsel bei den Banken leicht zu Geld machen. Die Banken wiederum hatten anschließend die Wahl: Verzichteten sie auf eine Verlängerung der Laufzeit, musste die Mefo und damit letztlich die Reichsbank ihnen den Nennbetrag auszahlen; auch konnten sie die Papiere direkt an die Reichsbank verkaufen. Meist jedoch hielten sie die Wechsel, um von der vierprozentigen Verzinsung zu profitieren. Ein ähnlicher Mechanismus war ursprünglich zur Finanzierung der Arbeitsbeschaffung ersonnen worden, und Schacht nutzte ihn jetzt für drei Ziele: Erstens verschuldete sich das Reich, ohne dass dafür zunächst der von der Wirtschaftskrise geplagte Kapitalmarkt in Anspruch genommen werden musste. Zweitens wurden diese Kredite nicht Bestandteil der offiziellen Staatsverschuldung; auch die Reichsbank musste sie nirgends offen ausweisen. Drittens schließlich sorgten die vierprozentige Verzinsung und die lange Haltedauer der meisten Mefo-Wechsel dafür, die Auswirkungen auf die Geldentwertung im Zaum zu halten – solange die Geschäftsbanken die Wechsel hielten, war die Reichsbank nicht gezwungen, in deren Nennwert neues Geld zu schaffen.

Die Exiljournalisten spürten die Auswirkungen dieses Mechanismus in der Reichsstatistik auf und profitierten dabei von der Funktionsweise des modernen Staates – die Aufrüstung mochte ebenso ein militärisches Geheimnis sein, wie alles dafür getan wurde, um ihre Finanzierung vor der Öffentlichkeit zu verbergen. Es war jedoch nicht möglich, eine Statistik zu fälschen, die für das Funktionieren der Banken unabdingbar war. Ironischerweise kamen die «schwarzen Schulden» ausgerechnet zu einem Zeitpunkt ans Licht, als ihre Bedeutung schwand. Der Konjunkturaufschwung führte nämlich dazu, dass ein immer größerer Teil der Verschuldung in Form von Staatsanleihen auf dem Kapitalmarkt platziert werden konnte. Dennoch wurde anfangs die Hälfte, insgesamt ein Fünftel der Rüstungsausgaben über die Mefo abgewickelt; bis 1938 gelangten Wechsel im Nennwert von zwölf Milliarden Mark in Umlauf.[32]

Trotz des politischen Vorrangs, den die Aufrüstung seit dem Frühjahr 1933 genoss, profitierten die Unternehmen zunächst vor allem von der allgemeinen Konjunkturbelebung. Wie kräftig sie war, zeigt ein Blick auf die Stahlindustrie. Im Geschäftsjahr 1933/34 stieg die Rohstahlproduktion beim Branchenprimus Vereinigte Stahlwerke um 52 Prozent, im Jahr darauf um weitere 25 Prozent. Andere Unternehmen erzielten sogar noch bessere Werte; so stieg der Stahlausstoß bei der Gutehoffnungshütte in denselben Zeiträumen um 68 und 40 Prozent, bei Krupp um 55 und 18 Prozent, bei Flick um 70 und 32 Prozent.[33] Direkte Rüstungsaufträge hatten an diesem steilen Aufschwung anfangs nur einen geringen Anteil, obwohl sich die Unternehmen 1933 bereits im Laufe des Sommers auf einem bürokratisch-militärischen Markt positionierten.

Dies unterstreicht der Fall Flick. In dessen Konzernzentrale entstand im September ein Memorandum, das wie ein rüstungswirtschaftlicher Werbekatalog klang. Es präsentierte die einzelnen Konzernwerke und führte auf, welche Rüstungsgüter sie im letzten Krieg hergestellt hatten. Über das Schmiedewerk im sächsischen Gröditz hieß es etwa, dieses sei ursprünglich «als Geschützfabrik gebaut worden», und die entsprechende Fabrikation könne «jederzeit wieder aufgenommen werden». Selbst die abgeschiedene Lage des Werks im thüringischen Unterwellenborn, «abseits von Großstädten, Eisenbahnknotenpunkten und sonstigen strategisch wichtigen Stellen», hatte nun als militärischer Vorteil zu gelten.[34] Offenbar war man über die Strategie der Rüstungsplaner gut informiert, die feindliche Luftangriffe von vornherein einkalkulierten. Friedrich Flick jedenfalls führte Minister und Offiziere persönlich durch seine Werke – allein: Rüstungsaufträge blieben aus. Als im Frühjahr 1934 noch immer kein staatlicher Auftrag vorlag, wurde Flick nervös und sprach mit dem zuständigen Minister. Werner von Blomberg, der erst kurz zuvor in den Genuss einer Werksbesichtigung gekommen war, zeigte sich über die fehlenden Aufträge «außerordentlich erregt» und schaltete sich direkt ein. Bald darauf signalisierte das Heereswaffenamt, dass Flick sich «unbedenklich für eine Reihe von Jahren» auf Aufträge einstellen könne.[35]

Staatliche Rüstungsaufträge waren aus Sicht der Unternehmen zu dieser Zeit attraktiv, weil ihre Werke noch nicht voll ausgelastet waren. Hinzu kam, dass der Fiskus ein generöser Kunde war. Noch immer wurden viele Beschaffungsaufträge über Kostenaufschlagsverträge abgewickelt. Für die Unternehmen waren sie ein gänzlich risikoloses Geschäft, weil der Staat sämtliche Herstellungskosten erstattete und darüber hinaus einen vorher vereinbarten Gewinn gewährte. Vollständig wird das Bild allerdings erst, wenn man die Erwartungen der Unternehmen mit einbezieht. Sie hatten im Ersten Weltkrieg erlebt, wie lukrativ die Rüstungsproduktion in einem modernen Krieg war – und wie fatal ihre langfristigen Auswirkungen sein konnten.

Beispielhaft dafür war der Fall des Essener Krupp-Konzerns, der vor 1918 zwar große Gewinne erwirtschaftet hatte, danach aber umso stärker unter den Bestimmungen des Versailler Vertrages und der jähen Umstellung auf eine rein zivile Produktion zu leiden gehabt hatte. Überschuldet musste das Unternehmen 1925 vom Steuerzahler vor dem Zusammenbruch gerettet werden. Obwohl er sich als Verbandspolitiker rasch der neuen Regierung andiente, achtete Gustav Krupp von Bohlen und Halbach in seinem Unternehmen sorgfältig darauf, die Position der zivilen Produktion zu verteidigen. Noch 1936 war er stolz, dass der Anteil des «Kriegsmaterials» am Umsatz «keineswegs so hoch» war, wie «von Außenstehenden vielfach angenommen» wurde. Er lag zu dieser Zeit bei rund 20 Prozent.[36]

Die Erfahrung des vermeintlichen Kanonenkönigs war typisch. Aus Sicht der meisten Unternehmen galt es, die kurzfristigen Vorteile der Aufrüstung zu nutzen, dabei aber deren Nachteile auf lange Sicht möglichst zu vermeiden. Unbeliebt waren vor allem solche Rüstungsaufträge, die neue Anlagen, Maschinen und Produktionshallen erforderten. Solche Investitionen mochte kaum ein Unternehmen auf eigenes Risiko finanzieren, besonders dann nicht, wenn absehbar war, dass sich für die entsprechenden Betriebe nach einem möglichen Krieg kaum zivile Verwendungen finden lassen würden. Zunächst drängten die staatlichen Rüstungsplaner aber besonders darauf, zusätzliche Produktionsanlagen zu errichten – wozu die Unternehmen jedoch nicht gezwungen werden konnten. Zwar gab es vereinzelt auch Experimente mit direktem Zwang, etwa im Fall des Dessauer Flugzeugunternehmers Hugo Junkers, der im Herbst 1933 im Interesse der Aufrüstung enteignet wurde.[37] In Thüringen drängte Gauleiter Fritz Sauckel die jüdischen Eigentümer des Suhler Waffenherstellers Simson aus dem Unternehmen und wandelte dieses in einen Parteibetrieb um.[38] Doch das blieben auch deshalb Einzelfälle, weil sich bald eine elegantere Lösung für den Interessenkonflikt zwischen staatlichen Rüstungsplanern und Privatwirtschaft fand, die den Vorzug hatte, die Unternehmer nicht vor den Kopf zu stoßen.

Schauplatz dafür war im Frühjahr 1934 die eigentlich recht unbedeutende Werkzeug- und Maschinenfabrik Donauwörth. An ihr hatte sich das Heereswaffenamt seit den zwanziger Jahren direkt beteiligt und dort unter konspirativen Umständen vor allem Artilleriegranaten produzieren lassen. Zwischen dem Haupteigentümer und seinen staatlichen Partnern kam es in der Weltwirtschaftskrise zum Streit, und das Werk musste schließen. Im Mai 1934 musste der Eigentümer seinen Anteil verkaufen – er war kurzerhand zum «Staatsschädling» erklärt, von der Gestapo verhaftet und einem Notar vorgeführt worden. Das Heereswaffenamt betrieb diese Enteignung, und mit Max Zeidelhack führte ein Nationalsozialist der ersten Stunde die Regie. Ihm war wichtig, dass seine Dienststelle auch künftig direkten Einfluss auf die Maschinenfabrik Donauwörth nehmen konnte: Sie sollte möglichst im vollständigen staatlichen Eigentum bleiben. Andererseits wusste Zeidelhack, dass staatliche Regiebetriebe häufig ineffektiv arbeiteten; also wünschte er sich zugleich eine privatwirtschaftliche Leitung des Betriebes.

Die Lösung fand er gemeinsam mit Eugen Böhringer von der Eisenwerkgesellschaft Maximilianshütte, wo er vor 1933 als Rechnungsprüfer tätig gewesen war. Die Maxhütte war ein Teil des Flick-Konzerns, und von dort bezog der schwäbische Betrieb in Donauwörth auch seinen Stahl. Böhringer signalisierte Zeidelhack nicht nur, dass die Maxhütte Donauwörth pachten wollte, sondern er stellte dem Fiskus auch eine Tochtergesellschaft zur

Verfügung, die bis dato lediglich auf dem Papier existierte. Die Verwertungsgesellschaft für Montanindustrie wurde auf diese Weise zum Staatsbetrieb, der wiederum das Eigentum an der Werkzeug- und Maschinenfabrik Donauwörth übernahm. Die Maxhütte pachtete die Anlagen in Donauwörth, sicherte sich einen Stahlabnehmer und führte den Betrieb. Sie vermied dabei aber gleichzeitig das Risiko eigener Investitionen in ein Werk, das ausschließlich Munition herstellte. Für die nötigen Investitionen kam der Fiskus als Eigentümer der Anlagen vollständig auf, und er sorgte mit seinen Beschaffungsaufträgen auch für ihre Auslastung.

Diese Lösung war so überzeugend, dass Zeidelhack aus der Montan die Holdinggesellschaft für alle heereseigenen Rüstungsbetriebe machen durfte. Binnen Jahresfrist kamen 17 weitere Betriebe hinzu, und bei Kriegsbeginn beschäftigte die Montan 35 000 Personen. Im Frühjahr 1941 gehörten ihr 1156 Betriebe.[39] Nach dem Montan-Schema errichtete der Fiskus zunächst vor allem Pulver- und Sprengstofffabriken sowie Betriebe der Panzer-, Geschütz- und Munitionsproduktion, die er anschließend an Privatunternehmen verpachtete. Um die neuen Anlagen wurde oft ein großes Geheimnis gemacht, ihre Beschäftigten mitunter gar per Eid zum Schweigen verdonnert. Die Bevölkerung machte sich darüber lustig, indem sie die Einrichtungen kurzerhand als «Pillen-» oder «Schokoladenfabriken» bezeichnete.

Dies bedeutete freilich noch nicht, dass die Bürger über das ganze Ausmaß der Rüstungsanstrengungen informiert waren. Selbst wer zielstrebig versuchte, sich ein Bild zu machen, musste sich dies hilflos eingestehen. So bemerkte ein niederländischer Journalist im Februar 1934: «Wissen Sie, was es bedeutet, in einem fremden Land, in dem eine Diktatur herrscht, Dinge zu erfahren, die im Zusammenhang mit einer geheimen Aufrüstung stehen?» Man könne nur versuchen, ein Gesamtbild aus «Bruchstücken» zusammenzusetzen.[40] Zu diesen Bruchstücken gehörte, dass der Staat im Verborgenen auch den Ausbau bestehender Fertigungsstätten subventionierte. Als das Krupp-Direktorium 1937 mit der Marineleitung über den massiven Ausbau der Rüstungsfertigung in der Essener Gussstahlfabrik verhandelte, stellte es heraus, dass es für die neuen Werkstätten «nach kaufmännischen Überlegungen einen dauernden Bedarf nicht erkennen» konnte. Die geplanten neuen Betriebe würden auch «keine Werterhöhung unseres Unternehmens» bewirken.[41]

Bilanziert man die Investitionen in die direkte Aufrüstung am Essener Stammsitz, wird deutlich, wie weit der Staat dem Unternehmen entgegenkam. In den militärischen Ausbau der Krupp'schen Gussstahlfabrik floss seit 1934 die gewaltige Summe von 229 Millionen Mark, und davon finanzierte das Unternehmen kaum 17 Prozent. Über 190 Millionen Mark gab der Staat, größtenteils in Form zinsloser Darlehen, teils in Form von Beihilfen, zum kleinsten Teil in Form heereseigener Betriebe. Beihilfen und Darlehen waren jeweils mit einem so geringen Teil der Rüstungsgewinne zu tilgen, dass Krupp von einer 82-Millionen-Subvention bei Kriegsende beispielsweise erst 5,2 Millionen Mark zurückgezahlt hatte.

Neue Anlagen konnte zwar nicht jedes Industrieunternehmen im Rüstungsaufschwung so günstig und risikolos errichten wie Krupp. Aber überall flossen bald üppige Gewinne, die in den öffentlichen Handelsbilanzen der meisten Gesellschaften jedoch nicht ausgewiesen, sondern zu den stillen Reserven gebucht wurden. Die nichtöffentlichen Steuerbilanzen demonstrieren hingegen, wie lukrativ der Boom für die Unternehmen war. Schwarze Zahlen schrieben sie oft schon 1934, und bereits im Jahr darauf erreichte die Eigenkapitalrendite in der Produktionsgüter- und der verarbeitenden Industrie zweistellige Werte. So wiesen Unternehmen der Metallindustrie 1934 einen Gewinn von 3,60 je hundert Mark Eigenkapital aus; drei Jahre später lag der Vergleichswert schon bei 22,15 Mark. Im Durchschnitt der Jahre 1934 bis 1938 erwirtschafteten die Aktiengesellschaften der verarbeitenden Industrie alljährlich eine Eigenkapitalrendite von fast 12,2 Prozent.

Noch besser standen Unternehmen da, deren Produktion für die Rüstung unerlässlich war. Im Maschinen-, Fahrzeug- und Schiffbau, in der elektrotechnischen, feinmechanischen und optischen Industrie lag der Vergleichswert bei fast 19 Prozent. Mit anderen Worten: Diese Unternehmen erwirtschafteten binnen fünf Jahren jenen Betrag, den die Eigentümer ihnen ursprünglich als Kapital zur Verfügung gestellt hatten. Bei einzelnen Unternehmen mit niedriger Eigenkapitalausstattung lag die Rendite mitunter noch weit darüber, so etwa bei den Sächsischen Gussstahlwerken Döhlen, wo allein im Geschäftsjahr 1936/37 auf hundert Mark Eigenkapital fast 70 Mark Gewinn anfielen.[42]

So einträglich die Rüstungskonjunktur war, so stark griff der Staat in die Rechte der Eigentümer ein. Signal dafür war das Anleihestockgesetz vom Frühjahr 1934, das die Höhe der zulässigen Gewinnausschüttungen faktisch auf sechs Prozent des Kapitals begrenzte. Ursprünglich als Instrument der Kapitalmarktsteuerung und der Arbeitsbeschaffung konzipiert, führte das Gesetz dazu, dass die Unternehmen nur noch den geringeren Teil ihres Gewinnes offen auswiesen und ausschütteten, das Gros jedoch einbehielten oder in solche Projekte investierten, die einerseits der Aufrüstung zugutekamen, andererseits jedoch eine aussichtsreiche Nachkriegsperspektive besaßen.

Wesentlichen Anteil an den hohen Gewinnen hatte nicht nur die vom Staat geschaffene Nachfrage nach Investitions- und Rüstungsgütern aller Art, sondern auch die Politisierung von Löhnen, Gehältern und Preisen. Angesichts der Lage auf dem Arbeitsmarkt sanken die Löhne im Mittel noch 1933/34, und bis 1936 zahlten viele Unternehmen abseits der boomenden Rüstungsindustrie verbreitet unter Tarif, besonders im Einzelhandel und Dienstleistungsgewerbe, aber auch in der Textil- und Konsumgüterindustrie. Darin spiegelte sich die Machtposition der Arbeitgeber, die von der Ausschaltung der Gewerkschaften profitierten. Entscheidend war aber auch in den Rüstungsbetrieben die Qualifikation der Beschäftigten. Während Hilfsarbeiter und Arbeiterinnen in der Metallindustrie noch bis Ende 1936 unter sinkenden oder stagnierenden Löhnen zu leiden hatten, verzeichneten ihre qualifizierten oder angelernten Kollegen bereits seit Anfang 1934 steigende Stundenverdienste – die aber bis Ende der dreißiger Jahre noch unter dem Niveau von 1931 verharrten.

Aus Sicht der staatlichen Rüstungsplaner waren stagnierende Löhne erwünscht, weil sie die Kosten der Aufrüstung dämpften. Das galt jedoch nur, solange zugleich auch die Preise stabil blieben. Verteuerten sich Grundnahrungsmittel, musste dies bei der für einen Wirtschaftsaufschwung dürftigen Einkommenssituation zu Unmut in der Bevölkerung führen. Von Beginn an galt es also, nicht nur die Versorgung zu sichern, sondern auch die aus der kreditfinanzierten Aufrüstung notwendig folgende Inflation so aufzustauen und zu kanalisieren, dass sie die Verbraucher möglichst kaum spürten. Mit einer Preisbildung auf dem freien Markt war dies kaum zu vereinbaren, und so appellierte das Regime bereits im Laufe des Jahres 1933 immer wieder an «Selbstbescheidung, Selbstzucht und Opfersinn» der Deutschen. Aber es blieb nicht bei derartiger Seelenmassage. Hermann Göring wies in seiner Funktion als preußischer Innenminister die Polizei im Frühjahr 1933 an, «im Interesse einer gesunden Preisgestaltung» und zur Verhinderung von «Preiswucher» von ihren Möglichkeiten «rücksichtslos Gebrauch zu machen». In Bayern wurden zu dieser Zeit 168 Geschäftsleute wegen Preistreiberei verhaftet und jeweils eine knappe Woche in Haft genommen.[43]

Dass man Preise vor allem als stimmungspolitisches Instrument verstand, demonstrierte im November 1934 auch Carl Goerdeler. Kaum hatte der Leipziger Oberbürgermeister sein Amt als Reichskommissar für Preisüberwachung angetreten, deckelte er den Butterpreis und verbot Preiserhöhungen für Fleisch. Bald darauf regulierte er die Preise für Gemüsekonserven, Marmelade, Friseurbesuche und Mieten. Allerdings zeigte sich schnell, dass Produzenten und Händler seine Direktiven immer wieder zu umgehen wussten. Weil sich die von Goerdeler festgesetzten Höchstpreise stets am Produkt mit der besten Qualität orientierten, verschwanden beispielsweise minderwertige Qualitäten bald aus dem Handel. Zwar gelang es, den politisch besonders wichtigen Brotpreis weitgehend stabil zu halten, doch gegen die deutliche Verteuerung der Lebensmittel im Laufe des Jahres 1935 war Goerdeler machtlos.

Das dahinterstehende Problem brachte der seit 1933 als Staatssekretär im Reichsministerium für Ernährung und Landwirtschaft tätige Herbert Backe bündig auf den Punkt: «Das Preisproblem ist nur von der Versorgungsseite her zu beeinflussen.» Bei einem knappem Angebot und künstlich niedrig gehaltenen Preisen werde «die Ware vom Markt in kurzer Zeit verschwinden und auf unkontrollierbaren Wegen doch zu erhöhten Preisen» auf dem Schwarzmarkt verkauft werden – das jedoch war politisch ebenso unerwünscht wie die Einführung einer direkten Kontingentierung, etwa über Lebensmittelkarten.[44] Im Umgang mit der selbstgeschaffenen Knappheit blieben daher nur Improvisation und Aktionismus, sobald Unruhe in der Bevölkerung aufkam.

Autarkie und Großwirtschaftsraum

NS-Ideologen hatten sich bereits seit den zwanziger Jahren eine «wehrhafte» Wirtschaft gewünscht und dabei politische Handlungsfähigkeit vor allem als Unabhängigkeit von importierten Rohstoffen verstanden. Ähnliche Schlussfolgerungen aus der britischen Seeblockade des Ersten Weltkrieges hatten auch die Reichswehr-Planer gezogen. Sie glaubten, die Entente-Mächte seien auf einer «Woge aus Öl zum Sieg geschwommen».[45] Gerade die inländische Versorgung mit Treibstoff stand daher im Fokus, wozu auch neue Ölfunde in Niedersachsen beitrugen, zu denen moderne Erkundungsmethoden beigetragen hatten. Unter ihrem Eindruck legte die Preußische Geologische Landesanstalt ein Reichsbohrprogramm auf, um die Suche nach heimischen Lagerstätten zu systematisieren und auszudehnen. Auch sammelte sie jetzt sämtliche geologischen Informationen; Privatunternehmen hatten ihr entsprechende Meldungen zu machen. Auf diese Weise gelang es zwar, die Förderung zu verdreifachen. Aber die deutschen Ölvorkommen genügten bei weitem nicht, um vom Import unabhängig zu werden.[46]

Vielversprechender waren jene chemischen Verfahren, welche die im Überfluss vorhandene Kohle in Öl umwandelten. Sie waren 1933 jedoch noch nicht ausgereift. Während das 1925 vom Kaiser-Wilhelm-Institut für Kohlechemie entwickelte Fischer-Tropsch-Verfahren im großindustriellen Maßstab gänzlich unerprobt war, verfügte die I.G. Farben in Leuna bereits über ein funktionsfähiges Hydrierwerk. Daneben hatten auch mehrere Bergbaugesellschaften auf ihren Kokereien chemische Anlagen errichtet, die Koksofengas nutzten, um Stickstoff zu gewinnen; mit geringem Aufwand konnte man sie auf das Hydrierverfahren der I.G. Farben umrüsten. Dies alles waren bis dato Investitionsruinen. Wegen der weltweiten Überproduktion waren die Preise auf dem Stickstoffmarkt regelrecht kollabiert, und auch die I.G. Farben hatte sich in Leuna kräftig verspekuliert. Dort hatte sie 330 Millionen Mark investiert, weil die beginnende Massenmotorisierung für eine steigende Ölnachfrage sorgen musste. Wie viele Experten rechneten auch die Manager des Chemietrusts damit, dass die natürlichen Ölvorräte bereits zur Neige gingen. Doch riesige Ölfunde im Südwesten der USA sorgten Ende der zwanziger Jahre dafür, dass dieses Kalkül nicht aufging. So produzierte Leuna 1933 zwar synthetisches Benzin, doch das zu Selbstkosten, die dreimal so hoch waren wie der Weltmarktpreis. Dieses finanzielle Desaster erklärt, warum die Autarkiepolitik aus Sicht der betroffenen Unternehmen einen speziellen Reiz hatte.

Im Sommer 1933 erklärte eine Denkschrift der I.G. Farben die Subventionierung von Leuna kurzerhand zur staatspolitischen

Notwendigkeit. Künftig sei es möglich, über 60 Prozent des Benzinverbrauchs aus dem Inland zu decken. Dazu müssten weitere 400 Millionen Mark in die Syntheseproduktion investiert werden. Rentabel sei das für die Privatwirtschaft aber nur, wenn der heimische Markt von «ausländischen Einflüssen» abgeschottet werde und der Staat «gewisse Mindestpreisgarantien» gebe. I. G. Farben-Chef Carl Bosch verbündete sich mit Albert Vögler, dem Vorstandsvorsitzenden der Vereinigten Stahlwerke. Im Interesse des von der Krise arg gebeutelten Ruhrbergbaus forderte nun auch Vögler einen massiven Ausbau der synthetischen Treibstoffproduktion. Er versprach sich davon eine Sanierung der vorhandenen Stickstoffanlagen und eine effektive Verwertung schwer marktgängiger Kohlesorten. Bosch war lange auf Distanz zur NSDAP bedacht gewesen und fand in Vögler einen Bündnispartner, der schon seit 1932 den Kontakt zu Wilhelm Keppler pflegte. Hitler ernannte Keppler jetzt zum Sonderbeauftragten für Deutsche Rohstoffe. Vögler trat auch an Hermann Görings Reichsluftfahrtministerium heran. Es unterstützte den Plan der I. G. Farben und organisierte den nötigen Rückhalt beim Militär und im Reichswirtschaftsministerium.[47]

Ergebnis dieses Lobbyismus war der Benzinvertrag, den die I. G. Farben mit dem Reich im Dezember 1933 schloss. Leuna sollte seine Produktion auf 350 000 Jahrestonnen verdreifachen, und der Staat garantierte im Gegenzug die vollständige Abnahme des Benzins. Verluste sollten dabei künftig nicht mehr anfallen; vielmehr würde notfalls der Fiskus mit Subventionen einspringen, damit Leuna seine Selbstkosten und die Abschreibungen verdiente. Hinzu kam ein garantierter Gewinn, der eine fünfprozentige Kapitalverzinsung ermöglichte. Dieses Arrangement gewährte der I. G. Farben den nötigen Spielraum, um das großtechnische Verfahren zu optimieren und so die Selbstkosten im laufenden Betrieb zu senken. Tatsächlich subventionierte der Staat die Syntheseproduktion nur zwei Jahre lang mit insgesamt rund fünf Millionen Mark. Vom Gewinn, den die Anlage danach abwarf, profitierte vor allem der Fiskus: Ihm standen alle Überschüsse zu, die über dem Garantiegewinn lagen. Bis Kriegsende summierten sich diese Einnahmen auf stolze 86 Millionen Mark.[48]

Aus Sicht der Rüstungsplaner war mit der Benzinproduktion in Leuna nur der erste Schritt zur Treibstoffautarkie getan, denn die Kapazität der Anlage genügte bei weitem nicht. Hitler drängte Anfang 1934 auf einen weiteren Ausbau. Hier war nun dasselbe unternehmerische Verhalten zu beobachten wie beim Aufbau der reinen Rüstungsbetriebe: Kein Unternehmen fand sich bereit, die teuren großchemischen Anlagen auf eigenes Risiko zu errichten, und weil der Staat zu einem direkten Engagement ebenfalls nicht bereit war, stockten die Verhandlungen. Im Sommer 1934 übernahm dann das Wirtschaftsministerium das Kommando. Hjalmar Schacht hatte besonders die rheinische und mitteldeutsche Braunkohleindustrie im Blick. Die Förderung und Verstromung von Braunkohle war ein derart stetiges Geschäft, dass die Unternehmen selbst in der Weltwirtschaftskrise gut verdient und üppige finanzielle Reserven aufgebaut hatten. Doch nach mehreren vergeblichen Anläufen stand fest, dass sie keineswegs freiwillig bereit waren, in die kostspielige Treibstoffsynthese zu investieren.

Schacht griff nun zu den Machtmitteln des Staates und ordnete die Kooperation der Braunkohleindustrie kurzerhand an. Zehn Unternehmen hatten sich zu einer Pflichtgemeinschaft zusammenzuschließen. Die Braunkohlenbenzin AG (Brabag) sollte zunächst drei Hydrieranlagen in Böhlen, Magdeburg und Schwarzheide errichten. Später kam eine vierte Anlage in Zeitz hinzu. Es galten ähnliche Bedingungen wie beim Benzinvertrag, und bis 1939 investierte die Brabag mehr als 350 Millionen Mark. Bis 1943 entstanden noch 16 weitere Syntheseanlagen, von denen einige nun auch das Fischer-Tropsch-Verfahren anwendeten. Angesichts der Gewinngarantien engagierte sich die Privatwirtschaft nun freiwillig – wenngleich vor dem Hintergrund der Erfahrungen, welche die widerspenstigen Braunkohleunternehmen gemacht hatten. Insgesamt flossen über drei Milliarden Mark in den Aufbau einer autarken Treibstoffproduktion.[49]

Das freiwillige Engagement fiel den Unternehmen auch deshalb leicht, weil das teure Synthesebenzin bald nicht mehr vom Fiskus subventioniert wurde. Stattdessen wälzte man die Kosten der Autarkie auf die Verbraucher ab, indem man die Preise für sämtliche Ölprodukte künstlich erhöhte. Das Mittel dazu waren Importzölle. So lag der Weltmarktpreis für Benzin ab 1933 durchweg unter 50 Mark pro Tonne, während im Inland mindestens das Fünffache zu zahlen war. Ende der dreißiger Jahre kostete Benzin in Deutschland sogar siebenmal so viel wie auf dem Weltmarkt, und für Dieselkraftstoff zahlten deutsche Verbraucher achtmal mehr als eigentlich nötig. Dem autobegeisterten Hitler konnte dies eigentlich nicht recht sein, behinderte das überhöhte Preisniveau doch seine Massenmotorisierungspläne. Aber die militärischen Ziele genossen ein weiteres Mal absoluten Vorrang.

Die Syntheseproduzenten hingegen blieben zwar vom zollpolitischen Schutz des NS-Staates abhängig, arbeiteten auf dem geschützten Binnenmarkt aber rentabel – so erklären sich auch die in Leuna kräftig sprudelnden Gewinne. Reichsbohrprogramm und Treibstoffsynthese sorgten dafür, dass 1943 zehnmal so viel einheimisches Öl gewonnen wurde wie 1933. Dabei ist das Vorgehen beim Öl exemplarisch, denn ähnlicher Methoden bediente man sich auch in anderen Wirtschaftsbereichen: Ob bei der synthetischen Herstellung von Kautschuk oder bei der Ausbeutung unrentabler Erzlagerstätten: Einheimische Produkte sollten militärisch-strategisch bedeutsame Importe auch dann ersetzen, wenn dies unwirtschaftlich war.[50]

Der Autarkiekurs war aber nicht nur eine militärisch-strategische Notwendigkeit, sondern folgte auch aus den Zwängen, die man sich mit dem Festhalten am überhöhten Außenwert der Reichsmark selbst eingehandelt hatte. Schachts rigoroses Eingreifen vom Frühsommer 1933 hatte zwar kurzzeitige Linderung auf der Ausgabenseite gebracht. So führte die faktische Einstellung des Schuldendienstes dazu, dass weniger Devisen abflossen. Aber mit ihren Experimenten auf der Einnahmenseite, etwa indem sie den Export über komplizierte Kapitalmarkttransaktionen zu subventionieren versuchte, konnte die Reichsbank auf Dauer nichts gegen den Markt ausrichten. Wegen des überhöhten Wechselkurses waren deutsche Produkte im Ausland um ein Drittel überteuert, und deshalb sanken die Exporterlöse weiter. Hatten sie 1929 noch bei 13,5 Milliarden Mark gelegen, um bereits bis 1933 auf 7,5 Milliarden abzunehmen, setzte sich der Abwärtstrend unaufhaltsam fort. Allein im Laufe des Jahres 1934 nahmen die Exporteinnahmen um weitere zehn Prozent ab. Der deutsche Anteil am weltweiten Exportvolumen hatte sich damit binnen fünf Jahren um ein Drittel verringert, und was noch wichtiger war: Im Wirtschaftsaufschwung erhöhte sich gleichzeitig das Volumen der Einfuhren, so dass der Devisenbedarf kräftig stieg.[51] Diese Zwangslage kulminierte im Frühsommer 1934, und sie machte die Prioritäten des Regimes deutlich sichtbar.[52]

Weil Hitler keine Abwertung der Reichsmark wünschte, war das einfachste Mittel zur Ankurbelung des Exports keine Option. Daher blieb nur, die Ausfuhren umfassend zu subventionieren und zugleich den Import zu beschränken, um jene Sektoren der deutschen Wirtschaft, die für die Rüstung verzichtbar waren, von der internationalen Arbeitsteilung abzukoppeln. Bereits im März 1934 begann die Reichsbank, ihre Devisenzuteilungen für deutsche Importeure schrittweise zu senken. Kurz darauf richtete Reichswirtschaftsminister Kurt Schmitt elf Überwachungsstellen ein, die den Import von Rohstoffen wie Baumwolle, Leder oder Kautschuk steuern sollten. Schacht spielte diese bürokratische Doppelstruktur im Machtkampf mit Schmitt in die Hände, denn eigentlich bedurfte sie der Koordinierung mit der Reichsbank. Da die Überwachungsstellen lediglich den Rohstoffeinkauf regelten, gingen viele verarbeitende Betriebe nun dazu über, teurere Fertigprodukte im Ausland zu kaufen. Schacht unternahm nichts, um solche Schlupflöcher zu schließen, und so verschärfte sich die Devisenkrise. Das Reichswirtschaftsministerium hingegen war bald führungslos, weil Schmitt Ende Juni einen Kreislaufkollaps erlitt und aus gesundheitlichen Gründen pausieren musste. Jetzt erst schalteten sich auch die Rüstungsplaner des Militärs ein. Keine drei Wochen nach der Ermordung der SA-Führung hieß es, die Zahlungsbilanzprobleme gefährdeten die Aufrüstung. Der Zeitpunkt für den Vorstoß war gut gewählt, denn in diesen Tagen scheiterte in Österreich ein nationalsozialistischer Putsch. Sofort hatte Italien seine Truppen mobilisiert; auch in Süddeutschland, Jugoslawien und Ungarn befand sich das Militär in Bereitschaft.

Die Warnungen der Rüstungsplaner alarmierten Hitler, der daraufhin Schacht die Leitung des Wirtschaftsressorts übertrug. Offiziell amtierte er lediglich kommissarisch, um die Unabhängigkeit der Reichsbank formal zu bewahren. Doch faktisch lagen die wichtigsten wirtschaftspolitischen Befugnisse in der Hand Schachts, der das Vertrauen Hitlers und des Militärs genoss. Entsprechend zielstrebig schuf er bis zum Herbst 1934 ein lückenloses und bemerkenswert effektives staatliches Außenhandelsmonopol. Das System der Überwachungsstellen wurde auf die gesamte Volkswirtschaft ausgedehnt, ihre Zahl auf 25 erhöht. Nun erst teilte die Reichsbank jeder Überwachungsstelle ein Devisenkontingent zu, so dass diese die Mittel den Importeuren fortan selbständig zuwiesen.

Schacht würgte den Import förmlich ab, so dass die Unternehmen gezwungen waren, ihre Rohstofflager aufzubrauchen. Binnen Jahresfrist sank das Importvolumen auf das Krisenniveau von 1932, während die Industrieproduktion weiter stieg. Dies nahm kurzzeitig den Druck vom Devisenkonto der Reichsbank. Auf längere Sicht konnte der Neue Plan aber nur funktionieren, wenn sich zugleich der Export belebte. Um das zu gewährleisten, war Schacht bald auch zu einer «absoluten Verzweiflungsmaßnahme» bereit. Ab Mai 1935 hatte das Gros der Industrie eine sogenannte Ausfuhrförderungsumlage zu entrichten. Dahinter verbarg sich eine zwei- bis vierprozentige Steuer, die nicht auf den Gewinn, sondern auf den Umsatz erhoben wurde. Der Fiskus sammelte also einen Teil der Rüstungsgewinne ein, um damit den Export zu subventionieren. Im Schnitt verbilligten sich deutsche Produkte auf dem Weltmarkt um 30 Prozent, so dass man die Nachteile des überhöhten Wechselkurses wieder wettmachen konnte.

Vollständig wurde der Neue Plan allerdings erst, indem Schacht die Bilateralisierung des Handels vorantrieb. Dahinter stand einerseits die Idee, nach dem Prinzip «Kaufe bei deinem Kunden» einen möglichst großen Teil des Außenhandels über eine direkte Verrechnung von Leistungen abzuwickeln. Um das Devisenkonto der Reichsbank zu schonen, verrechnete man den Wert von importierten Rohstoffen oder Lebensmitteln gegen exportierte Industriegüter. Die Grundlagen für dieses Clearing schufen bilaterale Handelsabkommen, wobei das deutsch-englische Zahlungsabkommen vom November 1934 besonders wichtig war, weil es den deutschen Zugang zum wichtigsten europäischen Handels- und Finanzplatz wiederherstellte. So bedeutete Autarkiepolitik keineswegs, auf Außenhandel gänzlich zu verzichten. Vielmehr ging es Schacht vor allem darum, Deutschland von seinen wichtigsten Gläubigern in Westeuropa und in den USA abzukoppeln.

Halb bewundernd, halb verächtlich bemerkte ein amerikanischer Beobachter, Schacht habe offenbar begriffen, dass sich der Schuldner mitunter in einer mächtigeren Position befand als seine Gläubiger. Mit seinen ebenso «brillanten» wie «skrupellosen» Manövern habe er den «erfolgreichsten betrügerischen Bankrott der Weltgeschichte» organisiert.[53] Zwischen den beiden größten Volkswirtschaften der Welt gab es bald kaum noch einen nennenswerten Warenaustausch. Bis 1936 sank der Wert der deutschen Exporte in die USA auf knapp 20 Prozent, jener der deutschen Einfuhren aus den USA auf elf Prozent des Niveaus von 1928. Stattdessen erhöhte sich der deutsche Handel mit Nord- und Südosteuropa, mit dem Nahen Osten und mit Lateinamerika: Öl bezog man nun aus Rumänien, Kupfer aus Chile, Baumwolle aus Brasilien.

Die organisatorischen Reaktionen auf die Devisenkrise von 1934 sollten sich als ausgesprochen langlebig erweisen. Bis 1938 wuchs der Export und verhalf den Rüstungsplanern zu jenen Devisen, die im Rüstungsboom dringend benötigt wurden, um knappe Rohstoffe, Futter- und Lebensmittel zu importieren. Dieser Erfolg ist umso bemerkenswerter, wenn man den bürokratischen Aufwand bedenkt. Schätzungen gehen davon aus, dass Ende der dreißiger Jahre mehr als 18 000 Beamte und öffentliche Angestellte an der Umsetzung arbeiteten. Wie viele Arbeitskräfte sich in den Unternehmen mit den komplizierten Bestimmungen der Außenhandels- und Devisenkontrollen herumschlugen, ist nicht bekannt.[54]

Fest steht, dass Schacht ein effektives Steuerungsinstrument geschaffen hatte. Rüstungs- und Investitionsgüterproduzenten erhielten weiter die für den Rohstoffimport nötigen Devisen und partizipierten am Aufschwung. Hingegen stagnierte die Konsumgüterproduktion seit dem Frühjahr 1934. Beispielhaft dafür ist die Bekleidungs-, Textil- und Lederindustrie, ein Sektor, der noch immer rund drei Millionen Deutsche beschäftigte – weit mehr als etwa der Maschinenbau oder die Chemieindustrie. Er war ungewöhnlich stark vom Rohstoffimport abhängig, und wenn man von Uniformen einmal absieht, war seine Produktion für die Aufrüstung unbedeutend. Schon die ersten Importkontrollen des Frühjahrs 1934 begrenzten daher die Einfuhr von Wolle und Baumwolle; gleichzeitig standen alle Investitionen der Branche unter staatlichem Genehmigungsvorbehalt.

Nach dem Muster der Treibstoffsynthese setzte der NS-Staat auch hier auf die Fortschritte der Chemie. Im Sommer 1934 begannen die Vorarbeiten für das Nationale Faserstoffprogramm. Künftig sollten halbsynthetische Kunstfasern auf Zellstoffbasis die importierte Wolle oder Baumwolle so weit wie möglich ersetzen. Kunstseide und Viskose waren 1928 noch völlig unbedeutend gewesen und hatten kaum fünf Prozent Marktanteil gehabt. Das änderte sich nun rasant. Schon 1938 war ein Viertel der in Deutschland verarbeiteten Textilfasern synthetisch, fünf Jahre darauf dann sogar über 40 Prozent. Dass die Herstellung ab 1933 binnen sechs Jahren um das Achtfache stieg, lag einerseits am privatwirtschaftlichen Ausbau der bei der I.G. Farben und den Vereinigten Glanzstoff-Fabriken vorhandenen Anlagen. Andererseits entstanden 1935 vier neue Gesellschaften in Schwarza an der Saale, in Plauen, im schlesischen Hirschberg sowie in Kehlheim an der Donau. Hier hatte der NS-Staat nicht nur die Initiative, sondern übernahm jeweils auch einen Kapitalanteil. Alle Produzenten hatten einen gesicherten Absatz, dafür sorgte neben Schutzzöllen auch ein staatlich verordneter Beimischungszwang, der den Kunstfaseranteil steigerte.[55]

Die staatliche Propaganda reihte die Zellwolle als Baustein der «deutschen Rohstofffreiheit» in die künstlichen Ersatzstoffe des Autarkieprogramms ein, und die beträchtliche Produktionssteigerung schien tatsächlich auf eine Erfolgsgeschichte hinzudeuten. Allerdings wurde dabei gern verschwiegen, wie stark man zunächst auch hier noch vom Import abhing. Die Viskoseproduzenten mussten Mitte der dreißiger Jahre nämlich knapp die Hälfte des verarbeiteten Zellstoffs importieren. Die andere Hälfte stammte zwar von inländischen Herstellern. Zellstoff in der nötigen Qualität konnten sie aber nur aus erstklassigem Fichtenholz gewinnen, das ebenfalls ganz überwiegend aus dem Ausland stammte. Erst gegen Ende der dreißiger Jahre war die Technologie weit genug entwickelt, um den nötigen Zellstoff vorwiegend aus heimischem Buchenholz zu gewinnen.

Die Hersteller setzten alles daran, um aus der Viskose ein Qualitätsprodukt zu machen, das sie unter klingenden Bezeichnungen wie Flox, Ducella, Gloray oder Vistra offensiv vermarkteten. Am Anfang stand zunächst die nötige Aufklärung über die noch weithin unbekannten Eigenschaften der Kunstfasern. So sah sich etwa der Waschmittelproduzent Henkel genötigt, Pflegeanleitungen in großer Zahl zu verbreiten. Und eine Broschüre der Vereinigten Glanzstoff-Fabriken klärte die deutsche Hausfrau auf: «Floxgewebe ist waschecht! Es darf nicht wie grobes Bauernleinen, sondern will wie feiner Wäschestoff behandelt werden. Kurz kochen genügt [...] Die glatte gleichmäßige Flox-Faser reinigt sich auch ohne großes Reiben und rücksichtsloses Auswringen». In der Werbung setzten die Unternehmen systematisch Bildmotive ein, die Fortschritt und Wissenschaftlichkeit symbolisierten. Leichte, elegant fließende Stoffe passten bestens zur neuen Frauenmode und zur modernen Waschmaschine. Abendkleider wurden plötzlich erschwinglich.[56]

Andere Produkte des Alltags verwandelten sich unter den Bedingungen der Autarkiewirtschaft weniger vorteilhaft – zum Beispiel Schuhe. Traditionell war die deutsche Lederindustrie bei der Einfuhr von Tierhäuten ebenso wie bei den Gerbstoffen vom Ausland abhängig, so dass sie unter den Zwängen des Devisenmangels und der sich rasch verschärfenden Importkontrolle autark zu werden versuchte. Dazu setzte man zunächst beim Verbrauch an. Schon Ende 1933 verbündeten sich die Schuhgroß- und Einzelhändler mit den Fabrikanten und Gerbereien; sie gründeten einen Modeausschuss. Gemeinsam wollten sie gegen die «Auswüchse» und die «übergroße Vielseitigkeit» der Mode vorgehen. Um die Arbeit der Gerbereien rationeller, zudem die Lagerhaltung im Handel günstiger zu machen, konnte man ab Herbst 1934 nur noch Schuhe in zwölf verschiedenen Farben kaufen.

Neben solchen Einschränkungen der gewohnten Auswahl lag es nahe, auch an der Qualität zu sparen. Weil immer mehr Leder für Stiefel und anderen militärischen Bedarf benötigt wurde und zugleich der Import zurückging, verringerte sich im Laufe der dreißiger Jahre die Menge des für zivile Schuhe verfügbaren Leders. So stellte ein englischer Schuhfabrikant verwundert fest, dass die Produkte in Deutschland weit teurer als in seiner Heimat waren, dabei durchweg einfacher in der Machart und bei geringerer Auswahl.[57] Um das knappe Leder zu ersetzen, experimentierten die Schuhproduzenten mit Holz, Pappe, Gummi, Kunstleder und sogar mit gegerbten Fischhäuten – Seelachs sollte das aus importierten Reptilienhäuten gewonnene Schmuckleder ersetzen. Bereits 1937 schränkte das Reichswirtschaftsministerium die Verwendung von Rindsleder drastisch ein, und bald darauf durfte Leder im Schaft des Schuhs, bei der Besohlung und im Absatz gar nicht mehr verwendet werden. Auch bei Kinderschuhen waren Ledersohlen gänzlich untersagt, bei Sportschuhen oder Sandalen nur noch in seltenen Ausnahmefällen gestattet.

Früh schon bemerkten die Verbraucher, dass sich die Qualität verschlechterte. Entsprechende Klagen drangen bis ins Exil vor: «Gruben- und Arbeitsschuhe halten nicht mehr halb so lange wie früher, weil das gute Leder für Militärschuhe verwendet wird.» Überall klagten die Schuster, dass «sie kein richtiges Leder bekommen, und die Kundschaft schimpft gleichfalls, weil die Sohlen nicht halten.»[58] Bei den Schuhhändlern waren die Autarkieprodukte so unbeliebt, dass man den Begriff «Ersatzstoff» im Frühjahr 1937 aus der offiziellen Sprache zu tilgen versuchte. Mit ihm verknüpften einfach zu viele Verbraucher den «Begriff der ‹Minderwertigkeit›», wie die Gesellschaft für Konsumforschung in einer Studie über die Akzeptanz von Kunststoffen feststellte.

Demgegenüber standen die Schuhfabrikanten den neuen Werkstoffen durchaus nicht abgeneigt gegenüber, schon weil die Einsparung teurer Lederqualitäten betriebswirtschaftlich auch auf lange Sicht vielversprechend schien und weil Kunststoff eine präzisere Fertigung gestattete. Nicht selten ließen sich die Ersatzstoffe auch leichter verarbeiten als Leder, so dass die Hersteller vom Erfahrungswissen ihrer qualifizierten Kräfte unabhängiger wurden – in Zeiten akuten Arbeitskräftemangels ein wichtiger betriebswirtschaftlicher Faktor. So erklärt sich wohl auch, dass man lieber auf systematische Propaganda setzte, mit der den Konsumenten «beigebracht und eingehämmert werden» sollte, dass «die neuen Stoffe» als «ausgereifte, geprüfte und erprobte Werkstoffe» zu gelten hatten.[59] Stillschweigend vorausgesetzt wurde dabei, dass die Ersatzstoffe nur in jenen Fabrikaten verwendet wurden, die in den deutschen Handel gelangten. Alle Produkte für die Wehrmacht wurden hingegen in der gewohnten Qualität hergestellt, ebenso wenn sie an Reichsarbeitsdienst, Polizei oder die NSDAP und ihre Gliederungen gehen sollten. Auch die für den Export bestimmten Schuhe fertigte man ohne die neuen Stoffe.

Einschränkungen wie diese waren bei der «Wehrhaftmachung» der deutschen Wirtschaft ebenso unvermeidlich wie zusätzliche Kosten bei der Autarkieproduktion. Hitler und die Planer in Reichswehr und Bürokratie sahen darin jedoch nur ein Phänomen, das in einer militärisch notwendigen Übergangsphase hinzunehmen war. Sie orientierten sich vor allem auf die Zeit nach einem deutschen Sieg. In diesem Sinne hatte etwa die Bilateralisierung des Handels mit dem Neuen Plan lediglich als Vorgeschmack auf jene deutsche Hegemonie in Ost- und Südosteuropa zu gelten, die das eigentliche Ziel der massiven Aufrüstung war. Für die Mehrheit der Bevölkerung war dieser Zusammenhang anfangs keineswegs erkennbar. Aus ihrer Sicht zählten vor allem die rasche Belebung der Konjunktur und der rasante Rückgang der Arbeitslosigkeit, obwohl die Militärausgaben beides förderten. Ob Ehestandsdarlehen oder Autobahnbau, Reichsarbeitsdienst oder Winterhilfswerk – es mangelte nicht an Versuchen, neuartige Formen des gemeinschaftlichen Zusammenhalts zu stiften. Zwar blieb der Lebensstandard der Deutschen auch im Aufschwung relativ niedrig. Aber unter dem Eindruck der wirtschaftlichen Krisenjahre zählte neben der Überwindung der größten Not vor allem, dass es überhaupt wieder aufwärts ging.

Erst ab Mitte der dreißiger Jahre spitzten sich die mit dem Autarkie- und Rüstungsprogramm selbstgeschaffenen Versorgungsprobleme so weit zu, dass diese auf die Stimmung der Bevölkerung durchschlugen. Hitler waren diese Auswirkungen nicht gleichgültig, aber er entschied sich auch hier zur Flucht nach vorn. Der Blick auf den höheren Lebensstandard der Engländer oder Amerikaner dürfte ihn in seinem Kurs sogar noch bestätigt haben. Sein Ziel war nämlich ein von Deutschen beherrschter «Großwirtschaftsraum» auf dem europäischen Kontinent. Dessen Absatzmärkte, Rohstoffe, Arbeitskräfte und landwirtschaftlichen Erträge sollten erst die Voraussetzung für den neuen Wohlstand der Deutschen schaffen. Nur so werde man dauerhaft von Großbritannien und den USA unabhängig werden, und ironischerweise orientierte sich Hitler dabei gerade am Vorbild des britischen Imperialismus. Später, als der Krieg bereits im Gange war, bemerkte er in einem seiner Tischgespräche: «Was Indien für England war, wird für uns der Ostraum sein.»[60]

III.

Die «guten Jahre»?

Im Frühjahr 1936 nutzte Graeme K. Howard einen «abstrusen Vergleich», um dem Vorstand von General Motors die Popularität Hitlers zu erklären: «Angenommen, die Vereinigten Staaten wären in einem langen und kostspieligen Krieg geschlagen worden, japanische, mexikanische und kanadische Truppen hätten ein Viertel des Territoriums besetzt, die Amerikaner hätten eine heftige und tragische Inflationszeit durchlebt, wegen riesiger Reparationsleistungen wäre wertvollstes Kapital abgeflossen, das Land hätte kurz vor einer kommunistischen Machtübernahme gestanden, es wäre moralisch, finanziell und wirtschaftlich dem Bankrott nahe – und in dieser Situation käme ein Führer, ein Theodore Roosevelt, ein Wilson oder ein Lincoln, der die Vorstellungskraft der Leute durch seine Aufrichtigkeit, seine Stärke und Wirksamkeit beflügeln, die Arbeitslosigkeit von sechs auf zwei Millionen senken und der den Wohlstand, vor allem aber Amerikas Selbstachtung und seinen Nationalstolz zurückbringen würde.» Genau das sei in Deutschland geschehen, und daher stehe die Bevölkerung «wie ein Mann hinter Hitler».[1]

Howard blickte mit einer grundsätzlichen Sympathie auf Deutschland, die in den USA längst nicht jeder zu teilen bereit war. Hinter ihr standen einerseits wirtschaftliche Motive, denn der Manager war für das Auslandsgeschäft von General Motors und damit auch für das Rüstungsunternehmen Opel zuständig. Andererseits war er seit Jahrzehnten mit Deutschland vertraut, wo er in Berlin und Heidelberg – akademischen Stationen seines Vaters – zur Schule gegangen war. Dass er Hitler nicht nur Aufrichtigkeit unterstellte, sondern ihm auch noch abnahm, für Gleichheit und Frieden einzutreten, spricht so wenig für seine politische Urteilsfähigkeit wie ein 1940 erschienenes Buch, in dem er Roosevelt eine Mitschuld am Krieg in Europa gab und ihm riet, mit Hitler zu kooperieren, um die kommunistische Gefahr einzudämmen. Aber im Kern lag Howard doch nicht falsch mit der Annahme, dass Hitlers Macht gefestigt war.[2]

Zum verbreiteten Eindruck, dass die Zeit vor dem Krieg «gute Jahre» gewesen seien, hatte die Verheißung einer breiten gesellschaftlichen Teilhabe am Konsum wesentlich beigetragen. Beispielhaft dafür ist die Schauproduktion des Volksempfängers auf der Berliner Funkausstellung vom August 1934. Das preisgünstige Radio fand zu dieser Zeit reißenden Absatz. Seine Produktion präsentierte man auf der Messe, die sich eben erst zum Publikumsmagneten entwickelte, als Fertigung am Fließband. In Wirklichkeit handelte es sich um ein Gemeinschaftsprojekt der Radioindustrie, wobei Großunternehmen wie AEG oder Philips die Herstellung des Volksempfängers zu nicht geringen Teilen auf kleinere Subunternehmer verlagerten, bei denen von derart modernen Produktionsmethoden keine Rede sein konnte. Aber das Fließband transportierte eine politische Botschaft, die höchst erwünscht war: Politischer Wille und moderne Methoden wie Standardisierung und Massenproduktion sollten dafür sorgen, die Preise für bisherige Luxusgüter so weit zu senken, dass sie für jedermann erschwinglich wurden – auch in Zeiten stagnierender oder nur mäßig steigender Einkommen. Der Volksempfänger sollte in diesem Sinne nur den Anfang einer Entwicklung markieren und entsprechende Zukunftshoffnungen wecken.

Konsumwelten

Fast jeder im Dritten Reich wusste, dass Konsum politisch war. Nirgends wurde dies so deutlich wie bei der Tätigkeit der populärsten Massenorganisation im Dritten Reich, der Gemeinschaft Kraft durch Freude (Kdf). Hitler wurde nicht müde zu betonen, dass er den «Volksgenossen alles das zugänglich» machen wollte, was «früher Vorrecht einer begrenzten Lebens- und Volksschicht» gewesen war. Die Aufrüstung mochte dazu führen, dass die Löhne niedrig und der Lebensstandard dürftig blieben. Aber in der Freizeit und beim Konsum sollten Klassenschranken eingerissen, sollte die Volksgemeinschaft für jedermann erfahrbar gemacht werden. Das Millionenheer der Arbeitsfront-Angehörigen war automatisch Mitglied bei Kraft durch Freude und finanzierte die Organisation mit monatlichen Beiträgen von mindestens 50 Pfennig. Anders als die Mutterorganisation setzte KdF alles daran, unpolitisch zu erscheinen. Hier sollte kein Zwang ausgeübt, niemand agitiert oder politisch umerzogen werden. Vielmehr sollte das Freizeitangebot aus sich heraus überzeugen und gerade auf diese Weise politisch wirken. Im Tourismus war dieser Kurs besonders erfolgreich.[3]

Dass ausgerechnet der Urlaub zur Paradedisziplin für jenen «Sozialismus der Tat» werden würde, den Robert Ley so gern beschwor, kam zunächst ganz ungeplant. Wohl wusste man, dass viele Arbeiter die Urlaubsregelung als Skandal empfanden. Bis dato bekamen nämlich weite Teile der Arbeiterschaft kaum drei Tage Jahresurlaub; in der Krise fielen selbst diese oft weg, und die meisten Hilfs- oder Saisonarbeiter kannten gar keinen Urlaub. Eine Umfrage unter 42 000 Siemens-Arbeitern brachte 1933 ans Licht, dass fast 70 Prozent in ihrer Freizeit Berlin noch nie verlassen hatten. Daher setzte man ein sozialpolitisches Ausrufezeichen, indem man bis Mitte der dreißiger Jahre den gesetzlichen Urlaubsanspruch vereinheitlichte und deutlich ausdehnte. Je nach Dauer der Betriebszugehörigkeit konnten jetzt auch Arbeiter in den Genuss von sechs bis zwölf Urlaubstagen im Jahr kommen. Damit schuf das Regime überhaupt erst jenen Markt, den es dann mit Kraft durch Freude bediente.[4]

Einige arbeitsfreie Tage pro Jahr bedeuteten noch nicht, dass Arbeiterhaushalte das nötige Geld für eine Urlaubsreise hatten. Schon wegen der Kosten waren Tourismus und Ferienreisen ein Privileg der gehobenen Mittel- und der Oberschicht. Das Arbeitswissenschaftliche Institut der Deutschen Arbeitsfront fand 1937 heraus, dass Haushalte gewerblicher Arbeiter durchschnittlich über ein monatliches Nettoeinkommen von 182 Mark verfügten. Für Miete, Heizung, Lebensmittel und Bekleidung gaben sie 85 Prozent ohne größere Spielräume aus. Vom geringen Rest verwendeten sie im Schnitt etwas weniger als vier Mark für Möbel und Hausrat, knapp sechs Mark für Bildung, Unterhaltung und Erholung, zwei Mark für Transport und Verkehr. Nur 80 Pfennig standen demnach für Ferienreisen und Ausflüge zur Verfügung. Wer verreisen wollte, musste also an anderer Stelle Verzicht üben und diszipliniert sparen.[5]

Daher hatte die Organisation Kraft durch Freude zunächst dafür zu sorgen, eine Urlaubsreise für die Bevölkerungsmehrheit überhaupt finanziell erreichbar zu machen. Weil Lohnerhöhungen keine Option waren, fungierte sie als Reisebüro, dessen Angebot den Urlaub deutlich verbilligte. Die Verwaltungskosten trug die Arbeitsfront und damit die Gesamtheit ihrer Beitragszahler, so dass man die Reisen zu Einkaufspreisen vermarktete. Hinzu kamen Sparsamkeit bei der Auswahl der Unterkünfte und die regelmäßige Überbelegung von Sonderzügen der Reichsbahn, so dass KdF-Reisen im Schnitt nur noch halb so teuer waren wie die Angebote anderer Veranstalter. Für 28 Mark konnte man eine Woche in Reit im Winkel verbringen, für 25 Mark in den Thüringer Wald fahren. Zehn Tage Strandurlaub in Heiligenhafen kosteten 44 Mark, eine Woche per Schiff in die Fjorde Norwegens knapp 60 Mark – jeweils inklusive An- und Abreise, Kost und

Logis. Darauf lohnte es sich durchaus auch für Arbeiter zu sparen, und so führte man schon 1934 das Reisesparen ein. Wer jeden Monat zwei Mark einzahlte, hatte 80 Wochen später Anspruch auf eine KdF-Reise.[6]

Schon die Chance darauf, einmal verreisen zu können, machte Eindruck. Eine Zeitzeugin erinnerte sich noch Jahrzehnte später, dass ihre Eltern nie in Urlaub fuhren. Aber man habe damals von Bekannten gehört, die «Reisen machten, zum Beispiel mit der ‹Gustloff› nach Norwegen, das fanden meine Eltern besonders beeindruckend, dass das möglich war. Die Reisen waren sehr billig und auch für Arbeiter erschwinglich.» Eine KdF-Urlauberin erinnerte sich an den einfachen Standard auf dem Darß: «Es gab Vierbettzimmer, zum Frühstücksbrötchen nur Marmelade, keine Butter.» Sie stellte heraus, dass eine «politische Infiltration» nicht stattgefunden habe. Auch seien die Teilnehmer nicht nach Parteizugehörigkeit ausgewählt worden: «Man hat sich einfach angemeldet.»[7] So verreisten im Schnitt der Jahre 1934 bis 1938 jährlich etwa eine Million Deutsche mit Kraft durch Freude, auf dem Höhepunkt im Jahr 1937 allein fast anderthalb Millionen. Hinzu kamen jedes Jahr weitere 5,1 Millionen Wochenend- und Kurzreisende, und wenn man das Rekordjahr 1937 zum Maßstab nimmt, nahm jedes zweite unter den knapp zwanzig Millionen Mitgliedern der Deutschen Arbeitsfront einmal an einer von Kraft durch Freude organisierten Reise oder Wanderung teil. Zum Vergleich: Die britische Worker's Travel Association schickte zu dieser Zeit nur 61 000 Personen in Urlaub.[8]

Es lag also zumindest ein Funken Wahrheit darin, wenn Hjalmar Schacht 1935 die «ganzen öffentlichen Einrichtungen» lobte, deren Leistungen mit dazu beitrügen, dass man in der «Gesamtheit doch den Lebensstandard zahlreicher anderer Länder» übertreffe – in dieser Lesart musste ein KdF-Urlaub als eine Art Kompensation für die künstlich niedrig gehaltenen Löhne gelten.[9] Wie populär das Urlaubsprogramm war, erkannte man sogar bei der Prager Exil-SPD an. Resigniert hieß es dort, manche Arbeiter sagten: «Ja, so etwas hat uns der Staat früher nicht geboten, da sind wir aus unserem Nest nicht herausgekommen.» Oder: «Heute sieht man, wo die Gewerkschaftsbeiträge bleiben.» Besonders die «Frauen erzählen monatelang von den schönen Reisen und begeistern damit auch ihre Umgebung». Und ein weiterer Sozialdemokrat: «Es ist eine geschickte Spekulation auf die kleinbürgerlichen Neigungen der unpolitischen Arbeiter. Für einen solchen Mann ist es schon etwas, wenn er einmal an einer Nordlandreise teilgenommen hat oder wenn er auch nur im Schwarzwald oder im Harz war. Er bildet sich ein, dass er dadurch in der sozialen Stufenleiter eine Sprosse höhergekommen sei.»[10]

Stimmen wie diese zeigen, dass die Gleichheitspropaganda selbst bei den Regimegegnern verfing, denn von einer Überwindung der Klassengesellschaft konnte auch bei den KdF-Reisen keine Rede sein. In Wirklichkeit profitierte davon vor allem der Mittelstand. Angestellte, Beamte und Selbständige stellten immer die meisten Reisenden, ganz besonders auf den Kreuzfahrten, die bald nicht nur nach Norwegen, sondern auch nach Portugal, Griechenland oder Italien gingen. Während Ley öffentlich immer wieder betonte, dass bis zu 70 Prozent der Reisenden Arbeiter seien, sind genaue statistische Werte heute kaum zu ermitteln. Fest steht nur, dass sie immer in der Minderheit waren. Blickt man etwa auf 40 Reisen, die ab Herbst 1937 stattfanden und die knapp 40 000 Teilnehmer nach Italien beförderten, kamen Arbeiter nur auf einen Anteil von 14 Prozent. Allerdings fehlt für 21 Prozent der Teilnehmer – ganz überwiegend Ehefrauen – jede Berufsangabe. Ob die Reisen das Gleichheitsideal verwirklichten, lag aber auch sonst ganz im Auge des Betrachters. Immer wieder wird einerseits vom «Kameradschaftsgeist» unter den KdF-Reisenden berichtet: «Ich hatte oftmals das Gefühl, mich im Kreise einer Familie zu befinden». Andererseits blieb die Klassengesellschaft auch im Urlaub intakt. In den Seebädern blickte das bürgerliche Publikum auf die KdF-Reisenden herab, und auch auf See war es mit der Gleichheit nicht weit her. So hieß es im Mai

1938, eine «besondere Schicht» setze sich «ständig in den Gesellschaftsräumen des Dampfers fest, als ob sie diese für sich gepachtet» hätte. Arbeiter hingegen zogen es vor, in den «Speiseräumen unter sich» zu bleiben und über die «bessergestellten ‹Angeber›» zu murren. Gänzlich ausgenommen von der Gleichheitspropaganda war das Personal. Ein Heizer bemerkte treffend: «Ja, hier unten ist Kraft und oben Freude.»[11]

Generell war es so, dass Alleinstehende weit häufiger verreisten als Familien, und Kinder fuhren nur selten mit. Daher ist davon auszugehen, dass eine KdF-Reise für sparsame Arbeiterhaushalte unter einigen Anstrengungen zwar durchaus erschwinglich war. Aber sofern nicht der Betrieb bei der Finanzierung einsprang, war die Erholung meist nur dem Vater vergönnt. Entsprechend schnell gelangten Gerüchte über amouröse Abenteuer in Umlauf. Die stets mitreisenden Spitzel von Gestapo und Sicherheitsdienst der SS berichteten darüber ebenso wie über Alkoholexzesse und Prügeleien unter den Reisenden. So hieß es sarkastisch über die «sehr stark vertretenen Amtswalter» der Deutschen Arbeitsfront, diese hätten «die willkommene Gelegenheit» genutzt, sich «außer Reichweite ihrer Ehefrauen von den Strapazen ihrer schweren Amtstätigkeit zu erholen» und ein «kleines intimes Erlebnis mit nach Hause» zu bringen.[12]

Wenn künftig auch ganze Familien verreisen sollten, musste sich Kraft durch Freude vom reinen Reisevermittler zum Touristikkonzern entwickeln und eigene Unterkünfte errichten. Diesen Schritt machte man auch wegen der Kritik der eingesessenen Hoteliers, die einen Verlust ihrer zahlungskräftigeren Kundschaft fürchteten. 1936 begann man mit dem Bau des Seebades Prora auf Rügen, einer auf 20 000 Gäste ausgelegten Anlage, deren viereinhalb Kilometer lange Häuserblöcke wegen Rohstoffmangels allerdings unvollendet blieben. Und weil sich die zunächst nur gecharterten Kreuzfahrtschiffe nicht für die möglichst egalitäre Unterbringung der Volksgenossen eigneten, kaufte die KdF-Organisation vier Schiffe, die anschließend umgebaut wurden. Zwei

Dampfer legte man 1936 neu auf Kiel, plante dabei allerdings den Krieg fest ein und berücksichtigte ihre spätere Nutzung als Lazarettschiffe. Für die Propaganda eignete sich der staatlich organisierte Urlaub wegen der unabweisbaren Erfolge. Selbst wer daran nicht teilnahm, kannte einen Nachbarn, der schon einmal in den Genuss einer KdF-Reise gekommen war. Hinzu trat ein höchst erwünschter Effekt des noch jungen Massentourismus. Beginnend mit dem Gedränge im Sonderzug kamen große Massen von KdF-Reisenden an insgesamt recht wenigen Orten zusammen. Den Teilnehmern suggerierte dies eine Verbreitung des Reisens, die mit der Realität wenig zu tun hatte – und sie berichteten den Daheimgebliebenen ausführlich von ihren Eindrücken.[13]

So entstand das Bild von der flächendeckenden Teilhabe am Konsum, den die Ankündigung immer neuer sogenannter Volksprodukte noch zusätzlich verstärkte. Das Muster dafür war der Volksempfänger. Goebbels hatte die propagandistische Bedeutung des Radios schon im März 1933 vor den Intendanten der Sender herausgestellt: Hundert Prozent der Bevölkerung gelte es «zusammenzutrommeln», ihre Unterstützung habe der Rundfunk zu organisieren und mit den «geistigen Inhalten unserer Zeit» so zu «durchtränken», dass am Ende «niemand mehr ausbrechen kann».[14] Der Volksempfänger war aber nicht nur Mittel der Propaganda, sondern zugleich auch ein noch junger Konsumartikel. Ein Radio konnten sich bis dahin nur wenige leisten. Nur jeder vierte Haushalt besaß 1933 ein Gerät, bei den Arbeiterhaushalten sogar nur jeder zehnte. Ähnlich wie beim standardisierten Ferienerlebnis sollte auch hier die Massenproduktion eines einfachen Geräts zu sinkenden Preisen führen und so zu allgemeiner Verbreitung eines früheren Luxusguts beitragen.

Den Verkaufspreis von 76 Mark erreichte man nur, indem Telefunken auf Lizenzgebühren verzichtete; auch lag die Gewinnspanne des Handels niedriger als bei Markengeräten. Während der Staat die Werbung übernahm, verpflichteten sich die 28 Radiohersteller, keine ebenso günstigen Konkurrenzprodukte auf den Markt zu bringen. Dies alles war bereits ausgehandelt, als der Volksempfänger im August 1933 auf der Berliner Funkausstellung mit großem Aufwand öffentlich vorgestellt wurde. Allerdings war das Gerät wegen der geringen Verdienstmöglichkeiten bei den Händlern zunächst recht unbeliebt. Ihr Kalkül: Beim Verkauf der Volksempfänger handele es sich nicht um ein «Geschäft im üblichen Sinne», sondern um die «Durchführung eines Wunsches der Reichsregierung». Der Volksempfänger müsse sich folglich «von alleine verkaufen». Ein Journalist berichtete über einen «illegalen, unterirdischen Gegenstrom» des Handels. Im Verkaufsgespräch würden «gewisse Nachteile dieser Konstruktion herausgestrichen und die nächst höhere Type [...] zur Anschaffung empfohlen». Immer wieder mussten Händler verwarnt werden, etwa in Württemberg-Baden, wo man ihnen «rücksichtslose Bestrafung im Wiederholungsfalle» androhte.[15]

Doch ungeachtet dieser Startschwierigkeiten war der Volksempfänger ein konsumpolitischer Erfolg. Bis Anfang 1938 wurden 2,6 Millionen Stück verkauft; auch ging das Kalkül auf, über die Massenproduktion den Preis zu senken. 1937 kam ein überarbeitetes Modell auf den Markt, das nur noch 65 Mark kostete; der Preis für das weiterproduzierte alte Modell sank nun auf 59 Mark. Im Jahr darauf machte der «Deutsche Kleinempfänger» das Radiohören noch erschwinglicher. Er kostete nur noch 35 Mark und wurde binnen vier Jahren von 2,8 Millionen Menschen gekauft. Für die Radioindustrie war dies allerdings kein gutes Geschäft: Wegen der geringen Margen war die Herstellung von Volksempfängern trotz der hohen Stückzahlen unattraktiv, und gleichzeitig stagnierte der Umsatz der höherwertigen Markengeräte. Im Herbst 1935 drohte zudem eine ganze Reihe von kleineren Herstellern zahlungsunfähig zu werden; betroffen von der «Radiokrise» waren vor allem solche Unternehmen, die kaum Einnahmequellen abseits der Volksempfänger-Produktion hatten. Neben dem Anschaffungspreis verursachte das Radio weitere Kosten. Mit zwei Mark schlug die monatliche Rundfunkgebühr zu Buche. Hinzu kamen Stromkosten und häufig auch der Kauf von Programmzeitschriften. Anders als beim KdF-Reisesparen, bei dem die Reise wie eine Belohnung am Ende der langen und viel Disziplin erfordernden Ansparphase stand, erwarben viele Deutsche den Volksempfänger per Ratenkredit. Dazu musste man nicht zur Bank oder Sparkasse gehen, weil die Versorgungsunternehmen das Gerät finanzierten und die Raten ganz unbürokratisch mit der Stromrechnung einzogen.

Auf diese Weise verdoppelte sich die Zahl der Rundfunkteilnehmer von 4,5 Millionen im Jahr 1933 auf 8,5 Millionen vier Jahre später. Hatte 1933 jeder vierte Haushalt ein Radio, war es 1938 jeder zweite; 1941 hatten dann schon 65 Prozent der deutschen Haushalte ein Radio. Wie groß der Anteil des Volksempfängers an dieser Entwicklung war, lässt sich allerdings nur schwer bestimmen. In vielen europäischen Ländern stieg die Zahl der Radiohörer zu dieser Zeit mit ähnlichem Tempo, und überall lag man weit hinter den USA. Dort hatten 1940 fast 90 Prozent der Haushalte ein Radio; viele besaßen gleich mehrere, etwa in Form von Auto- und Kofferradios. Im Reichspropagandaministerium gab man sich keinen Illusionen über die Hörer des Radioprogrammes hin. Besonders die Angestellten kauften den Volksempfänger, «die große Masse der Wochenlohnempfänger erreichen wir jedoch nicht».[16] Dennoch: Das Kalkül der Konsumförderung durch Massenproduktion ging beim Volksempfänger noch auf, obwohl Handel und Industrie beträchtliche Zugeständnisse zu machen hatten – auch, um den Interessen des Propagandaapparates zu genügen. Nach diesem Vorbild wurde schon bald über viele weitere Volksprodukte nachgedacht, die das Kunststück schaffen sollten, den Traum von der nationalsozialistischen Konsumgesellschaft trotz stagnierender Löhne Wirklichkeit werden zu lassen. Sie alle scheiterten.

Bald machten etwa Gerüchte über einen «Volksfernseher» die Runde, und ein Radiohändler in Recklinghausen präsentierte dem staunenden Publikum schon 1934 ein entsprechendes Angebot. Da gab es zwar noch gar kein Programm, das mit dem Gerät hätte gezeigt werden können, aber die Schaulustigen drängelten sich derart vor den Schaufenstern, dass am Ende die Polizei einschreiten musste. Die Reichspost förderte die Hysterie und prognostizierte in einem Werbefilm: «Die Zeit wird kommen, wo der Fernsehempfänger Allgemeingut geworden ist, wo jeder Mensch teilnehmen kann am Erleben seiner Nation, an den Ereignissen der ganzen Welt.»[17] Auf lange Sicht mochte das durchaus zutreffen, aber als das reguläre deutsche Fernsehprogramm im März 1935 begann, konnte es kaum jemand sehen. Ein halbes Jahr später zählte man ganze 14 Empfangseinrichtungen in Form von Fernsehkinos. Dort hatten jeweils kaum 30 Zuschauer das fragwürdige Vergnügen, sich vor einem flackernden Schwarzweiß-Bildschirm zu versammeln, der kleiner war als ein Blatt Schreibpapier. Auch der von großem Propaganda-Brimborium begleitete Ausbau des Fernsehens im Olympia-Jahr bedeutete lediglich, dass sich die Zahl dieser TV-Kinos auf 28 verdoppelte. Fernsehen war damals noch eine Hochtechnologie, die eine aufwendige Infrastruktur erforderte. Den Ausbau der Sender stoppte der Krieg aber ebenso wie die Arbeiten am «Einheits-Fernsehempfänger E1», dessen Prototyp eine Arbeitsgemeinschaft aus Reichspost, Reichsrundfunkgesellschaft und Geräteindustrie im Februar 1939 vorgestellt hatte. Von einem Volksprodukt konnte bei einem angestrebten Preis von 650 Mark keine Rede sein – dies überstieg selbst die finanziellen Möglichkeiten der Mittelschicht.

Auf ähnliche Weise scheiterte auch der «Volkskühlschrank» bereits im Planungsstadium. Obwohl Industriebetriebe die Kältetechnik seit dem späten 19. Jahrhundert verwendeten, dauerte es bis in die zwanziger Jahre, ehe elektrisch betriebene Haushaltskühlschränke in Deutschland überhaupt gekauft wurden. Anders als in den USA, wo 1933 schon jeder vierte Haushalt mit Stromanschluss einen solchen Kühlschrank besaß, gab es in Deutschland 1933 aber erst 20 000 Geräte. Zwar verzehnfachte sich diese Zahl bis 1939, aber angesichts des niedrigen Ausgangsniveaus fiel dies kaum ins Gewicht. Geräteindustrie und Stromversorger beobachteten die amerikanische Entwicklung aufmerksam, und mit AEG, Bosch und Siemens stiegen nun auch Großunternehmen in die Produktion ein. Über die Absatzchancen jedoch wurde gestritten: 1935 kostete ein Elektrokühlschrank je nach Größe 300 bis 500 Mark, verschlang also bereits in der Anschaffung drei durchschnittliche Monatseinkommen. Skeptiker betonten, wie gering die Kaufkraft der deutschen Bevölkerung war: Um einen Kühlschrank zu kaufen, müsse ein deutscher Arbeiter viermal so lange arbeiten wie sein amerikanischer Kollege. Obwohl in der Fachöffentlichkeit schon seit 1933 immer wieder von einem Volkskühlschrank die Rede war, dauerte es bis 1937, ehe die Arbeiten an einem Gemeinschaftsmodell nach dem Vorbild des Volksempfängers begannen. Die Devisenknappheit trug dazu maßgeblich bei, denn unter der Überschrift «Kampf dem Verderb» trat nun verstärkt ins Bewusstsein, dass zehn Prozent der Lebensmittelerzeugung vergammelten – etwa die Hälfte davon in den Haushalten. Damit galten Kühlschränke plötzlich als volkswirtschaftlich besonders nützlich. Allerdings kamen die Arbeiten an dem Einheitsgerät nicht voran, wozu auch Streit zwischen den Behörden beitrug. Am Ende riss die Deutsche Arbeitsfront die Zuständigkeit an sich, aber im Krieg gab es keine Chance, zivile Konsumgüter zu produzieren. Auch zeigte sich bald, dass Forschung notwendig war: Die Großserienproduktion benötigte effektivere Isolierungen und Kältemittel.

Ähnlich schleppend kamen auch die Arbeiten am «Volkswagen» voran. Die Fachöffentlichkeit war sich von Beginn an einig, dass die Massenmotorisierung nach amerikanischem Vorbild und der Bau eines erschwinglichen Autos kein technisches, sondern vor allem ein wirtschaftliches Problem war, und die Experten verwiesen auch hier auf die geringe Kaufkraft der Deutschen. Aber es gab einen wichtigen Aspekt, durch den sich das Volkswagen-Projekt von allen anderen Volksprodukten unterschied: Adolf Hitler machte sich zum wichtigsten öffentlichen

Fürsprecher. Nach den ersten Verkaufserfolgen des Volksempfängers war auch über ein ähnliches staatliches Engagement im Bereich der Automobilindustrie spekuliert worden, befördert vom Beginn des Autobahnbaus und der steuerlichen Subventionierung neuer Kraftfahrzeuge. Tatsächlich kündigte Hitler auf der Berliner Automobilausstellung im März 1934 den Bau eines Volkswagens an, der nicht teurer als tausend Mark sein dürfe. Im Fall des Volksempfängers waren zum Zeitpunkt der öffentlichen Ankündigung bereits alle Fragen der Konstruktion und Fabrikation geklärt und sämtliche industriellen Grabenkämpfe ausgefochten gewesen. Beim Volkswagen-Projekt hingegen begannen sie jetzt erst. Der freie Konstrukteur Ferdinand Porsche hatte seine Pläne Hitler persönlich vorstellen dürfen, und als sich die deutschen Automobilhersteller Adler, Auto Union, Daimler-Benz und Opel im Mai 1934 auf ein Gemeinschaftsprojekt nach dem Muster des Volksempfängers verständigten, erhielt er den Auftrag, das Auto zu konstruieren.

Hinter den Kulissen jedoch tobte ein Machtkampf. So hatten die Industriellen alles daran gesetzt, mit Ford den erfahrensten Massenproduzenten aus der Arbeitsgemeinschaft auszuschließen. Damit rückte die GM-Tochter Opel in den Fokus, denn in Rüsselsheim baute man bereits die preiswertesten deutschen Autos und hatten neben den nötigen Anlagen entsprechende Erfahrungen in der Massenproduktion vorzuweisen. Während Opel seine günstigsten Modelle bereits für knapp 1500 Mark anbieten konnte, existierte Porsches Volkswagen nur auf dem Papier. Doch anders als die konventionellen Konstruktionen aus Rüsselsheim wusste Porsche den autobegeisterten Hitler mit seinem stromlinienförmigen Modell zu faszinieren. Wegen vieler technischer Probleme, die seine Neuentwicklung zwangsläufig mit sich brachte, kam Porsche nur langsam voran. Deshalb schlug im Sommer 1936 die Stunde der Skeptiker. Der BMW-Vorstandschef Franz Popp hatte das Vorhaben mangels Kaufkraft seit je für privatwirtschaftlich undurchführbar gehalten. Er regte nun die

Übertragung auf die Deutsche Arbeitsfront an, und Hitler stimmte zu. Aus dem Volkswagen wurde so der KdF-Wagen, und mit der für Robert Ley typischen Großspurigkeit begannen nun die Arbeiten am «deutschen River Rouge». Nach dem Vorbild der Ford-Fabrik entstand im niedersächsischen Fallersleben – dem späteren Wolfsburg – ein neues Automobilwerk, das in seiner letzten Ausbaustufe jährlich anderthalb Millionen Autos produzieren sollte. Ebenfalls typisch war allerdings auch das Scheitern an der Wirklichkeit des Arbeitskräfte- und Baustoffmangels: Bis Kriegsende produzierte das Werk kein einziges ziviles Auto.

Gemessen an diesem Misserfolg weckte der Volkswagen beträchtliche Zukunftshoffnungen. Im August 1938 begann seine Vermarktung zum politischen Preis von 990 Mark, und bis Kriegsende sparten 340 000 Deutsche wöchentlich mindestens fünf Mark auf ein Auto, das bis dato nur in den Abbildungen der Prospekte und als Vorserienmodell existierte. Obwohl sich Fachleute angesichts der Unterhaltskosten unsicher waren, ob ein von gut ausgebildeten Facharbeitern schwerlich erreichbares Jahreseinkommen von dreitausend Mark genügte, um einen KdF-Wagen zu unterhalten, kündigte Goebbels an, dass sich «jeder fleißige deutsche Arbeiter» das Auto kaufen könne. Damit gab er das Motiv der Propaganda vor. Die SS-Zeitschrift *Das Schwarze Korps* suggerierte ihren Lesern, dass Sparsamkeit genügte, um sich einen KdF-Wagen zu leisten. In einem anschaulichen Vergleich präsentierte es einen verschwenderischen Aufschneider, der «seine Dreizimmerwohnung mit pompösen Möbeln aus sibirischer Birke voll stopfen» werde, mit «gestickten Pantinen über garantiert unechte Perser» schlurfe, für seine «klimpernde höhere Töchter einen Flügel für tausend Mark» abstottere, «täglich einige Pfunde Fleisch und Berge von Kuchen» verzehre, «am Stammtisch den Humpen kreisen» lasse und «die Frau mit Kaninchenfellen behänge». Eine fortschrittliche Familie hingegen werde sich «schlicht und zweckmäßig mit deutschen Hölzern einrichten», und da sie «ohnehin nicht Klavier spielen können, wird ihnen ein Volksempfänger genügen, und ihre Speisekarte wird mehr kultiviert als teuer, mehr gesund als reichhaltig sein. Und für das, was sie dabei ersparen, und was sie an Stammtischen, Kaffeegesellschaften und Saufreisen nicht ausgeben, werden sie sich ihren kleinen Wagen halten.»

Wie illusorisch dieses Szenario war, zeigt schon der Blick auf die Unterhaltskosten. Selbst wenn man Wertverlust und Abschreibung unter den Tisch fallen lässt, hätte der monatliche Unterhalt eines KdF-Wagens mit Betriebs- und Versicherungskosten von etwa 47 Mark zu Buche gestanden. Folglich waren auch nur fünf Prozent der Volkswagensparer Arbeiter. Mehrheitlich träumten Angestellte oder Beamte vom eigenen Auto, und zu 40 Prozent sparten Firmenkunden darauf. Das entsprach den Erwartungen, denn 80 Prozent der vorhandenen Autos wurden damals geschäftlich genutzt. Größeren Realitätssinn bewies also ein Kranführer aus Dortmund, der sich bei Joseph Goebbels über die von der Propaganda geweckten Hoffnungen beschwerte. Von 180 Mark Monatslohn werde er sich nie ein Auto kaufen können. Wenn er sonntags mit seiner Familie ins Grüne ziehe, transportiere er sieben seiner acht Kinder notgedrungen in seinem «selbstgebauten Volkswagen», einer Art Leiterwagen.[18]

Das überwiegende Scheitern der Volksprodukte war nicht untypisch für die konsumpolitischen Bestrebungen des Dritten Reiches, denn trotz aller subjektiv empfundenen Fortschritte des Aufschwungs blieb Deutschland gerade bei langlebigen Konsumgütern rückständig. In einer Stadt wie Münster gab es 1937 ganze 49 Elektroherde. Andere Produkte waren zwar schon weiter verbreitet, etwa der Staubsauger. Das Wuppertaler Unternehmen Vorwerk hatte seinen «Kobold» bereits 1930 präsentiert. Binnen fünf Jahren waren davon im Direktvertrieb an den Haustüren 100 000 abgesetzt, bis 1937 kamen weitere 400 000 Exemplare hinzu. Aber auch hier kaufte vor allem ein bürgerliches Publikum, zumal das Gerät mit 56 Mark relativ günstig war. Demgegenüber hatten in einer süddeutschen Großstadt gerade 1,4 Prozent der Haushalte eine elektrische Waschmaschine und nur fünf Prozent der Einwohner direkten Zugang zu einem Telefon in der Wohnung. Vieles von dem, was Amerikaner bereits als selbstverständlichen Bestandteil des modernen Lebensstils betrachteten, gab es auch auf dem deutschen Markt der dreißiger Jahre. Nur waren die Einkommen so gering und die Preise so hoch, dass sich lediglich eine wohlhabende Minderheit solche langlebigen Konsumgüter leisten konnte. Nicht ohne Grund verbreiteten sich Fernseher und VW-Käfer, Kühlschränke und Waschmaschinen im westdeutschen Wirtschaftswunder ab Mitte der fünfziger Jahre erst, als ein nachhaltiger Anstieg der Realeinkommen zu verzeichnen war.

Gemessen daran inszenierte die Propaganda des NS-Staates tatsächlich eine Art «Pseudo-Massenkonsumgesellschaft», die mehr versprach, als sie einzulösen bereit war.[19] Allerdings dürfen die Verheißungen jenes zukünftigen Konsums auch nicht unterschätzt werden, den die Urlaubsreisen und Volksprodukte der dreißiger Jahre selbst dann versprachen, wenn sie über das Planungsstadium nicht hinauskamen. Hier stand als Fernziel eine Überflusswirtschaft nach amerikanischem Vorbild im Raum, die schlicht den «Fähigkeiten» und dem «Kulturstand» des deutschen Volkes entspreche.[20] Zukunftshoffnungen wie diese mochten für eine Weile tatsächlich stabilisierend wirken, aber das Scheitern vieler Volksprodukte demonstrierte zugleich auch die Einschränkungen der Rüstungsökonomie und die besondere Brisanz der Versorgungskrise von 1935. Der niederländische Journalist Hendrik Jan Noordewier fand dafür eine glänzende Formulierung: «Jeder Lebensmitteleinkauf ist eine Form von Gegenpropaganda.»[21]

Arbeiterleben

Umgekehrt blickte man durchaus bewundernd auf das kleine Nachbarland im Westen: «Man sehe sich die holländischen Bergwerke an, mit Blumen sind die Fabrikhöfe verziert, sauber und proper sind die Einrichtungen, und der Bergmann hat ein Gefühl der Freude, wenn er aus dem Schacht herauskommt.» Nach diesem Vorbild, so Robert Ley, müssten auch die Arbeitsplätze in Deutschland umgestaltet werden. Das war ein Stück praktischer Sozialpolitik, sollte aber vor allem der Arbeitsfreude und damit der Produktivität in der Rüstungswirtschaft dienen. Pathetisch hieß das entsprechende Amt «Schönheit der Arbeit», und seine Leitung übernahm ein enger Vertrauter Hitlers – der Architekt Albert Speer. Sein Amt hatte keine Machtmittel, um die Unternehmen zu sozialpolitischem Engagement zu zwingen; auch erwiesen sich anfängliche Versuche, über Betriebsbesichtigungen und anschließende Presseberichte öffentlichen Druck aufzubauen, als Fehlschlag. Daher verlegte sich Speer im Frühjahr 1935 darauf, eine systematische PR-Kampagne auszurufen. Unter dem Titel «Sonne und Grün allen Schaffenden» forderte Speer: «Verwahrloste Fabrikhöfe, Winkel und Ecken müssen verschwinden und freundlichen Grünflächen mit Bäumen, Hecken und Ruhebänken Platz machen.» Danach drängte das Amt in ähnlichen Kampagnen auf besseren Lärmschutz, gute Belüftung und Beleuchtung der Arbeitsplätze, auf neue Werkskantinen und Waschräume. Künftig dürfe es nicht mehr heißen: «schmutzige Fabrik» und «schmutzige Proletarier», sondern «saubere Fabrik und sauberer Arbeiter!»[22]

Wenn das Amt 1939 herausstellte, die Privatwirtschaft zu betrieblichen Verbesserungen im Wert von 200 Millionen Mark veranlasst zu haben, war dies maßlos übertrieben. Großzügige Leistungen der betrieblichen Sozialpolitik gehörten spätestens angesichts des Arbeitskräftemangels überall zum unternehmerischen

Standard, und gerade die Großunternehmen knüpften hier an langjährige Traditionen an. Manche betriebliche Verbesserung, die «Schönheit der Arbeit» großzügig unter seine Leistungen verbuchte, wäre im Aufschwung wohl auch ohne DAF-Kampagnen umgesetzt worden: Gute Beleuchtung verringerte den Ausschuss in der Produktion, bessere Hygiene reduzierte den Krankenstand, und Werkskantinen gestatteten kürzere Pausenzeiten. Dabei erschöpfte sich Speers Programm nicht in «Fassadensozialismus» und «Blumentopfromantik», wie seine Kritiker spotteten. Vielmehr galt es, Erkenntnisse von Betriebspsychologie und Arbeitswissenschaft, die Großbetriebe schon lange nutzten, nun auch im Mittelstand bekannt zu machen. In der NS-Bewegung gab es deshalb nicht wenige, die skeptisch auf die Tätigkeit des Amtes blickten und ihm vorwarfen, sich zu wenig von der Neuen Sachlichkeit, wie sie etwa von Werkbund und Bauhaus propagiert worden war, abzugrenzen.[23]

Neben dem offensiven Bekenntnis zur schmucklos-sachlichen Ästhetik der Technik förderte «Schönheit der Arbeit» gezielt das Gemeinschaftserlebnis im Betrieb. Häufig legten die Belegschaften nach Feierabend selbst Hand an und verwandelten «hässliche Fabrikplätze» in «schmucke Grünanlagen». In ein neues Werksschwimmbad investierte beispielsweise ein Düsseldorfer Stahlbetrieb nur wenig Geld, weil die teuren Ausschachtungsarbeiten «von den Gefolgschaftsmitgliedern kostenlos ausgeführt» wurden. Ein Unternehmen in Leipzig griff beim Bau neuer Freizeiteinrichtungen ebenfalls auf die Hilfe der Belegschaft zurück: «Unsere Arbeitskameraden haben dieses Gemeinschaftswerk in etwa 2100 Arbeitsstunden vollendet.»[24]

Freiwilligen Arbeitseinsätzen wie diesen konnte sich in der Praxis niemand entziehen, und die Propaganda feierte sie als Symbole der erst vom Nationalsozialismus geschaffenen Betriebsgemeinschaft. Interessengegensätze zwischen Arbeitgebern und Beschäftigen galten offiziell als überwunden, zumal das Gesetz zur Ordnung der nationalen Arbeit vom Frühjahr

1934 das Führerprinzip auch in den Betrieben eingeführt hatte. Es entzog den Arbeitnehmern alle Mitsprache- und Mitbestimmungsmöglichkeiten, was von der betrieblichen Sozialpolitik, von recht populären Kameradschaftsabenden und eben auch von den Kampagnen des Amtes «Schönheit der Arbeit» kompensiert werden sollte. Alle diese Leistungen wurden freiwillig gewährt. In ihren Genuss kam nur, wer nicht negativ auffiel, und in Krisenzeiten konnten sie gekürzt oder vollständig zurückgenommen werden.

Die von der Deutschen Arbeitsfront propagierte Betriebsgemeinschaft verstand sich als Äquivalent zur Volksgemeinschaft. Das bedeutete einerseits, den Wert des Einzelnen für die Gemeinschaft in den Mittelpunkt zu stellen und diejenigen auszuschließen, die man als minderwertig erachtete: Juden, Behinderte, «Asoziale», «Bummelanten». Andererseits setzte die Arbeitsfront sozialpolitische Ansprüche durchaus auch gegen den Widerstand der Unternehmen durch.

Beispielhaft dafür ist der Mutterschutz, dessen gesetzliche Regelung auf Druck des Unternehmerlagers noch 1927 weit hinter dem zurückgeblieben war, was damals als sozial- und gesundheitspolitisch wünschenswert angesehen wurde. Wo die Republik gescheitert war, setzte die Arbeitsfront zunächst auf spürbare Veränderungen im Betriebsalltag. Ihre Richtlinien sahen vor, dass werdende Mütter sechs Wochen vor dem Geburtstermin ihre Arbeit niederlegten. Die Betriebe sollten das von der Sozialversicherung gewährte Wochengeld bis auf die Höhe des regulären Lohns aufstocken und Mütter nach der Entbindung zwölf Wochen vor Kündigung geschützt sein. Schon bald verlangte das Frauenamt der Arbeitsfront, den Kündigungsschutz auch auf die sechs Monate vor dem Geburtstermin auszudehnen; überdies sollten die Schwangeren vor schwerer Arbeit geschützt werden und auf gesundheitlich unbedenkliche Arbeitsplätze wechseln – bei vollem Lohnausgleich. Überstunden, Akkord- oder Nachtarbeit waren verboten. Eine Erhebung von 1940 zeigte, dass 85 Prozent der Betriebe diese Regelungen bereits freiwillig umsetzten, ehe sie das Mutterschutzgesetz zwei Jahre später dann offiziell kodifizierte.[25]

Anders als noch in den zwanziger Jahren leisteten die Unternehmen jetzt keinen energischen Widerstand mehr, weil Frauen als Arbeitskräfte längst unentbehrlich waren. Eigentlich stand dies im scharfen Widerspruch zur NS-Ideologie, die in der Frauenarbeit eine «unweibliche Verirrung» sah. Von Hitler bis hinab zum Gauleiter betonte man, die deutsche Frau im Interesse der Familie vor den Zumutungen der Industriearbeit bewahren zu wollen, und anfänglich hatte der «Heim an den Herd»-Kurs ja sogar wesentlichen Anteil am raschen Rückgang der Arbeitslosigkeit gehabt. Doch der akute Arbeitskräftemangel förderte ab Mitte der dreißiger Jahre einen Kurswechsel. Reichsfrauenführerin Gertrude Scholz-Klink stellte nun heraus, dass die weibliche Berufstätigkeit ein «notwendiger Bestandteil des Arbeitslebens» sei, und die zuvor noch systematisch diskriminierte Doppelverdienerin galt plötzlich als «Heldin des Alltags».

Ende 1937 waren auch die Bestimmungen passé, die den Anspruch auf ein Ehestandsdarlehen an die Berufsaufgabe der Frau geknüpft hatten. Der Anteil der Ehefrauen an den weiblichen Beschäftigten nahm von 1933 bis 1939 um fast ein Viertel zu, und insgesamt arbeiteten 1939 über 1,2 Million Frauen mehr als sechs Jahre zuvor; auch gegenüber der Zeit vor der Wirtschaftskrise war ihre Erwerbsquote gestiegen. Unter hundert Erwerbspersonen waren 1939 bereits 37 Frauen, was im internationalen Vergleich bemerkenswert hoch war. In Großbritannien und den USA lagen die Werte mit jeweils knapp 26 Prozent weit darunter. In Deutschland ging das Gros dieser Entwicklung ab 1935 auf das Konto der Arbeiterinnen, und entsprechend stark stieg ihr Anteil an den Belegschaften: in der Metallindustrie von 13 auf 19 Prozent, in der optischen Industrie von 18 auf 25 Prozent, in der Elektroindustrie sogar von 12 auf 29 Prozent.[26]

Wenn mehr Frauen für ein zusätzliches Haushaltseinkommen sorgten, trug dies wesentlich zur Verbesserung des Lebensstandards bei – obwohl die Pro-Kopf-Löhne im Durchschnitt stagnierten. Daneben gab es noch eine weitere Möglichkeit, um am Rüstungsaufschwung persönlich zu partizipieren: länger zu arbeiten. Nach der Arbeitszeitordnung vom Juli 1934 konnten die Treuhänder der Arbeit die Arbeitszeit über acht Stunden pro Tag ausdehnen. Weil sie von diesem Recht vor allem in den Grundstoff- und Rüstungsindustrien bald ausgiebig Gebrauch machten, bedeutete dies faktisch das Ende des Acht-Stunden-Tages. In Betrieben, die für die Aufrüstung weniger wichtig waren, etwa in der Konsumgüterproduktion oder in der Textilindustrie, sanken die Arbeitszeiten gegenüber dem Krisenniveau noch bis 1935. Hingegen arbeitete man in der Produktionsgüterindustrie wöchentlich anderthalb Stunden, im Fahrzeugbau sogar zwei Stunden länger als vor der Krise. Darüber hinaus leisteten qualifizierte Metallarbeiter im Sommer 1938 fünf Mal so viele Überstunden wie zehn Jahre zuvor. Und der Takt verdichtete sich, weil immer häufiger Akkordlöhne bezahlt wurden.

Diese Intensivierung der Arbeit wurde nicht unbedingt als Zwang wahrgenommen, sondern durchaus auch als Chance auf steigende Einkommen. Allerdings stieß man hier ab 1938 an natürliche Grenzen. Sie äußerten sich in Erkrankungen, Unfällen und in einem «Absinken der Produktionsleistungen in der 9. und 10. Stunde», was die Arbeit wegen der Überstundenzuschläge unwirtschaftlich machte. Auch die Treuhänder der Arbeit stellten fest, dass die Belegschaften immer häufiger die Ableistung von Überstunden wegen Übermüdung ablehnten. Dass zugleich die Zahl der Arbeitsunfälle zunahm, lag nicht nur an den langen Arbeitszeiten oder der mit den Nachtschichten einhergehenden Erschöpfung, sondern auch an der räumlichen Enge in überfüllten Werkshallen – und daran, dass unerfahrene Arbeitskräfte aus Landwirtschaft und Dienstleistungsgewerbe wegen der höheren Löhne in die Industrie abwanderten. Auch monierte die Gewerbeaufsicht, dass sich Akkordarbeiter systematisch über die Unfallschutzvorschriften hinwegsetzten.[27]

In den Betrieben flackerte 1936 leise Unzufriedenheit auf. Weil Arbeiter ihre Interessen durch die Treuhänder der Arbeit kaum und von der Deutschen Arbeitsfront gar nicht vertreten sahen, kam es nun erstmals überhaupt in nennenswertem Umfang zu spontanem Protest. 1935 war in ganz Deutschland nur 37-mal gestreikt worden. Im nächsten Sommer gab es jedoch binnen eines Monats mehr Streiks als im ganzen Vorjahr, und insgesamt zählte man im Laufe des Jahres 1936 fast 180 Arbeitsniederlegungen. Immer waren die Protestaktionen kurz, und stets betrafen sie nur kleinere Betriebe oder einzelne Abteilungen größerer Unternehmen. Selten streikten mehr als hundert Arbeiter, so dass man heute davon ausgeht, dass in den drei Jahren von 1935 bis 1937 gerade einmal 22 000 Arbeiter in den Ausstand traten. Ein einziger gewerkschaftlich organisierter Arbeitskampf zur Zeit der Weimarer Republik hatte weit mehr Arbeiter mobilisiert.[28]

Der Fall Opel zeigt, dass illegale Streiks keine Aussicht auf Erfolg hatten. Die Arbeiter in Rüsselsheim murrten schon seit geraumer Zeit über die Löhne. Weil das Unternehmen im Frühsommer 1936 die Bänder wegen Rohstoffmangels langsamer laufen ließ, sank damit auch der Akkordverdienst. Die Arbeiter bemerkten dies erst bei der Auszahlung ihres nächsten Wochenlohns, und so gab es nach dem Zahltag kein anderes Gesprächsthema in den Werkshallen. Am Morgen des 25. Juni legten 262 Beschäftigte der Karosserie-Endfertigung die Arbeit nieder. Zum Streik kam es aber erst, nachdem sich die Arbeiter beim zuständigen Obermeister über die Lohnkürzung beschwert hatten und dieser versuchte, sich aus der Verantwortung zu stehlen. Er verwies sie an den Vertrauensrat, eine Einrichtung der NS-Betriebsverfassung, die an die Stelle der Betriebsräte getreten war. Während Letztere die Interessen der Arbeiter vertreten hatten, sollten die Vertrauensräte lediglich das «gegenseitige Vertrauen» innerhalb der Betriebsgemeinschaft «vertiefen». Nicht nur bei Opel misslang das, und vielen Arbeitern galten sie schlicht als «feige Hunde», von denen es kaum einer «wagt, den Betriebsführer auch nur anzusprechen».[29]

Als sich die Karosseriearbeiter vor dem Büro des Vertrauensrates versammelten, forderte dieser sie auf, wieder an die Arbeit zu gehen. Er drohte mit Polizei und Gestapo. Die Menge quittierte das mit Johlen und Pfui-Rufen, kehrte schließlich aber an die Montagebänder zurück.

Der Opel-Streik dauerte keine zwanzig Minuten, und so harmlos und geordnet der Protest aus heutiger Sicht erscheinen mag, so hysterisch fielen die Reaktionen aus. Der hessische Treuhänder der Arbeit nutzte die Gelegenheit, um ein Exempel zu statuieren. Er ordnete die fristlose Entlassung aller Beteiligten wegen «staatsfeindlicher Gesinnung» an, und die Gestapo verhaftete fünf angebliche Rädelsführer, um mehr über die vermeintlichen Hintergründe zu erfahren. Zwar handelte es sich um die Belegschaft einer politisch zuverlässigen Betriebsabteilung; fast die Hälfte der Entlassenen waren Mitglieder in NSDAP, SA oder SS. Bei der Gestapo wurde dies aber offenbar eher als Beleg dafür gewertet, dass kommunistische Widerstandskämpfer ihre Kollegen aufgewiegelt haben mussten. Eine eigens anberaumte Krisensitzung im Reichsarbeitsministerium schloss sich dieser Linie nicht an. In Berlin missbilligte man besonders die Entlassung aller Beteiligten, weil sie zu viel öffentliche Aufmerksamkeit auf den Streik gelenkt hatte. So wichtig Abschreckung und Gegnerbekämpfung auch sein mochten – entscheidend beim Umgang mit Arbeitsniederlegungen war vor allem ihre Geheimhaltung.[30]

Die strikte Hierarchie der Betriebsgemeinschaft zeigte sich auch beim Umgang mit Erkrankungen. In der Krise hatte sich aus Sorge um den Arbeitsplatz kaum ein Arbeiter krankschreiben lassen. Obwohl dieses Motiv bald kaum noch eine Rolle spielte, stieg der Krankenstand im NS-Rüstungsboom nicht an. Dass die fraglos vorhandenen Erkrankungen weiter im Stehen auskuriert wurden, ging auf Bestimmungen vom Sommer 1930 zurück, die ursprünglich dazu dienen sollten, die Finanzen der gesetzlichen Krankenversicherungen zu sanieren. So hatte die Regierung Brüning per Notverordnung verfügt, dass alle krankgeschriebenen Kassenpatienten zu einer vertrauensärztlichen Nachuntersuchung erscheinen mussten. Im Wirtschaftsaufschwung erwies sich dies als Einfallstor für die Stigmatisierung von Kranken als Simulanten. Unter den Arbeitern waren die Vertrauensärzte berüchtigt, weil sie auch «Halbtote» gesundschrieben.

Hinzu kam, dass die Arbeitsfront 1936 die direkte Zuständigkeit für die von den Unternehmen beschäftigten Werksärzte übernahm. Bislang waren sie vorwiegend für den Unfallschutz und für Voruntersuchungen bei Neueinstellungen zuständig gewesen. Nun sollten sie sich auch um die Pflege der Volksgemeinschaft kümmern und sogenannte Asoziale und Arbeitsunwillige identifizieren. Die Zugehörigkeit zur Volksgemeinschaft ließ sich vor allem an der individuellen Leistung bei der Arbeit ablesen. Während die Arbeitsdienstmänner militärischen Drill und weltanschauliche Schulung über sich ergehen ließen und Zugehörigkeit über körperlich anstrengende und monotone Arbeit signalisierten, sprach man bei den Krankenversicherungen unverhohlen davon, dass die Werksärzte «Schädlinge ausmerzen» sollten. Sozialversicherungsträger und Arbeitsverwaltung betrachteten Arbeitsleistung als eine im «Erbgut anlagemäßig vorhandene [...] Leistungsdisposition». Unter den Bedingungen der Vollbeschäftigung machte dies die Erwerbsarbeit zu einem Faktor der rassistischen Auslese. In diesem Sinne galt als «asozial», wer durch «Arbeitsscheu» auffiel oder «trotz Arbeitsfähigkeit schmarotzend von sozialen Einrichtungen lebt». Gerade unqualifizierte Arbeiter wurden überdurchschnittlich oft zu Opfern der Zwangssterilisation nach dem Gesetz zur Verhütung erbkranken Nachwuchses.[31]

Qualifizierte Fachkräfte hingegen befanden sich in einer Zeit akuten Arbeitskräftemangels und voller Auftragsbücher in einer komfortablen Situation. Ein Bergarbeiter aus dem Ruhrgebiet erinnerte sich: «Wir Jungen kriegten natürlich mit, dass die Rüstungsindustrie aufgebaut wurde. Und das war was für uns junge Burschen: Weg vom Pütt! Wenn wir damals schon mal nach den

Mädchen guckten, haben wir nicht gesagt: ‹Wir sind vom Pütt›, sondern ‹Ja, ja, wir arbeiten dahinten auf Montage.› Die erste Frage der Mädchen war doch immer: ‹Hast du Arbeit?› und ‹Was tust du?› Pütt – da wollten sie nichts mit zu tun haben.»[32] In einem Milieu, in dem die meisten Eltern, Lehrer und Zechenangestellten ebenso wie die Beamten der Arbeitsämter wie selbstverständlich davon ausgingen, dass Bergarbeitersöhne schon mit 14 Jahren an den Lesebändern zu stehen hatten und die Berufswahl gleichsam als Automatismus betrachteten, bot die Rüstungskonjunktur erste Möglichkeiten des sozialen Aufstiegs. Dazu trug auch die Technisierung der Arbeit unter Tage bei, die mehr qualifiziertes Aufsichtspersonal erforderte. Sofern man bereit war, in die Partei einzutreten, rückte für manchen strebsamen Arbeiter nun sogar der Steiger-Beruf in greifbare Nähe.

Obwohl der Spielraum für Lohnerhöhungen staatlich eng begrenzt war, fanden die Unternehmen finanzielle Wege und Möglichkeiten, um Facharbeiter von einem Betriebswechsel abzuhalten. Neben Betriebsrenten und Werkswohnungen bot die Weihnachtsgratifikation eine Möglichkeit, verdeckte Lohnerhöhungen zu zahlen. Nach der Krise ging beispielsweise Krupp voran und zahlte den Arbeitern der Essener Gussstahlfabrik schon 1934 erstmals wieder Weihnachtsgeld. Die Konkurrenz in der Region sah sich gezwungen, rasch nachzuziehen, um eine Abwanderung ihrer Facharbeiter zu verhindern. Großunternehmen wie Krupp boten generell die üppigsten Sozialleistungen, so dass die Reichsgruppe Industrie einen «Run der Arbeitskräfte vom Lande zur Stadt und da wieder vom Klein- und Mittelbetrieb zum Groß- und Konzernbetrieb» bemerkte.[33] Wohnungen und alle übrigen Leistungen der betrieblichen Sozialpolitik zielten vor allem darauf, qualifizierte Beschäftigte ans Werk zu binden oder neue Kräfte zu gewinnen. Folglich orientierte sich die Höhe der Gratifikationen an Familienstand und Dauer der Betriebszugehörigkeit. Auch reflektierten sie die «Kragenlinie», so dass Angestellte bessere Leistungen erhielten als Arbeiter.

So wie sich die Arbeitsbedingungen und Einkommensverhältnisse zwischen Groß- und Kleinbetrieben, zwischen rüstungswirtschaftlich wichtigen und unbedeutenden Branchen stark unterschieden, so uneinheitlich entwickelte sich auch der nach den Grundnahrungsmitteln wichtigste Faktor im Budget der Arbeiterhaushalte: Für eine Wohnung hatten sie 1937 im Durchschnitt etwa zwölf Prozent ihres Einkommens aufzuwenden. Dies demonstriert einerseits, wie sehr sich die Lebensverhältnisse im Wirtschaftsaufschwung gebessert hatten, denn mit den Einkommensverlusten der Weltwirtschaftskrise hatte die Miete einen immer größeren Anteil am Haushaltsbudgets gehabt – bei Erwerbslosen konnte er leicht drei Viertel des Einkommens ausmachen. Nun jedoch gaben Arbeiterhaushalte im Schnitt wieder so viel fürs Wohnen aus wie vor der Krise. Andererseits gab es enorme Unterschiede zwischen Großstädten und ländlichen Regionen. Die Quadratmetermieten konnten hier je nach Größe der Wohnorte und ihrer rüstungswirtschaftlichen Bedeutung leicht um 50 Prozent voneinander abweichen. Demgegenüber gab es bei den Preisen für Strom, Kohle und Lebensmittel äußerst geringe regionale Unterschiede, so dass die Höhe der Miete den Lebensstandard mitbestimmte. Nach einer Erhebung der Deutschen Arbeitsfront gaben Arbeiterhaushalte in Berlin 14 Prozent ihres Einkommens für die mit durchschnittlich 35 Quadratmetern besonders kleinen Wohnungen aus. In Franken hingegen wohnten vergleichbare Familien auf 48 Quadratmetern, mussten dafür aber nur etwa halb so viel zahlen. Zwar waren auch die Verdienstmöglichkeiten in der Großstadt höher als auf dem Land, aber eben nicht in einem Maß, das die Mehrbelastung durch hohe Mieten auch nur annähernd hätte ausgleichen können.[34]

Überall hausten Arbeiterfamilien in viel zu kleinen Wohnungen, deren Ausstattung dürftig war. Zu diesem Ergebnis kam auch eine vergleichende Studie des Internationalen Arbeitsamtes in Genf, die Ford in Auftrag gegeben hatte. Das Unternehmen wollte ursprünglich ergründen, welche Löhne es in seinen europäischen

Werken zahlen konnte. Wie selbstverständlich gingen die amerikanischen Auftraggeber davon aus, dass Arbeiter eine Wohnung mit viereinhalb Zimmern, fließend Wasser, Badezimmer und separater Küche bewohnten. In Detroit war dies der Mindeststandard, den sich auch die Ford-Arbeiter der untersten Lohngruppe leisten konnten. In Deutschland hingegen hätte eine vergleichbare Wohnung monatlich knapp 115 Mark gekostet; das war mehr als dreimal so viel, wie eine Arbeiterfamilie typischerweise fürs Wohnen aufbringen konnte.[35] Hinzu kam, dass in Deutschland zu wenige Wohnungen neu gebaut wurden, so dass man schon 1935 und besonders in den Großstädten die Wohnungsnot beklagte. Der Wirtschaftsaufschwung steigerte die Nachfrage nach Wohnraum, ebenso die von den Ehestandsdarlehen geförderten Familiengründungen. So fehlten 1938 etwa anderthalb Millionen Wohnungen; fast eine Million vorhandene Wohnungen galten als überbelegt, weitere 400 000 als abbruchreif.[36]

Diesen Markt regulierte der Staat schon lange über Kündigungsschutzgesetze und administrierte Preise, wobei die Präsidialregierungen dafür gesorgt hatten, dass sich bei Neubauten und Neuvermietungen wieder Marktpreise bilden konnten. Wer umzog oder erstmals eine Wohnung beziehen wollte, zahlte also die höchsten Mieten. Junge Familien traf dies besonders, und der allgemeine Mietpreisstopp vom Herbst 1936 änderte daran nur wenig. Stattdessen entstand bei Neuvermietungen ein grauer Markt. So hieß es bei der Gauleitung Magdeburg-Anhalt, Wohnungssuchende zahlten «jeden Mietpreis», und sämtliche Preisvorschriften würden in «raffinierter Weise umgangen». In Offenbach berichteten die Vermieter, dass sich auf jede Wohnungsanzeige etwa 50 bis 60 Bewerber meldeten. Eine Studie wertete mehrere hundert Bewerbungsschreiben aus und kam zu dem Schluss: «Es ist kaum zu glauben, wie sich die Wohnungssuchenden überbieten», bis hin zu Angeboten, die «geradezu grotesk» anmuteten. Viele Bewerber stellten heraus, dass sie in wirtschaftlich guten Verhältnissen lebten, ruhige Mieter seien und sich mit ihren Nachbarn gut vertrugen; mitunter führten sie auch als Vorzug an, kinderlos zu sein. Und immer wieder versuchten sie, ihren potentiellen Vermieter mit Geld oder andere Vergünstigungen für sich einzunehmen.[37]

Eine Lösung für das Problem fand der NS-Staat nicht, denn wegen der Aufrüstung flossen zu wenig Geld und Rohstoffe in den Bau neuer Wohnungen. Hinzu kam, dass die knappe öffentliche Förderung aus ideologischen Gründen anfangs besonders den Bau von Kleinsiedlungen begünstigte. Deren Bewohner mussten in einer Probezeit nachweisen, dass sie sich selbst versorgen konnten. Es gab weder Strom noch fließend Wasser, und auch an die Kanalisation schloss man die Siedlungshäuser nicht an. Bestrebungen, Arbeiter in derart einfachen Behausungen sesshaft zu machen, hatte es bereits zur Weimarer Zeit gegeben. Nun jedoch galten die Heimstätten als gesellschaftspolitische Universallösung. Zehn Millionen Menschen wollte man zu Siedlern machen. Tatsächlich entstanden zwischen 1934 und 1942 aber nur etwa 160 000 Wohnungen in Siedlungen, bei insgesamt stark sinkender Tendenz.[38] Etagenwohnungen waren effektiver, und als sich im Rüstungsboom die Arbeitszeiten verlängerten, waren die vermeintlichen Arbeiterbauern kaum noch in der Lage, ihre Gärten zu bewirtschaften. Folglich verabschiedete sich das Reichsarbeitsministerium schon im Laufe des Sommers 1935 von den Siedlungsprogrammen und wandte sich stattdessen den städtischen Mietwohnungen zu, die Arbeitern und jungen Familien am meisten fehlten. Hohe Baukosten führten jedoch zu teuren Mieten. Eine neugebaute Zwei- bis Dreizimmerwohnung kostete zwischen 40 und 56 Mark im Monat, was für die meisten Arbeiterhaushalte zu teuer war. Allein in einer Industriestadt wie Duisburg suchten 1938 über 14 000 Familien dringend eine Wohnung, und fast zwei Drittel davon konnten kaum 30 Mark für die Miete aufbringen.

Auch hier suchte man eine Lösung nach dem Muster der Massenproduktion. Das Reichsarbeitsministerium konzipierte die «Volkswohnung» für «Werktätige mit geringstem Lohneinkommen». Allerdings waren die Bedingungen dafür besonders ungünstig, weil der Staat ihren Bau nur noch mit acht Prozent der Baukosten zu subventionieren bereit war – nach Fördersätzen von 40 Prozent und mehr zur Weimarer Zeit. Zwar erhoffte man sich auch beim Wohnungsbau erhebliches Sparpotential durch Standardisierung und Massenproduktion. Doch das war Zukunftsmusik, und in der Gegenwart galt es bei Ausstattung und Fläche die Hälfte der sonst üblichen Baukosten einzusparen. Fortschrittlich waren die Volkswohnungen daher nicht: Badezimmer, Warmwasser und Zentralheizung sollte es nicht geben; Strom war zwar vorgesehen, jedoch nur für Licht. Und mit 34 bis 42 Quadratmetern waren die Familienwohnungen auch nach damaligen Maßstäben klaustrophobisch eng. Carl Goerdeler rechnete am Beispiel Leipzigs vor, dass man den Kostenrahmen in einer Großstadt beim besten Willen nicht einhalten könne. Selbst wenn man auf einen Kanalisationsanschluss verzichte, ergebe sich immer noch eine Miete, die weit über den Planvorgaben lag. Wenn dann «der einzelne sieht, was er für diese Miete bekommt, dann ist zweifellos eine nationalpolitisch gute Wirkung nicht erreicht».

Hatte man ursprünglich jedes Jahr 300 000 Volkswohnungen bauen wollen, war bis zum Krieg nur mit 170 000 Einheiten begonnen worden.[39] Entscheidend für dieses grandiose Scheitern der NS-Wohnungsbaupläne war vor allem, dass die Aufrüstung bei Staatsfinanzen, Arbeitskräften und Baumaterialien absoluten Vorrang genoss, und generell wird man sagen können, dass der Takt der Rüstung die Arbeits- und Lebensbedingungen der meisten Deutschen mitbestimmte. Die Auswirkungen waren durchaus ambivalent, denn dem bescheidenen Wohlstand, der häufig mit der Vollbeschäftigung einherging, entsprach eine weitgehende Entrechtung am Arbeitsplatz. Wo Mitsprache unerwünscht war, Leistungsbereitschaft zwingend vorausgesetzt wurde und die Arbeitsbelastung stetig stieg, boten sich zwar auch neue Aufstiegschancen. Doch blieben sie an politische Konformität gebunden.

Landleben

Am 6. September 1936 stach in Bremerhaven das Walfangmutterschiff «Jan Wellem» mit 250 Mann Besatzung in See. Sechs kleinere Fangboote begleiteten die schwimmende Fabrik auf eine lange Fahrt, deren Ziel das Südpolarmeer war. Zuletzt hatte es im 19. Jahrhundert deutsche Walfänger gegeben, und dass man nun wieder an diese Tradition anknüpfte, ging auf eine Entscheidung vom Herbst 1934 zurück. Damals hatte die Erste Deutsche Walfanggesellschaft den Umbau der «Jan Wellem» in Auftrag gegeben. Als das Schiff im Frühjahr 1937 von seiner ersten Fangfahrt zurückkehrte, hatte es im Rahmen der «totalen Walauswertung» 227 Blauwale, 584 Finnwale, 7 Seiwale, 63 Buckelwale und 20 Pottwale zu Öl und Fischmehl verarbeitet. Doch das war erst der Anfang: Neben zwei neu auf Kiel gelegten, hochmodernen Schiffen, die 1937 in Dienst gestellt wurden, charterte man weitere Walfänger in Norwegen. So wurde Deutschland zur drittgrößten Walfangnation der Welt und erlegte binnen drei Jahren etwa 15 000 Tiere. Hinter dem Walfang standen drei Unternehmen, deren Produktion auf tierisches Fett angewiesen war: der Düsseldorfer Seifen- und Waschmittelhersteller Henkel («Persil») sowie die Margarineproduzenten Unilever («Rama») und Walter Rau. Unter dem Propagandaslogan «Deutschlands einzige Kolonie ist das Meer» sahen sie im Walfang einen effektiven Ausweg aus der Misere, in die sie die von verschärften Importkontrollen begleitete Devisennot gebracht hatte.[40]

Zwar ernteten die Bauern genügend Kartoffeln und Zuckerrüben für den Eigenverbrauch der Deutschen. Auch lieferten heimische Rinder und Schweine ausreichend Fleisch. Schon das

Brotgetreide genügte aber nur in guten Erntejahren, und das auch nur dann, sofern man auf Getreide als Tierfutter möglichst verzichtete. Tierische und pflanzliche Fette hingegen mussten 1933 zu 47 Prozent importiert werden, was schon ein bemerkenswert niedriger Wert war, denn vor Beginn der Devisenbewirtschaftung hatte der Importanteil zehn Prozentpunkte höher gelegen. Ohne importiertes Pflanzenöl, Sojabohnen und Ölsaaten mangelte es aber nicht nur am gewohnten Brotaufstrich, sondern vor allem an den nahrhaftesten Bestandteilen jenes Kraftfutters, ohne das die einheimische Milch- und Fleischversorgung zusammengebrochen wäre. Jenseits aller ideologischen Überzeugungen hatte die NS-Agrarpolitik somit vor allem zwei Zielen zu genügen, die sich aus der Devisennot und der Vorbereitung auf den Krieg ergaben: den Selbstversorgungsgrad, der 1933 bei 80 Prozent lag, deutlich zu steigern und zugleich die «Fettlücke» zu schließen.

Im Interesse schneller Erfolge richtete sich der staatliche Dirigismus zunächst auf das «ausländischste Erzeugnis des deutschen Marktes»: die Margarine. Vor allem wegen des günstigen Preises hatte sie sich bei den einfachen Leuten als Brotaufstrich durchgesetzt. Während das Pfund Butter knapp 1,40 Mark kostete, zahlte man 1932 für dieselbe Menge Margarine nur 35 Pfennig.[41] Schon im März 1933 ging der Fiskus gegen den Margarineverbrauch vor: Er zwang die Hersteller, ihre Produktion auf 60 Prozent zu begrenzen. Zugleich verdoppelte eine Sondersteuer den Preis aller Ölprodukte. Weil das bei Arbeitern und erst recht bei den Arbeitslosen höchst unpopulär war, stattete man 20 Millionen Bedürftige mit sogenannten Verbilligungsscheinen aus und subventionierte ihren Konsum. Die Volkswohlfahrt rief zum Recycling von Küchenabfällen auf: Kartoffelschalen und andere Haushaltsabfälle galt es zu sammeln und als Schweinefutter zu verwerten, um ölhaltiges Kraftfutter zu sparen. Immer neue Propagandaaktionen versuchten zudem die Ernährungsgewohnheiten zu verändern und so den privaten Fettverbrauch zu senken: «Schluss mit der Klappstulle» hieß etwa eine Kampagne des Frauenamtes der Deutschen Arbeitsfront, und der Reichsnährstand brachte eine Fülle von Ernährungs- und Kochratgebern heraus, die Gemüse-, Suppen- und Eintopfgerichte propagierten. So erwies sich die «Fettlücke» zugleich auch als Einfallstor für die Ideen von Ernährungswissenschaftlern und allerlei Lebensreformern, die Wert auf eine möglichst reine, natürliche und unverfälschte Ernährung legten. Bald versuchte der Reichsvollkornbrotausschuss die Deutschen von den Vorzügen der Vollwertkost zu überzeugen, und im Konzentrationslager Dachau hatten Häftlinge biodynamischen Landbau zu betreiben – unter mörderischen Bedingungen, die bis 1945 etwa 800 Menschen das Leben kosten sollten.

Die Prioritäten für die Masse des Verbrauchs skizzierte ein Generalplan von 1936. Weitgehend unverändert bleiben sollte nur der Konsum von Brot, Mehl, Schweinefleisch, Eiern, Obst und Honig. Steigern wollte man hingegen den Verbrauch von Kartoffeln, Marmelade, Quark, Graupen, Haferflocken, heimischem Gemüse und Fisch. Demgegenüber sollte der Konsum von Rindfleisch, Butter, Schmalz, Speck und Margarine noch stärker als bisher eingeschränkt werden. «Fremdrassige» Zitronen gedachte man durch Säuerungsmittel zu ersetzen, die aus Fallobst hergestellt werden sollten. Margarine und Butter gab es ab Januar 1937 nur noch auf Karten. Offiziell war zwar von «Kundenlisten für Fett» und dazugehörigen «Haushaltsnachweisen» die Rede, und die Propaganda wurde auch nicht müde zu betonen, dass «es sich nicht um eine Wiedereinführung des Kartensystems aus der Kriegszeit» handelte. Aber die Bevölkerung sprach dennoch bündig von der «Fettkarte». Ihre Einführung war ein bürokratischer Kraftakt, etwa in München, wo daran über tausend Personen beteiligt waren. Städtische Angestellte, unterstützt von Hunderten Freiwilligen, hatten Überstunden zu schieben, um die 400 000 Antragsformulare rechtzeitig zum Jahreswechsel zu bearbeiten. Zur Ausgabe der Karten nutzte man die Schulgebäude in den Stadtbezirken. Und einmal mehr demonstrierte das Vorhaben, wie Kommunalverwaltung und Partei zu harmonieren vermochten. So gingen in Berlin zunächst die Blockwarte von Tür zu Tür und erkundigten sich, ob die Familien womöglich «Butter- oder Fettlieferungen vom Lande» – etwa von Verwandten – erhielten. Wer ehrliche Angaben machte, erhielt verminderte Rationen zugeteilt.[42]

Neben Einschränkungen beim Verbrauch trat der Versuch, die landwirtschaftliche Produktion anzupassen.[43] Das war bürokratisch und unpopulär, denn ebenso akribisch, wie Darrés Agrarbürokratie regelte, welche Apfelsorten die Deutschen essen sollten, ging sie auch gegen die «Fettlücke» vor. Zunächst zwang sie die Bauern, ihre gesamte Milchproduktion abzuliefern, und verbot ihnen die Herstellung von Butter für den Eigenbedarf. Kaum ein Bauer brachte dafür Verständnis auf, weil mit dem Ablieferungszwang auch die Steuerlast stieg. Und warum sollte man teuer einkaufen, was man leicht selbst herstellen konnte? Entsprechend wenige Bauern hielten sich daran, nur musste das Butterfass jetzt unter konspirativen Umständen eingesetzt werden. Auch lebten in der Landwirtschaft – wie beim Walfang – längst vergangen geglaubte Wirtschaftsweisen wieder auf. Raps und Rübsen, Flachs und Sonnenblumen waren von deutschen Äckern weithin verschwunden, weil entsprechende Produkte auf dem Weltmarkt günstiger zu beschaffen waren. Nun jedoch ging der Reichsnährstand daran, die Anbaufläche für Ölsaaten systematisch zu vergrößern. Die einheimische Produktion stieg zwischen 1933 und 1938 von knapp 8000 auf 140000 Tonnen; trotzdem importierte man fast die zehnfache Menge. Auch blieb dies ein Nullsummenspiel, da entsprechend weniger Anbaufläche für andere Früchte verfügbar war – so erklärt sich ja gerade die große Hoffnung, die man in Hochseefischerei und Walfang setzte: Sie versprachen ein zusätzliches Aufkommen an Eiweiß und tierischem Öl, das nicht an den vorhandenen Boden gebunden war. Neben finanziellen Anreizen über die staatlich festgesetzten

Preise gab der Reichsnährstand direkte Anweisungen zur Umsetzung seines Programms. Auch das sorgte für schlechte Stimmung bei den Bauern, die über die klimatischen Bedingungen oder über die Bodenbeschaffenheit ihrer Höfe besser informiert waren als die Agrarbürokraten. Dies führte jedoch nur zu einer verstärkten Kontrolle: Informationen über jeden Betrieb wurden erfasst und in sogenannten Hofkarten verwaltet.

Vor allem galt es, die Produktivität der Landwirtschaft zu steigern. Unter dem Eindruck der sehr schlechten Ernte vom Sommer 1934 arbeitete Darrés Staatssekretär Herbert Backe ein Zehn-Punkte-Programm aus, mit dem die Erträge künftig gesteigert und die vorhandenen Ressourcen besser genutzt werden sollten. Auf dem zweiten Reichserntedankfest rief Darré martialisch zur «Erzeugungsschlacht» auf, deren Programm nicht ohne Widersprüche war. Einerseits zielte es auf eine Intensivierung der Landwirtschaft. Die «zehn Gebote» der Erzeugungsschlacht forderten zum Gebrauch von Kunstdünger auf, auch sollte Brachland in Ackerland umgewandelt und der Boden verbessert werden. Andererseits hieß es, die Bauern müssten möglichst vielseitig wirtschaften, proteinhaltiges und daher stark importabhängiges Kraftfutter durch eigenproduziertes Grünfutter ersetzen und generell nur so viele Tiere halten, wie sie aus dem eigenen Ertrag ernähren konnten. Während Darrés Dekalog kein Wort über Traktoren und andere Maschinen verlor, forderte er: «Halte Schafe! Auch Du lässt wirtschaftseigenes Futter auf Feldrainen, Wegen und auf der Stoppel für Dich und Deutschland verkommen.»[44]

Die «Erzeugungsschlacht» propagierte eine auf maximale Bodenproduktivität orientierte Landwirtschaft, die Kunstdünger ebenso selbstverständlich verwendete wie Kraftfutter. Dazu war jedoch eigentlich eine Kapitalkraft und Betriebsgröße erforderlich, die im krassen Widerspruch zum ideologischen Programm des Reichsnährstandes stand. Dieser wollte im Bauern stets mehr sehen als einen landwirtschaftlichen Unternehmer. Entsprechend widersprüchlich war das Programm Darrés, das in einem großen Misserfolg endete. Zwar stieg von 1933 bis 1939 die landwirtschaftliche Produktion um knapp zehn Prozent, doch genügte dieses Wachstum nur, um im Wirtschaftsaufschwung den zunehmenden Konsum einer ebenfalls wachsenden Bevölkerung zu befriedigen. Der Selbstversorgungsgrad lag 1939 mit 83 Prozent nur drei Prozentpunkte über dem Wert von 1933, und noch immer importierte das Reich ein knappes Drittel der Futtermittel für die Fleisch- und Milchproduktion. Dabei subventionierte man die Bauern wie nie zuvor: Schutzzölle hielten ihnen die ausländische Konkurrenz vom Leib, und der Staat half nicht nur über administrierte Preise, die im internationalen Vergleich viel zu hoch waren, sondern auch mit Steuererleichterungen. Bauern zahlten eine reduzierte Grundsteuer, und auch bei der Umsatzsteuer gab es großzügige Vergünstigungen. In einem Umfeld steigender Abgaben sank die Steuerbelastung der Verkaufserlöse in der Landwirtschaft von ohnehin schon geringen neun Prozent im Steuerjahr 1932/33 auf nur noch fünf Prozent vier Jahre später. Auch zahlten verschuldete Bauern bald ein knappes Drittel weniger für Kreditzinsen.[45]

Dies alles konnte einen längerfristigen Strukturwandel nicht bremsen, der sich besonders deutlich in der Abwanderung von Arbeitskräften in die Industrie zeigte. Mitte der zwanziger Jahre arbeiteten noch knapp 27 Prozent der Beschäftigten in der Landwirtschaft; 1939 waren es nur noch 18 Prozent. Dahinter stand eine regelrechte Landflucht, denn zugleich sank auch der Anteil der Landbewohner an der Bevölkerung von 23 auf 18 Prozent. Diese Entwicklung stand nicht nur im krassen Gegensatz zur Verherrlichung des Bauernlebens durch die Propaganda, sondern sie konterkarierte auch die Ziele der Erzeugungsschlacht. In den Erntemonaten gab es bereits 1933 einen akuten Arbeitskräftemangel, und besonders die Viehzüchter suchten händeringend Landarbeiter. Die Landflucht hielt an, obwohl der NS-Staat sie mit Zuckerbrot und Peitsche einzudämmen versuchte. So erhielten Arbeiter und Handwerker auf dem Land zinsgünstige staatliche

Darlehen, wenn sie ein Haus bauen wollten, und bald zahlte der Staat den Landarbeitern sogar eine Art Treueprämie; wer einen Arbeitsvertrag auf fünf Jahre schloss, erhielt 1500 Mark vom Staat. Industriebetrieben verbot man die Neueinstellung von Arbeitskräften, sofern diese in den drei Jahren zuvor in der Landwirtschaft tätig gewesen waren. Und es bedurfte einer ausdrücklichen Genehmigung des Arbeitsamtes, um als Landarbeiter überhaupt den Arbeitsplatz zu wechseln. Doch dies alles konnte den Trend nicht umkehren: In der Landwirtschaft war einfach zu wenig zu verdienen. Saisonarbeiter erhielten Löhne, die meist ein Viertel, in manchen Regionen sogar um die Hälfte niedriger waren als in der Industrie. So beschleunigte der Rüstungsaufschwung sogar die Abwanderung vom Land, die stets auch eine Reaktion auf die beschwerlichen Lebensumstände war.

Beispielhaft dafür ist das nordhessische Körle, rund 20 Kilometer südlich von Kassel im Tal der Fulda gelegen. Dabei handelte es sich keineswegs um ein agrarisches Notstandsgebiet, denn viele seiner 900 Einwohner arbeiteten im Haupterwerb in Kasseler Industriebetrieben, wohin sie mit der Bahn gelangten. Auch handelte es sich nicht um ein Realteilungsgebiet, in dem die Lebensbedingungen wegen der mit jedem Erbgang aufgeteilten Höfe besonders prekär gewesen wären. Trotz dieser günstigen Bedingungen prägte die Enge von jahrhundertealten Traditionen noch immer das Dorfleben. Sozialer Aufstieg war dort nicht vorgesehen, weil die Lebensbedingungen an den Landbesitz geknüpft waren. Die örtlichen Honoratioren rekrutierten sich aus Bauernfamilien, die im Vollerwerb die größten Flächen bewirtschafteten. Sie bauten vor allem Getreide an, besaßen Pferde als Zugtiere und bewohnten die größten und komfortabelsten Häuser des Dorfes. Daneben gab es Bauernfamilien, deren Höfe kleiner waren und die vor allem Milchwirtschaft betrieben. Sie nutzten Rinder und Kühe auch als Zugtiere. Ihre Häuser waren kleiner und weniger repräsentativ, auch mussten sie häufig Nebenerwerbsquellen finden, oft als Handwerker. Auf der untersten bäuerlichen Hierarchiestufe standen jene Arbeiterbauern, die täglich nach Kassel pendelten und auf dem eigenen Land allenfalls ein paar Ziegen hielten. Zum statischen Dorfleben gehörte eine strikte soziale Kontrolle: So wurde aufmerksam registriert, bei welchen Bauern das Gesinde auffällig schnell wechselte; dass der Sohn eines Vollerwerbsbauern die Tochter eines Handwerker- oder Arbeiterbauern heiratete, war undenkbar. Knechte und Mägde gehörten auf Zeit zur Familie, und ein großer Hausstand war damit ein nach außen sichtbares – und bei der jährlichen Kirmes zur Schau gestelltes – Statussymbol. Trotz des ausgeprägten Standesbewusstseins blieben die Nachbarn aufeinander angewiesen: Arbeiterbauern benötigten die Spanndienste der Zugtierbesitzer, während die Besitzer größerer Ackerflächen auf die Erntehilfe ihrer Nachbarn angewiesen waren.

Im Dritten Reich gerieten diese Verhältnisse nicht nur in Körle zumindest partiell ins Wanken. Von 1870 bis 1933 hatte stets ein Vollerwerbsbauer den Bürgermeisterposten innegehabt; auch hatten die Pferdebauern vor 1933 immer die Mehrheit der Gemeindevertreter gestellt. Im Frühjahr 1933 wurde erstmals überhaupt ein Nebenerwerbslandwirt zum Bürgermeister gewählt, und aus diesem Kreis rekrutierten sich nun auch die meisten neuen NSDAP-Mitglieder. Es war der Ortsgruppenleiter der Partei, der 1934 den ersten Traktor des Dorfes anschaffte, obwohl er nur einen verhältnismäßig kleinen Vollerwerbsbetrieb bewirtschaftete. Und vom Rüstungsaufschwung profitierten besonders die Berufspendler, wie ein Zeitzeuge berichtet: «Guck, da wurden sich schon Fahrräder gekauft, wer noch keins hatte. Es wurde gebaut. Hier, die Leute hier oben, Arbeiter, die haben damals alle gebaut. [...] Die sagten immer: Solange wie wir Arbeit haben und Geld verdienen können, sind wir zufrieden.»[46] Kasseler Rüstungsunternehmen wie Henschel oder Wegmann benötigten so viele Arbeitskräfte und zahlten so gut, dass in Körle bald niemand mehr als Knecht oder Magd arbeiten mochte. Bauerntöchter, die bis dato ungelernte Fabrikarbeiterinnen wurden, erhielten plötzlich die Chance, eine Ausbildung in der Textilindustrie zu absolvieren. So kam eine Wanderungsbewegung in Gang, denn ihre Knechte und Mägde rekrutierten die Körler Bauern fortan meist aus abgelegenen Dörfern, die über eine weniger gute Verkehrsverbindung verfügten.

Von ähnlichen Chancen konnten Bauern in den entlegenen Tälern des Hochschwarzwaldes oder in der «Bayerischen Ostmark» nur träumen, und Landarbeiter auf einer ostelbischen Domäne wären sicher froh über die Möglichkeit gewesen, als Arbeiterbauer ein eigenes Stück Land im Nebenerwerb zu bewirtschaften und zugleich von den hohen Löhnen der Rüstungsindustrie zu profitieren. Ungeachtet aller räumlichen und konfessionellen Unterschiede und über alle Betriebsgrößen und Wirtschaftsmethoden hinweg blieb es jedoch dabei, dass die Arbeit und das Leben auf dem Land äußerst beschwerlich waren.

So verpufften alle vom NS-Staat aufgelegten Programme, die der Stadtbevölkerung die Werte des «Bauerntums» vermitteln und dabei zugleich den ländlichen Arbeitskräftemangel bekämpfen sollten. Mit unterschiedlichen Formen des Landarbeitsdienstes experimentierte man bereits seit 1933. Prominentestes Beispiel ist die Landhilfe, die junge Arbeitslose zur Arbeitsbeschaffung aus den Städten aufs Land verfrachtete. Kost und Logis waren frei und der Lohn für die harte Arbeit so dürftig, dass er allenfalls symbolischen Charakter hatte. 1936 wurde das Programm in den Reichsarbeitsdienst überführt. Zuerst in Ostpreußen verpflichtete das Landjahr alle Jugendlichen, neun Monate in der Landwirtschaft zu arbeiten. Und im freiwilligen Landdienst der Hitler-Jugend schickte die Reichsanstalt für Arbeitsvermittlung ganze Jugendgruppen als Erntehelfer in landwirtschaftliche Großbetriebe, meist östlich der Elbe. Doch die Freiwilligen und Zwangsverpflichteten konnten die Lücke, die von einer halben Million zwischen 1933 und 1938 abgewanderten Landarbeitern gerissen worden war, nicht annähernd schließen. In Thüringen wurden 1939 beispielsweise 55 000 Landarbeiter gesucht; dem standen lediglich 14 000 Freiwillige und Dienstverpflichtete gegenüber.

Dem Anspruch nach hatten diese Programme für die Arbeit auf dem Land zu werben oder sogar auf eine Zukunft als Neubauer vorzubereiten. Aber warum sollten jugendliche Stadtbewohner ein Leben schätzen, dem ihre Altersgenossen in den Dörfern längst den Rücken kehrten? Zwischen 1933 und 1939 sank die Zahl der in der Landwirtschaft tätigen Jugendlichen von 2,6 auf 1,8 Millionen. Hinzu kam, dass auch viele Bauern mit geringem Enthusiasmus auf die Landhelfer reagierten. Oft war ungewiss, wie lange man mit den neuen Kräften rechnen konnte und ob es sich überhaupt lohnte, sie anzulernen. Auch kam es immer wieder zu Mitnahmeeffekten, von denen nicht nur kommunistische Widerstandskämpfer im Oktober 1934 aus Ostpreußen berichteten: «Die Bauern entlassen ihre Knechte und ersetzen sie durch die viel billigeren Landhelfer. Die Knechte lungern herum und sind erbost.» Wie ein Gestapo-Bericht vom April 1935 belegt, förderte die Landhilfe mitunter sogar die Landflucht. In der Umgebung von Zerbst in Anhalt verließen jedenfalls die Bauernsöhne die Höfe, weil sie lieber zu Spitzenlöhnen bei den Junkers-Werken arbeiteten. Das funktionierte nur, weil Landhelfer aus Thüringen an ihre Stelle traten. Zudem war man im Landwirtschaftsministerium schon früh darüber im Bilde, dass Bauern ihre Landhelfer «nach Abschluss der Hauptarbeitszeit» im Herbst «abzuschieben versuchen oder den jungen Landhelfer zur Aufgabe der Arbeitsstelle durch zweckentsprechende Behandlung veranlassen». Das war die bürokratisch-gewundene Umschreibung dafür, dass Bauern ihren Landhelfern miserables Essen vorsetzten oder sie anderweitig schikanierten.[47]

Umgekehrt verließen nicht wenige Städter den Hof bereits nach wenigen Tagen, weil sie die Lebens- und Arbeitsumstände nicht hinzunehmen gedachten. Dazu dürften auch die pompösen Abschiedszeremonien beigetragen haben, die für viele Landhelfer am Beginn ihrer Reise gestanden hatten. Musik und Paraden weckten falsche Erwartungen, denn meist fiel schon die Begrüßung auf dem Land ernüchternd aus. Presseartikel stimmen mit Berichten von Widerstandsgruppen und Zeitzeugen darin überein, dass Bauern «bei der Ankunft und Verteilung des Transportes den Jugendlichen die Armmuskeln abgefühlt» hätten; dort sei es wie auf dem Sklavenmarkt zugegangen.[48] Landhelfer berichteten aus Ostpreußen, dass ihnen eine Kammer im Pferdestall als Schlafplatz zugewiesen worden sei. Zur Rede gestellt, zuckten die Bauern mit den Schultern: Landhelfer würden genauso behandelt wie die Knechte, nur seien diese eben an die Verhältnisse gewöhnt. Streit gab es auch über die Verpflegung, für welche die Bauern aufzukommen hatten, die sich umgekehrt immer wieder über die Arbeitsleistung der Helfer beschwerten.

Selten freilich waren die Verhältnisse so skandalös wie auf dem masurischen Hof, von dem ein 23jähriger Berliner seinem «lieben Pappa» in einem Brief berichtete. Als SA-Mann dürfte er die Ziele der Landhilfe eigentlich begrüßt haben. Umso schockierter war er über seinen Arbeitgeber. Dieser sei schwer betrunken vom Viehmarkt zurückgekehrt und habe ihn im Stall angebrüllt, er solle das längst versorgte Vieh füttern. Im Streit ging der Bauer mit der Mistgabel auf den Landhelfer los. Dieser berichtet: «Er haut zu, ich nehme den Kopf weg, sonst hätte ich heute eine weiche Birne, ich nehme ihm die Forke weg, nun holt er aus und wollte mir eine latschen, ich wehrte mich, und er fiel aufs Gesicht. Er stand auf und fing an zu schimpfen. Ich solle sein Gehöft verlassen». An seine Schwester schrieb der Berliner: «Jeden Tag habe ich Magenschmerzen, vom Essen hier. Erzähle Mutti und Papa nichts. [...] Ein Landhelfer hat sich hier vor kurzem erschossen.» Der Vorfall hatte ein Nachspiel, weil sich der Vater des Landhelfers beim Regierungspräsidenten in Gumbinnen beschwerte. Dort verschaffte man sich selbst einen Eindruck und räumte ein, dass der fragliche Bauer ein «ziemlich übler Mensch» sei und «einen schlechten Ruf» habe. Der Ortsbauernführer hingegen nahm seinen gewalttätigen Nachbarn in Schutz, und bis hinauf zum Kreisbauernführer tat der Reichsnährstand alles, um den Berliner zum Täter zu stempeln. Doch das half nichts. Der Regierungspräsident sorgte dafür, dass dem fraglichen Bauern künftig keine Landhelfer mehr zugewiesen wurden.[49]

Wer aber sollte die Erzeugungsschlacht schlagen und die Ernte einfahren, wenn die Abwanderung vom Land nicht gestoppt und dem Arbeitskräftemangel mit Landhelfern nur unzureichend begegnet werden konnte? Im April 1937 öffnete das Reich notgedrungen die Grenze und ließ ausländische Saisonarbeiter erstmals wieder offiziell ins Land, nachdem sie zuvor besonders von den ostelbischen Großbetrieben illegal beschäftigt worden waren. Binnen zwei Jahren verdreifachte sich ihre offizielle Zahl auf fast 190 000 Personen. Dazu war man auch deshalb gezwungen, weil nur wenige neue Bauern auf früherem Domänenland angesiedelt wurden. Die Zahl der neugeschaffenen Siedlerstellen ging schon seit 1934 zurück, und zugleich sank die insgesamt neuverteilte Fläche. Jährlich schuf die NS-Agrarpolitik weniger als halb so viele Siedlerstellen wie die Weimarer Republik.

Auch die in der Öffentlichkeit prominent herausgestellte Bodenkultivierung war in Wirklichkeit ein Fehlschlag. Durch die Trockenlegung von Mooren und andere Meliorationen konnte zwar tatsächlich neue Ackerfläche hinzugewonnen werden. Gleichzeitig ging aber weit mehr Ackerland durch Industrieansiedlung, Straßenbau und wegen des massiven Ausbaus der militärischen Infrastruktur verloren. Besonders viel Fläche fraßen die zahlreichen neuen Truppenübungsplätze. Hier kamen dieselben Prioritäten zum Ausdruck wie beim Reichsnaturschutzgesetz von 1935, das über die traditionelle Naturdenkmalpflege hinausging und nun erstmals überhaupt den Artenschutz gesetzlich regelte. Aber es enthielt eben auch die wichtige Einschränkung, dass Naturschutz nicht die Belange des Militärs, des Straßenbaus oder «lebenswichtiger Wirtschaftsbetriebe» stören durfte – und unter den Bedingungen der Aufrüstung galt fast jeder Industriebetrieb als lebenswichtig.

Demgegenüber flossen zu wenige Ressourcen in die Modernisierung der Landwirtschaft. Zwar nahm der Düngemittelverbrauch im Laufe der dreißiger Jahre deutlich zu. Im Jahr 1937/38 brachten die Bauern zwanzig Prozent mehr mineralischen Dünger auf die Felder als zwei Jahre zuvor. Dazu trugen auch staatliche Subventionen bei, etwa verbilligte Bahnfrachttarife für Kalk oder ein um zwanzig Prozent verbilligter Stickstoffpreis. Doch handelte es sich vor allem um einen Anstieg gegenüber dem extrem niedrigen Niveau der Weltwirtschaftskrise: verglichen mit den Weimarer Jahren investierten die Bauern weit weniger – was kaum überraschend war, hatte das Reichserbhofgesetz doch den Zugang zum Kapitalmarkt deutlich erschwert. Eine Produktivitätssteigerung erforderte Investitionen in den Maschinenpark, wie das Reichskuratorium für Technik in der Landwirtschaft Anfang 1937 betonte: Traktoren und Maschinen «schaffen Möglichkeiten der Ertragssteigerung, die diejenigen der künstlichen Düngung noch zu übertreffen scheinen. Der kleine Schlepper macht allein durch die Pferdeersparnis durchschnittlich eine Fläche frei, die für die Ernährung von 4–8 Menschen ausreicht. Der mittlere und große Schlepper macht durch den Ersatz von Pferden eine Fläche frei, die für die Ernährung von 15–20 Menschen ausreicht. Wird der Brennstoffbedarf im Inland gedeckt, so erspart der Schlepper an Devisen das 20–50fache seines Devisenbedarfs an Gummi durch geringere Einfuhr an Lebensmitteln!»

Tieferes Pflügen könne den Ertrag um zehn bis zwanzig Prozent steigern, und der Gauleiter von Köln-Aachen, einer Region mit mehreren großen Landmaschinenherstellern, empörte sich bei Darré: Bei «unserem nun einmal gegebenen Menschenmangel» seien «Motorisierung und Technisierung» unumgänglich; «wir sind doch keine Maschinenstürmer».[50] Tatsächlich stieg die Produktion von Ackerschleppern zwischen 1934 und 1938 von 2500 auf 30000, wovon freilich viele in den Export gingen. Die Planungen für einen «Volkstraktor», den besonders die verbreiteten Kleinbetriebe nutzen sollten, kamen jedenfalls über ein erstes Entwurfsstadium nie hinaus. Gleichwohl begann hier ein technischer Entwicklungspfad, der aber ähnlich wie bei der Automobilisierung der Deutschen erst nach dem Krieg voll zur Geltung kommen sollte.[51]

Vier Ziffern bringen das Desaster der NS-Agrarpolitik auf den Punkt: In den Friedensjahren des Dritten Reiches sank die Zahl der in der Landwirtschaft Beschäftigten im jährlichen Durchschnitt um 0,2 Prozent. Das war ein langsamerer Rückgang als zwischen 1925 und 1929, aber während damals die bewirtschaftete Fläche noch Jahr für Jahr um 0,76 Prozent zugenommen hatte, ging sie jetzt jährlich um fast 0,5 Prozent zurück. Die Arbeitsproduktivität nahm mit 2,3 Prozent zwar zu; allerdings nur noch halb so stark wie in den zwanziger Jahren. Ebenso die Produktivität des Bodens: Ihr Anstieg lag mit jährlich 2,6 Prozent nur noch rund zwei Drittel so hoch wie im Jahrzehnt davor.[52] Mit dem Ausbleiben messbarer Erfolge sank Darrés Ansehen, und so wurde auch die Bürokratie des Reichsnährstandes politisch angreifbar. Der Rittergutsbesitzer Tilo Freiherr von Wilmowsky beschwerte sich bei den Rüstungsoffizieren des Oberkommandos der Wehrmacht: «Die Nährstandsorganisation ist personell übersetzt. Die Kosten betragen ein Mehrfaches der früheren Organisationen. Sie werden im Lande überall scharf kritisiert.» Wilmowsky, der in die Familie Krupp eingeheiratet hatte, spottete: «Die Büros der Kreisbauernführer haben teilweise den Umfang eines kleinen Vorkriegs-Landratsamtes angenommen.»[53]

Im Herbst 1936 verlor Hitler die Geduld mit Darré. Die Dauerpropaganda der Erzeugungsschlacht führte nicht zu Produktivitätssteigerungen, und sie sicherte auch keine autarke Lebensmittelversorgung. Hitler sah sich darin bestätigt, dass eine dauerhafte Lösung nur in der Eroberung von Lebensraum liegen könne. Weil der Krieg nun immer näher rückte, sollte die Moral der Bevölkerung nicht mehr länger unter dem Importstopp und der Lebensmittelknappheit leiden. Die Flucht nach vorn begann, indem man wieder mehr Lebensmittel, Öle und Fette importierte. Gegenüber 1936 stieg der Wert der Einfuhren binnen zwei Jahren um knapp 60 Prozent. Darré blieb zwar im Amt, aber Hitler entmachtete ihn. Stattdessen übernahm Herbert Backe gemeinsam mit Göring die Zügel in der Agrarpolitik. Im Herbst 1938 verlor Darré im Konflikt mit Himmler auch die Leitung des Rasse- und Siedlungshauptamtes in der SS. In der Sudetenkrise musste jederzeit mit einer Mobilmachung gerechnet werden, so dass es nun an den nötigen Zügen der Reichsbahn mangelte, um das Landvolk zum Bückeberg zu transportieren. Folglich fiel das Reichserntedankfest 1938 aus – offiziell wegen der grassierenden Maul- und Klauenseuche. Aber auch in den Jahren darauf fand es nicht mehr statt.

Blickt man auf die Summe der konsumpolitischen Anstrengungen im Dritten Reich, auf Lebens- und Arbeitsbedingungen, Wohnung und Verkehr, Fabrik-, Land- und Stadtleben, ergibt sich insgesamt ein höchst widersprüchliches Bild. Zu einem nicht geringen Teil definierte sich die Volksgemeinschaft über demonstrative Teilhabe am Konsum: Wer beim sonntäglichen Eintopfessen oder bei der Spende fürs Winterhilfswerk und all den anderen Sammlungen nicht dabei war, gehörte nicht dazu. Dabei setzte das Regime auf Formen des Massenkonsums, die man so und weitaus stärker ausgeprägt auch in den USA fand – das demonstrierten fordistische Projekte wie der Volksempfänger und die daran anknüpfende Idee, eine Reihe von Konsumartikeln durch Vereinfachung, Standardisierung und Massenproduktion erschwinglich zu machen. In diesem Sinne war Konsum ein dezidiert politisches Programm, das die «Volksgenossen» für den NS-Staat gewinnen sollte, ebenso wie die Reform der Betriebs- und Agrarverfassung mehr im Sinn hatte als lediglich die Durchsetzung des Führerprinzips.

Konsum gewährte durchaus «private Freiheitsräume in einem Zwangsgehäuse»: Zwar bestimmten nicht die Vorlieben der Verbraucher das Angebot, sondern politisch-administrative Entscheidungen. Denen aber ging es – wie bei den KdF-Reisen – oft genug darum, die Illusion einer unpolitischen Sphäre des Konsums zu wecken. Über den Zugang zum Konsum entschied längst nicht mehr nur das Geld, sondern nötig waren bald auch die richtigen Kontakte, sozial angepasstes Verhalten und vor allem die Zugehörigkeit zur «arischen Rasse».[54] Dass viele konsumpolitische Vorhaben bereits Mitte der dreißiger Jahre scheiterten, führte anfangs dazu, die von der Propaganda geweckten Erwartungen auf die Zeit nach einem militärischen Sieg zu vertagen. Wichtig ist, dass dieses Scheitern nicht auf widrige äußere Umstände, sondern auf einen selbstgeschaffenen Zwang zurückging. Die Vorbereitung auf den Krieg hatte Vorrang, und entsprechend mussten die Konsumwünsche der Deutschen zurückstehen. Ein führender Rüstungsoffizier wie Georg Thomas brachte dies schonungslos auf den Punkt: «Mit Radioapparaten, Staubsaugern und Küchengeräten werden wir England niemals besiegen können».[55]

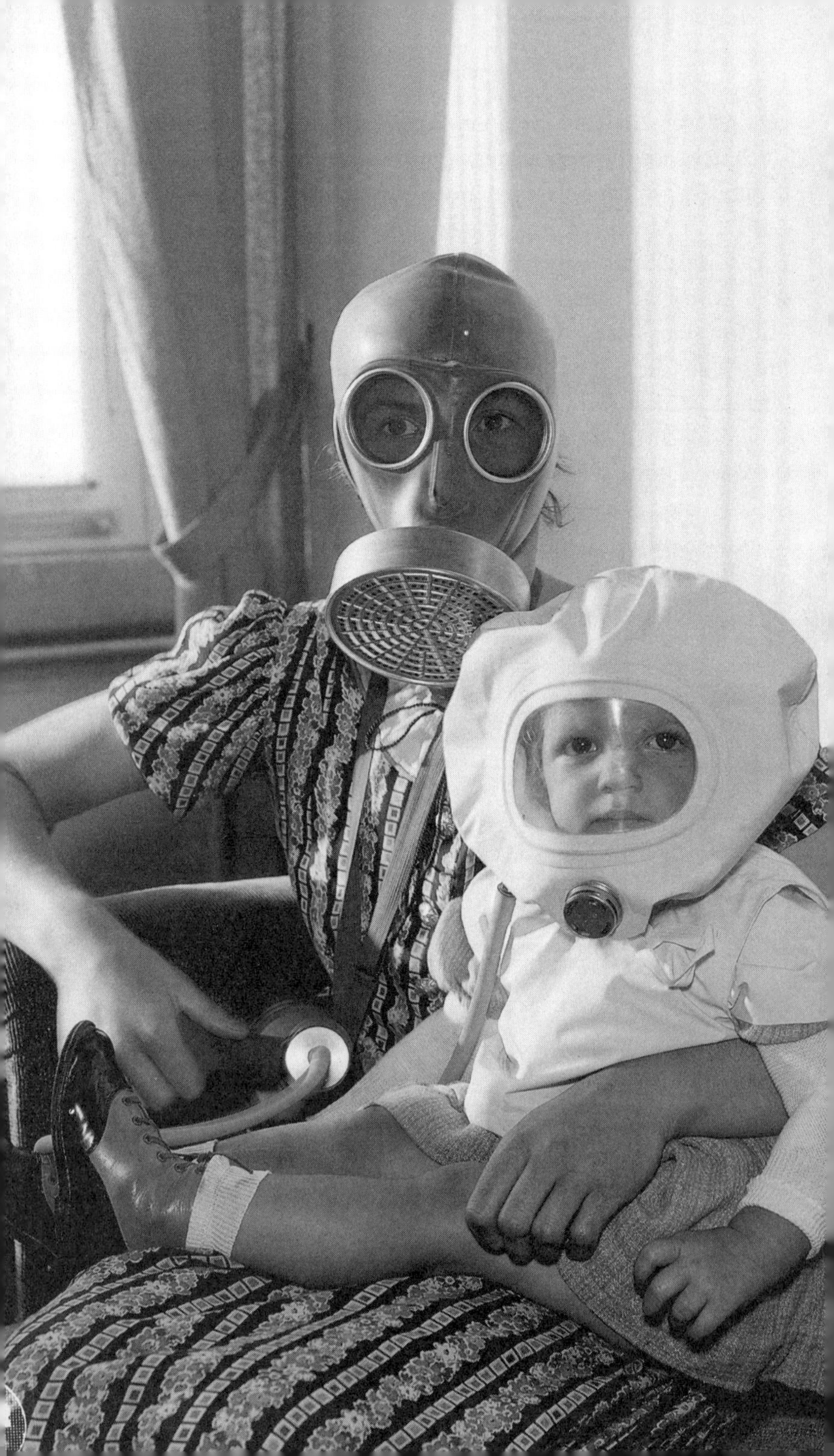

IV.

In den Krieg

Im Spätsommer 1936 stellte Hitler die Weichen für den großen Krieg, der binnen vier Jahren kommen sollte. Eben erst hatte er sich gemeinsam mit Mussolini auf die Seite der eigentlich bereits geschlagenen Putschisten im spanischen Bürgerkrieg gestellt und Franco militärische Unterstützung zugesichert. Italien hatte das offizielle Ende seines Kolonialkriegs in Abessinien zwar verkündet, ging dort aber noch immer mit äußerster Brutalität gegen Rebellen und Zivilbevölkerung vor. Italienische Flieger setzten in Afrika immer wieder Giftgas ein, was wiederum die deutschen Rüstungsplaner alarmierte.

Im November 1936 gab das Reichsluftfahrtministerium eine sogenannte Volksgasmaske in Auftrag, die in großer Stückzahl produziert und schon bald an die Deutschen verteilt werden sollte. Ähnlich wie beim Volksempfänger handelte es sich um ein vereinfachtes und standardisiertes Produkt; die Berliner Auergesellschaft und die Lübecker Dräger-Werke entwickelten es gemeinsam. Im Frühjahr 1937 lief die Produktion an und sorgte für volle Auftragsbücher. Während man bei Dräger noch versuchte, zivile Produktionsbereiche wie die Medizintechnik nicht verkümmern zu lassen, setzte die Auergesellschaft ganz auf die Rüstungskonjunktur und machte bald fast 90 Prozent ihres Umsatzes mit Gasmasken.[1]

Der Start der Volksgasmaske verlief holprig. Göring kündigte sie im Juni 1937 öffentlich an, obwohl noch ungeklärt war, ob sie kostenlos verteilt werden sollte. Goebbels sah sich daraufhin gezwungen, die Propagandamaschine wieder zu stoppen. Erst im Herbst verteilte die Nationalsozialistische Volkswohlfahrt die Masken dann im Rahmen einer Luftschutzaktion, bei der man zum Brandschutz auch die Dachböden entrümpelte. Fünf Mark sollte sie nun kosten, damit «sorgfältig damit umgegangen wird».[2] Bald darauf übernahm auch der Reichsluftschutzbund die Verteilung. In Passau forderten beispielsweise die Blockwarte jede Familie zum Kauf auf. Die dortige Lokalpresse betonte, dass es sich um eine «Friedensangelegenheit» handelte, denn im Ernstfall sei es dafür zu spät.[3]

Hausfrauen und Mütter durften sich von Illustrierten angesprochen fühlen; sie brachten Fotostrecken über die Volksgasmaske und informierten auch über deren Zubehör. Waren die Kinder zu klein, musste entweder eine geeignete Schutzhaube her, ein Kinderwageneinsatz oder gar ein Gasschutzbettchen für den Säugling.[4] Auch führte die NS-Frauenschaft überall Informationsabende durch, die allerdings «unter keinen Umständen [...] Unruhe oder Furcht» hervorrufen durften.[5] Dem Propagandaministerium war besonders wichtig, dass die Presse im Zusammenhang mit der Volksgasmaske nicht «in Kriegspsychose» machte.[6] Doch das war Wunschdenken, denn die meisten derer, die nun gezwungen waren, erstmals eine Gasmaske anzuprobieren und dabei spürten, wie schwer das Atmen durch den Filter fiel, dürften spätestens jetzt ins Grübeln gekommen sein.

«Gebt mir vier Jahre Zeit»

Im Sommer 1936 gelangte die Aufrüstung an einen kritischen Punkt. Nach zwei Jahren massiver Importbeschränkungen hatte die deutsche Industrie ihre Rohstoffvorräte fast vollständig aufgebraucht, so dass beispielweise Öl und Kautschuk nur noch für wenige Wochen vorhanden waren. Die Stahlindustrie plante eine Kürzung ihrer Produktion, um die schwindenden Schrott- und Erzreserven zu schonen: Hochöfen und Stahlwerke mussten kontinuierlich arbeiten, andernfalls drohten Schäden und langer Stillstand. Während die Reichsbank ein Devisendefizit von etwa einer halben Milliarde Mark erwartete, stiegen gleichzeitig die Importanforderungen aus Landwirtschaft und Militär. Schon im Laufe des Jahres 1935 hatten Heer, Luftwaffe und Marine ihre Rüstungspläne stark ausgedehnt, was nicht zuletzt eine Antwort auf den von Hitler in Gang gesetzten internationalen Rüstungswettlauf gewesen war. Und bereits ab November 1935 galt bei den Wehrmachtsplanern die Devise, künftig nur noch auf das militärisch Notwendige zu schauen, Hjalmar Schachts Hinweise auf die «wirtschaftlichen Grenzen» jedoch zu ignorieren.

Der Reichsbankpräsident und amtierende Wirtschaftsminister isolierte sich: Neben seine Dauerfehde mit Landwirtschaftsminister Darré trat nun der Konflikt mit dem Militär, und Anfang 1936 brachte er auch die Autarkiepolitiker rund um Wilhelm Keppler endgültig gegen sich auf. Dessen Sonderstab versuchte die Stahlindustrie zur Verhüttung inländischer Erze zu bewegen, scheiterte aber an deren Hinhaltetaktik. Auch Schacht durchkreuzte Kepplers Pläne und verwies auf die immensen Kosten. Wenige Tage nach der Besetzung des entmilitarisierten Rheinlandes fand Hitler im April 1936 dann eine für ihn typische Lösung, indem er eine zusätzliche Instanz schuf und Hermann Göring zum Beauftragten des Reiches für Rohstoff- und Devisenfragen ernannte.

Göring ging sofort daran, Schacht kaltzustellen. Er hatte erkannt, dass die Sachzwänge des Devisenmangels den Reichsbankpräsidenten mit einem starken Machtmittel ausgestattet hatten, das er ihm aus der Hand nehmen wollte. Per Verordnung sorgte er dafür, dass Privatleute und Unternehmen sämtliche Devisen beim Reich abzuliefern hatten. Zuständig für diesen gewaltsamen Übergriff auf das Privateigentum war die Gestapo, die eigens ein Reinhard Heydrich unterstelltes Devisenfahndungsamt errichtete. Der einmalige Ertrag der Aktion sollte das Devisenkonto entlasten und Göring zum gewünschten Handlungsspielraum verhelfen, und das mit Erfolg: Binnen Jahresfrist kam fast eine halbe Milliarde Mark zusammen. Im Juli verbündete sich Göring mit Schachts Intimfeinden Wilhelm Keppler und Herbert Backe. Ihnen bot er die Mitarbeit in einer neuen Organisation an, die eine systematische Ausbeutung der heimischen Ressourcen vorantreiben und so erst die Voraussetzung für den Krieg schaffen sollte: den späteren Vierjahresplanapparat. In seiner Eigenschaft als Reichsluftfahrtminister veranlasste Göring zudem ein Signal an die Rüstungsplaner: Die Luftwaffe sollte ihre volle Kampfkraft weit schneller als ursprünglich geplant erreichen. Mit dem August-Programm übertraf die Wehrmachtsführung noch einmal die ohnehin schon üppigen Planungen des Vorjahres. Das Kriegsheer sollte ein Jahr schneller und damit bereits 1940 vollständig gerüstet sein. Statt 63 sollte es jetzt 102 Divisionen umfassen, was mit 3,6 Millionen Soldaten gleichbedeutend war. Bis 1939 würde sich der Finanzbedarf von knapp 11 auf fast 27 Milliarden Mark erhöhen.[7]

Göring tat alles dafür, um die möglichen Alternativen sichtbar zu machen. Er gab zwei Denkschriften in Auftrag, die nicht nur die Option einer Reichsmark-Abwertung prüften und das Bewirtschaftungs- und Exportförderungssystem des Neuen Plans verwarfen, sondern sogar die Chancen einer handelspolitischen Wiederannäherung an Großbritannien und die USA ausloteten. Hinzu kam, dass nun auch in der Wehrmacht Stimmen laut wurden, die nach einer politischen Entscheidung verlangten. Friedrich Fromm machte deutlich, dass die Wirtschaft mit dem August-Programm in einem Ausmaß für militärische Zwecke eingespannt werde, das «für längere Zeit untragbar» sei. Der Leiter des Allgemeinen Heeresamtes warnte ausdrücklich vor einer Eigendynamik der Rüstung, weil die militärischen Planungen über kurz oder lang in eine gesamtwirtschaftliche Zwangslage münden mussten. Sie drohte die Politik aller Entscheidungsalternativen zu berauben und den Krieg am Ende geradezu unvermeidlich zu machen. Doch wenig später hielt Fromms Stabschef frustriert fest: «Anscheinend ist nie etwas von unseren Schmerzen und Vorschlägen dem Führer vorgetragen worden.»[8]

Wohl aber fällte Hitler die gewünschte politische Entscheidung. Von Göring laufend ins Bild gesetzt, schaltete er sich vom Obersalzberg aus mit einer höchstpersönlich verfassten Denkschrift ein. Sein vorrangiges Ziel bestand in der «Erweiterung des Lebensraumes bzw. der Rohstoff- und Ernährungsbasis», und die Funktion der Wirtschaft reduziert er darauf, die nötigen Ressourcen bereitzustellen. Wirtschaftspolitik sollte vollends zum Instrument der Rüstungspolitik werden, und in diesem Sinne präsentierte Hitler eine Reihe von konkreten Forderungen. Die laufenden Programme zur Treibstoffautarkie sollten binnen anderthalb Jahren abgeschlossen, die nötigen Kapazitäten zur Herstellung von synthetischem Kautschuk so schnell wie möglich errichtet und generell alle Verfahren genutzt werden, die Deutschland vom Rohstoffimport unabhängig machten. Das galt besonders für die Verhüttung deutscher Eisenerze. Hitler machte deutlich, dass die Autarkieproduktion «ohne Rücksicht auf Kosten» ausgebaut werden müsse, und er richtete massive Drohungen an die Adresse der «schlauen Wirtschaftspolitiker» und all der anderen «Theoretiker», die eine Umsetzung bislang behindert hätten. Die Wirtschaft habe ausschließlich dem «Selbstbehauptungskampf unseres Volkes» zu dienen, und notfalls werde der «nationalsozialistische Staat aus sich heraus diese Aufgabe» lösen, was einer Drohung mit der Verstaatlichung gleichkam. Auch verlangte er ein Gesetz, das «für Wirtschaftssabotage die Todesstrafe vorsieht». Die Armee müsse in vier Jahren ebenso «einsatzfähig» sein wie die Wirtschaft «kriegsfähig».[9]

Hitler gab sein Papier nur Göring und Reichskriegsminister Blomberg; der eigentlich zuständige Schacht hingegen hörte erst Anfang September, dass der «Führer» auf dem Reichsparteitag ein Wirtschaftsprogramm verkünden werde. Am 4. September tagte der Ministerrat, und dort hatte Göring seinen großen Auftritt: Er las die passenden Auszüge aus der Denkschrift vor und präsentierte diese als Generalanweisung, die ihn zum Aufbau des nötigen Apparates ermächtige. Kurz darauf verkündete Hitler eine deutlich entschärfte Fassung vor dem Nürnberger Parteitagspublikum. Am 18. Oktober 1936 ernannte er Göring schließlich zum Beauftragten für den Vierjahresplan und stattete ihn mit weitreichenden Vollmachten aus. Wenige Tage später stellte der frischgebackene Wirtschaftsdiktator der Öffentlichkeit sein Programm vor. Im Berliner Sportpalast präsentierte Göring den Vierjahresplan als ein Instrument, das vor allem dazu diente, die Ernährung der Deutschen sicherzustellen. Jetzt fand das offensive Bekenntnis «Kanonen statt Butter» Eingang in die offizielle Sprache des Dritten Reiches.

Fortan war immer vom zweiten Vierjahresplan die Rede, um an ein seit 1933 eingeführtes Motiv der Propaganda anzuknüpfen. Vor den Märzwahlen hatte Hitler bei verschiedenen Gelegenheiten verlangt, man möge ihm vier Jahre Zeit einräumen, um Deutschland grundlegend zu verändern. Damals hatte Goebbels die Presse angewiesen, darüber stets unter der Überschrift «Gebt mir vier Jahre Zeit» zu berichten. Er führte auch jetzt wieder Regie und präsentierte den Wirtschaftsaufschwung und die faktische Beseitigung der Arbeitslosigkeit als Erfolge eines ersten Vierjahresplanes, den es so nie gegeben hatte.[10] Ein Goebbels-Vertrauter brachte nun die «Dokumente zum ersten Vierjahresplan des Führers» heraus, und mit großem Propagandaaufwand präsentierte man 1937 zwei große Leistungsschauen. Jene in Berlin stand erneut unter dem Titel «Gebt mir vier Jahre Zeit», während die Düsseldorfer Messe «Schaffendes Volk» neben den Errungenschaften des Aufschwungs auch das Autarkieprogramm des Vierjahresplanes präsentierte.[11]

Dort war selbstverständlich nicht die Rede davon, dass der Plan die deutsche Wirtschaft auf einen Angriffskrieg vorbereiten sollte. Genauso verstanden die Deutschen jedoch Görings öffentliche Ankündigungen. Immer wieder stellten jetzt die Berichte der Exil-SPD die grassierende «Kriegspsychose» heraus. Den Vierjahresplan empfinde jeder als unmittelbare Kriegsvorbereitung, und die Bevölkerung nehme «die Lasten nur unwillig auf sich». Längst gewöhnten sich die Menschen an die «Zwangsläufigkeit der Entwicklung zum Kriege». Jeder waffenfähige Mann habe seinen Gestellungsschein für den Fall der Mobilmachung bereits erhalten, und wohin man auch schaue, «ob man in das südliche Schwaben, in den Chiemgau, nach München oder in den Bayerischen Wald» komme, überall höre man: «Jetzt kommt bald der Krieg», und nirgends herrsche darüber «auch nur die bescheidenste Begeisterung». Gleichlautende Berichte trafen aus Berlin und aus Sachsen ein, und in Südwestdeutschland sahen sich die Lehrer gezwungen, das Thema im Unterricht zu behandeln.[12] Göring wurde im Dezember deutlicher als je zuvor, als er knapp hundert Industrielle im Berliner Preußenhaus auf die Ziele des verschärften Autarkiekurses einschwor: «Es ist kein Ende der Aufrüstung abzusehen. Allein entscheidend ist hier der Sieg oder Untergang. Wenn wir siegen, wird die Wirtschaft genug entschädigt werden. Man kann sich hier nicht richten nach buchmäßiger Gewinnrechnung, sondern nur nach den Bedürfnissen der Politik. [...] Wir stehen bereits in der Mobilmachung und im Krieg, es wird nur noch nicht geschossen.»[13]

Der Vierjahresplan beendete offiziell zwar Schachts Neuen Plan, tatsächlich führte er dessen Politik in wichtigen Bereichen aber fort, etwa beim Außenhandel oder dem Versuch, den zivilen

Konsum zu lenken und die Inflation hinter staatlich administrierten Preisen aufzustauen. Göring verkündete Ende November 1936 einen allgemeinen Preisstopp, und nach dem Muster des Reichsnährstandes sollte die Preisbildung nun gezielt gesteuert werden, um beispielweise die Autarkieproduktion privatwirtschaftlich rentabel zu machen. Daneben trat eine Lenkung und Kontingentierung knapper Rohstoffe, zunächst beim Stahl. Anfang 1937 genügte die heimische Produktion nicht mehr der Nachfrage, und die im Februar begonnene Stahlkontingentierung verlangte von den Stahlverbrauchern, ihren Bedarf künftig anzumelden. Ziel war eine zentrale Überwachung und Zuteilung je nach militärischer Dringlichkeit. Neu am Vierjahresplan war, dass er sämtliche staatliche Lenkungskompetenzen vereinte, mit denen jene Produktionsanlagen errichtet werden sollten, die aus militärischer Sicht nötig waren. Und er sorgte zugleich dafür, die militärischen Planvorgaben in wirtschaftliche Zielgrößen wie Produktionsanlagen, Fertigungskapazitäten und dergleichen zu übersetzen.

Um diese Planziffern zu erreichen, mussten nicht nur knappe Roh- und Baustoffe, sondern auch Arbeitskräfte verteilt werden, die man beim Aufbau der zusätzlichen Autarkie- und Rüstungsproduktion benötigte. Diese waren so knapp, dass man beim Oberkommando der Wehrmacht im Herbst 1937 die Erfahrungen auszuwerten begann, die man während des Weltkrieges mit ausländischen Zwangsarbeitern gemacht hatte. Im Juli 1938 ordnete Göring dann für den Ernstfall bereits die Beschäftigung von Kriegsgefangenen an. Entscheidend war jedoch die Investitionslenkung, denn auch der Vierjahresplan blieb bei der Umsetzung auf die Privatwirtschaft angewiesen. Göring sorgte nun dafür, dass kein Unternehmen mehr frei über seine Investitionen entscheiden konnte. Wollte ein Betrieb seinen Maschinenpark erweitern oder gar eine neue Fertigung errichten, benötigte er zunächst eine Genehmigung. Was der Aufrüstung nicht nutzte oder nicht nachweisbar Devisen sparte, hatte kaum Aussicht auf Bewilligung; das kannte man bereits aus einzelnen Branchen, etwa der Textilindustrie, doch nun galt es für die gesamte deutsche Wirtschaft. So koordinierte der Vierjahresplan ab 1937 die Hälfte aller industriellen Investitionen und lenkte sie in die Autarkiewirtschaft. Zwar handelte es sich dabei ganz überwiegend um private Mittel, nicht um Steuergeld. Aber erst der Vierjahresplan machte die meisten Vorhaben für die Unternehmen überhaupt rentabel. Hier kamen dieselben Instrumente zum Einsatz wie bei der synthetischen Treibstoff- und Textilfaserproduktion: vor allem Wirtschaftlichkeitsgarantieverträge und Schutzzölle, aber auch Staatsbürgschaften, Sonderkredite und Steuererleichterungen.

So umfassend die Kompetenzen waren, die Göring an sich riss, so gering war sein Interesse, eine funktionstüchtige Organisation aufzubauen. Deren Kern bildete zunächst das Amt für Deutsche Roh- und Werkstoffe, in dem sich vor allem die Exponenten der bisher von Wilhelm Keppler betriebenen Autarkiepolitik versammelten. Die Leitung übernahm mit Fritz Löb ein Rüstungsoffizier, der ursprünglich das Beschaffungswesen in Görings Reichsluftfahrtministerium koordiniert hatte. Er schuf einen schwerfälligen und bürokratischen Apparat, der binnen zwei Jahren an seine Grenzen stieß. Das Beispiel der Stahlkontingentierung unterstreicht, warum das so war. Die Stahlverbraucher stellten sich innerhalb weniger Monate auf die bürokratische Steuerung ein, indem sie aus Angst vor Versorgungslücken kurzerhand überhöhten Bedarf anmeldeten. Göring tobte, weil diese «Hamsterpsychose» entgegen der ursprünglichen Absicht dafür sorgte, dass Stahl noch knapper wurde. Schon im Sommer 1937 ernannte er mit Hermann von Hanneken daher einen Bevollmächtigten für die Eisen- und Stahlbewirtschaftung, und dieser stellte die Bewirtschaftung schon bald um. In enger Abstimmung mit den Unternehmen legte Hanneken nur für Fertigprodukte wie Bleche, Draht oder Träger ein monatliches Erzeugungsziel fest, das im Einklang mit den Anforderungen der Rüstung und den Möglichkeiten des Rohstoffimports stand. Aus der eigentlichen Aufteilung dieser Quoten auf die einzelnen Werke hielt er sich heraus, dies sollten die Branchenorganisationen der Industrie erledigen.[14]

Weil sich die Beschwerden aus der Industrie häuften und bis zum Sommer 1938 zu wenige Fortschritte sichtbar geworden waren, kam es nun zum großen Revirement. Löb wurde weggelobt, und nach dem Muster von Hannekens setzte Göring eine Reihe von Generalbevollmächtigten ein, die über die nötigen Branchenkenntnisse verfügten.

Zur wichtigsten Person des Vierjahresplanes wurde Carl Krauch, der Generalbevollmächtigte für Sonderfragen der chemischen Erzeugung. Er hatte seit 1935 die Zusammenarbeit der I. G. Farben mit Politik und Wehrmacht koordiniert, und im Amt für deutsche Roh- und Werkstoffe war er für die autarkiewirtschaftlich entscheidende Abteilung Forschung und Entwicklung zuständig gewesen. Krauch war Chemiker und vertrat innerhalb der I. G. Farben jene Hochdrucksparte, die vom Autarkieprogramm besonders profitierte. Er berief reihenweise Experten der I. G. in die Schlüsselpositionen des Vierjahresplanes, und erst seit 1938 ließ er auch sein Vorstandsamt beim Frankfurter Chemiekonzern ruhen. Sein Beispiel demonstriert ähnlich wie Hannekens Lösung für das Kontingentierungsproblem beim Stahl, dass die Lenkungsbefugnisse des Vierjahresplans den Zielen der Unternehmen nicht zwangsläufig entgegenlaufen mussten. Die Interessenkongruenz zwischen I. G. Farbenindustrie und Vierjahresplan jedenfalls war einzigartig: Knapp zwei Drittel seiner anfänglichen Investitionen entfielen allein auf den Chemiekonzern, der über die nötige Technologie verfügte, um eine autarke Mineralöl-, Sprengstoff- und Pulverproduktion aufzubauen und der in der Herstellung von Kunstseide und Viskose ebenso bedeutend war wie bei der Giftgas-Forschung. Erst 1938 war auch das in Schkopau bei Merseburg erstmals im großindustriellen Maßstab erprobte Syntheseverfahren zur Gewinnung von Kautschuk («Buna») ausgereift, so dass mit dem Bau eines zweiten Werks bei Marl begonnen und nach dem Standort für ein drittes Werk gesucht wurde.

Weniger harmonisch war die Situation in der Montanindustrie. Dem Branchenprimus Vereinigte Stahlwerke gehörten riesige Erzvorkommen rund um Salzgitter und in Österreich. Daneben besaßen auch noch andere Unternehmen unerschlossene Eisenerzvorkommen in Oberfranken und Südbaden, darunter Krupp, Flick und die Gutehoffnungshütte. Gegen die von den Autarkiepolitikern seit 1933 immer wieder verlangte Erschließung dieser Vorkommen hatten sie sich seit je gesträubt und dafür gute wirtschaftliche Gründe angeführt. So hatten die Vereinigten Stahlwerke vor der Weltwirtschaftskrise zu fast 90 Prozent importiertes Erz verhüttet, und trotz des Devisenmangels sank dieser Anteil bis 1939 nur auf knapp 70 Prozent. Sie bezogen den Rohstoff vorwiegend per Schiff aus Schweden, und das heimische Erz mit seinem geringen Eisengehalt bezeichneten die Hüttenleute abfällig als Blumenerde. Während schwedisches Erz etwa 60 Prozent Eisenanteil aufwies, lagen die Vergleichswerte in Salzgitter und Oberfranken teils bei unter 30 Prozent. Zwar hätte man diesen Rohstoff durchaus verwenden können. Doch hätte dies eine teure Aufbereitung erfordert, um den Eisengehalt auf über 40 Prozent zu steigern. Hinzu kamen hohe Frachtkosten und ein erhöhter Koksverbrauch der Hochöfen.

Vor diesem Hintergrund erklärte Göring gegenüber den Montanindustriellen im Frühjahr 1936, es komme nun gar nicht darauf an, «was rentabel und bequem sei, sondern was unsere Devisenlage erleichtere». Selbst Friedrich Flick, dessen Werke in der Oberpfalz und in Thüringen traditionell Erz aus der Region verhütteten, hatte da widersprochen. Für die Unternehmen sei ein entsprechendes Engagement keine Frage des guten Willens, sondern in erster Linie «eine Kostenfrage». Das sollte wohl heißen: Bei einer ähnlich umfassenden Subventionierung wie im Fall der chemischen Syntheseproduktion wäre die Montanindustrie wohl auch zu einem verstärkten Engagement in der Erzförderung bereit gewesen. Doch dazu kam es nicht.[15] Auf eigenes Risiko wollten weder die Vereinigten Stahlwerke noch die Gutehoffnungshütte in den heimischen Erzbergbau investieren, dessen langfristige Rentabilität höchst fraglich schien. Hinzu kam, dass man an der Ruhr bis dato auf Schachts Rückendeckung hatte bauen können. Vor dem Hintergrund der Eisen- und Stahlknappheit arbeitete Paul Pleiger im Amt für Deutsche Roh- und Werkstoffe zielstrebig auf einen Staatsbetrieb hin. Er konnte damit an alte Pläne des Militärs anknüpfen, denn das Heereswaffenamt hatte 1929 schon einmal mit den Vereinigten Stahlwerken über ein solches Hüttenwerk bei Salzgitter verhandelt. Nachdem zuletzt vor allem über die Frage gestritten worden war, in welchem Umfang die Ruhrindustrie das teure Inlandserz beimischen sollte, setzte Pleiger jetzt einen neuen Akzent: In Salzgitter sollte ein gänzlich neues Werk entstehen und ausschließlich das dortige Erz verhütten.

Es war daher kein ökonomisch sinnvolles, sondern ein wehrwirtschaftliches Projekt, das Pleiger im Frühsommer 1937 vorantrieb. Zugleich begann damit die entscheidende Konfrontation mit Schacht. Göring drohte, mit dem «privatkapitalistischen Egoismus» Schluss zu machen, und ließ tatsächlich ein Staatsunternehmen gründen, die Reichswerke AG für Erzbergbau und Eisenhütten «Hermann Göring». Das Unternehmen werde mehrere Hüttenwerke errichten; eine eigens erlassene Verordnung ermöglichte die Enteignung der dazu nötigen Erzfelder. Schacht schlug sich sofort auf die Seite der Vereinigten Stahlwerke und drohte mit Rücktritt. Gemeinsam mit deren Führung und mit Paul Reusch, dem Vorstandschef der Gutehoffnungshütte, versuchte er, Görings Angriff auf die Privatwirtschaft abzuwehren und die übrigen Unternehmer der Branche zu mobilisieren. Umgekehrt hintertrieben Pleiger und Göring eine gemeinsame Verteidigungsfront der Privatwirtschaft; sie setzten darauf, einzelne Unternehmen, die ein wirtschaftliches Interesse an der Autarkiepolitik hatten, aus der vom Stahlverein angeführten Verteidigungsfront herauszulösen – dazu zählten neben der staatlichen Ilseder Hütte vor allem der Kölner Stahlhändler Otto Wolff und der

Saarindustrielle Hermann Röchling. Dazwischen lavierten Flick, Krupp, Mannesmann und Hoesch, denen einerseits gute Kontakte zu Göring wichtig waren, die andererseits aber die Gründung des Staatsunternehmens und die dazu nötigen Enteignungen aus ordnungspolitischen Gründen ablehnten.[16]

Als die Führung des Stahlvereins Ende August versuchte, eine von allen Montankonzernen unterzeichnete Denkschrift verabschieden zu lassen, setzte Göring die Beteiligten per Telegramm unter Druck. Wer die Denkschrift unterzeichne, mache sich der Sabotage verdächtig. Als dann lediglich Peter Klöckner und die Gutehoffnungshütte Zustimmung signalisierten, fünf weitere Montanunternehmen jedoch ablehnten, ließ Ernst Poensgen von den Vereinigten Stahlwerken die Abstimmung abbrechen. Europas größter Stahlkonzern war unterlegen. Seine Erzfelder hatte er gegen eine Entschädigung abzugeben, die lediglich die geringen Erschließungskosten kompensierte. Die Enteignung bildete die Grundlage für den Aufbau des Hüttenwerks in Salzgitter, und unter dem Eindruck der Ereignisse machten auch die übrigen Erzbesitzer Zugeständnisse. Sie nahmen unrentable und bereits vor Jahrzehnten stillgelegte Gruben wieder in Betrieb. Der Ausgang dieses Scharmützels demonstrierte der Stahlindustrie ihren relativen Bedeutungsverlust. Noch immer war Stahl zwar der entscheidende Werkstoff der Aufrüstung, doch der Schwerpunkt der Vierjahresplan-Investitionen lag eindeutig bei Großchemie und Investitionsgütern, etwa bei der Flugzeug- und Buna-Produktion. Bereits vor dem Krieg wurde das Ruhrgebiet abgehängt. Während die mitteldeutsche Industrieproduktion zwischen 1936 und 1939 um fast 37 Prozent zunahm, hinkte der industrielle Westen – aus militärischer Sicht ungünstig gelegen – mit einem Wachstum von knapp 23 Prozent hinterher.[17]

Die Reichswerke-Krise vom Sommer 1937 brachte zugleich die endgültige Entscheidung im Machtkampf zwischen Göring und Schacht. Obwohl Hitler das von Schacht unterbreitete Rücktrittsangebot zunächst noch nicht annahm, hatte Göring die Auseinandersetzung gewonnen. Erst im November trat Schacht dann als amtierender Wirtschaftsminister zurück, und für einige Monate übernahm nun Göring die kommissarische Leitung des Ressorts, ehe er sie an Walther Funk abgab. Diese kurze Übergangszeit genügte vollauf, um die wirtschaftspolitische Vorherrschaft des Vierjahresplan-Apparates abzusichern. Schacht blieb als Präsident der Reichsbank im Amt, obwohl Hitler deren politische Unabhängigkeit auch formell beendet hatte. Immer wieder stellte er sich nun gegen die «hemmungslose Ausgabenwirtschaft der öffentlichen Hand» und warnte vor der akuten Inflationsgefahr, zuletzt in einer umfangreichen Denkschrift vom 7. Januar 1939: «Das unbegrenzte Anschwellen der Staatsausgaben sprengt jeden Versuch eines geordneten Etats, bringt trotz ungeheurer Anspannung der Steuerschraube die Staatsfinanzen an den Rand des Zusammenbruchs und zerrüttet [...] die Währung. [...] Keine Notenbank ist imstande, die Währung aufrechtzuerhalten gegen eine inflationistische Ausgabenpolitik des Staates».[18] Es war ein kaum verklausuliertes Rücktrittsgesuch, das vom gesamten Reichsbankdirektorium unterzeichnet war, und Hitler reagierte wie gewünscht: Wenige Tage später entließ er Schacht.

Der Vierjahresplan vollendete jene gelenkte Marktwirtschaft, an deren Errichtung Schacht maßgeblich beteiligt gewesen war. In diesem Sinne lediglich den Endpunkt einer bereits in der Weltwirtschaftskrise begonnenen Entwicklung markierend, schuf Göring gemeinsam mit Industriemanagern wie Carl Krauch die wirtschaftlichen Voraussetzungen für den Krieg. Signal dafür war der Schnellplan vom August 1938, der die «maximale Steigerungsmöglichkeit» der Pulver-, Sprengstoff- und Kampfstoffproduktion bis Herbst 1939 festschrieb. Gegenüber den hohen Ansätzen des ursprünglichen Plans von Ende 1937 sollte der Ausstoß von Pulver nochmals um 260 Prozent, von Mineralöl um 475 Prozent, von Flugbenzin um 760 Prozent und von Kautschuk um sagenhafte 2300 Prozent gesteigert werden. Der von Krauch unterbreitete Plan nahm nicht nur das Datum des späteren

Kriegsbeginns vorweg, sondern versuchte im Machtkampf der konkurrierenden Behörden, vor allem das Heereswaffenamt mit seiner bürokratischen Akribie für mögliche Verzögerungen haftbar zu machen. Hier wie dort bedeutete Lenkung freilich nicht automatisch staatlichen Zwang wie im Fall der Reichswerke-Krise: Als effektiver erwiesen sich die goldenen Zügel finanzieller Anreize und Gewinngarantien, die etwa den Aufbau der Syntheseproduktion begleiteten.

Anders als Hitlers Verdikt suggeriert, wonach man die Rüstungsproduktion «ohne Rücksicht auf Kosten» ausbauen werde, verabschiedeten sich gerade die von Krauch angegriffenen Beschaffungsämter nun immer häufiger von den verschwenderischen Kostenzuschlagsverträgen. Wer Munition, Granaten oder Flugzeugteile herstellen wollte, willigte nun mehrheitlich in sogenannte Festpreisverträge ein. Je effektiver ein Betrieb fertigte, umso höher fiel nun der Gewinn aus. Damit dieser nicht aus dem Ruder lief, überprüften die Beschaffungsämter die Selbstkosten der Unternehmen und senkten die Festpreise schrittweise. Schon die vertragliche Gestaltung der Rüstungsaufträge setzte also markante Anreize für die Rationalisierung der Produktion.

Als nicht eben effektiv hatte sich die Praxis erwiesen, auch die Herstellung von Halbzeug und Rohfabrikaten zentral zu steuern. Im Laufe des Jahres 1938 ging man dazu über, nur noch das fertige Produkt beim Hersteller einzukaufen. Die Auswirkungen waren beim sächsischen Stahlwerk Gröditz zu beobachten: Dort stellte man bisher sogenanntes Rohrhalbzeug her, aus dem andere Betriebe anschließend Geschütze produzierten. Gröditz hielt sich aus der Endfertigung heraus, weil dazu hohe Investitionen nötig gewesen wären, die ausschließlich der Rüstung dienten. Weil die Preisprüfer des Militärs dem Werk sehr günstige Konditionen gewährt hatten, war man in Gröditz sofort alarmiert, als man von den neuen Beschaffungsmodalitäten hörte, für «die wir von vornherein wohl andere Preise machen müssen». Lieber stieg man selbst in die Geschützfertigung ein. Die Planungen begannen im Laufe des Sommers, und die Marine förderte das Vorhaben mit einem zinslosen Darlehen über 14,25 Millionen Mark – ein enormer Betrag, der recht genau einem steuerlichen Jahresgewinn der Konzernmutter entsprach.[19]

Der Vierjahresplan schuf eine Kriegswirtschaft im Frieden, das galt nicht nur für den Grad der Rüstungsanstrengungen, sondern mehr noch für die Radikalität ihrer Methoden. Eine Steigerung des Exports war längst keine ernsthaft erwogene Option zur Deckung des Devisenmangels mehr, stattdessen hoffte man nun auf militärische Beute. Mustergültig verkörperte diese Strategie Paul Pleiger. Mit Görings Rückendeckung nutzte er die Expansion des Dritten Reiches nach Österreich, ins Sudetenland und nach Böhmen und Mähren, um einen gewaltigen Industriebesitz zusammenzuraffen – offiziell herrschte da noch immer Frieden, und viele bewunderten Hitler als «General Unblutig». Gemessen an Pleiger, einem nationalsozialistischen Parvenü, erschien Schacht zwar als Führungsfigur der nationalkonservativen alten Eliten in der Ministerialbürokratie. Aber auch er trug dazu bei, die Raubökonomie salonfähig zu machen. Schacht hatte jedenfalls nichts dagegen einzuwenden, dass der Reichsbank beim «Anschluss» Österreichs auch die beträchtlichen Reserven der Wiener Notenbank in die Hände fielen, deren genauer Wert bis heute umstritten ist. Konservative Berechnungen gehen davon aus, dass die deutsche Rüstungswirtschaft Devisen und Gold im Wert von etwa 800 Millionen Reichsmark erbeutete.[20] Und im Jahr darauf, freilich wenige Wochen nach Schachts Entlassung, sorgten die Reichsbankdirektoren unter diskreter Mithilfe der Bank für Internationalen Zahlungsausgleich sowie der Bank von England dafür, dass auch die in London lagernden Goldreserven der tschechoslowakischen Nationalbank in deutsche Verfügungsgewalt gelangten.

«Arisierung»

Die Badeverwaltung von Norderney verkündete im Juni 1933, dass jüdische Kurgäste auf der Insel künftig unerwünscht seien. Vom verbreiteten und offenen Antisemitismus, der in den meisten deutschen Seebädern schon seit Jahrzehnten herrschte, hatte man sich dort lange abgehoben, so dass völkische Kreise Norderney – ähnlich wie Heringsdorf an der Ostsee – als «Judenbad» bezeichneten. Mit der Toleranz sollte jetzt so schnell wie möglich Schluss sein. Schon in der ersten Sommersaison des Dritten Reiches tat man alles dafür, um sich möglichst bald als «judenfreier» Urlaubsort präsentieren zu können. Hier galt es, den Anschluss an die Konkurrenz nicht zu verpassen, die sich einen regelrechten Überbietungswettlauf lieferte: Während Borkum mit der «rasseformenden Nordseeheilkraft» warb, stellte das Tourismusmarketing von Baltrum heraus: «Juden finden keine Aufnahme». Und der Bürgermeister von Westerland verhängte sogar ein Zutrittsverbot gegen Juden, ohne freilich über die rechtlichen Mittel zu verfügen, dies auch durchsetzen zu können. In Heringsdorf zeigte man besonderen Eifer, um gegen eine im Landratsamt von Wollin kursierende Idee vorzugehen. Die dortigen Beamten hatten überlegt, ob man aus Heringsdorf nicht eine Art Feriengetto machen könnte; dies sollte es den übrigen Ostseebädern erleichtern, jüdische Urlauber vollends auszuschließen.

Schon aus wirtschaftlichen Gründen kam dieser Bäderantisemitismus nicht bei allen Inhabern von Pensionen, Hotels und Restaurants gut an. Ein jüdischer Hotelbesitzer aus Norderney verklagte die örtliche Badbetriebsgesellschaft, allerdings wies ihn das Landgericht Aurich ab. In seiner Begründung berief es sich nicht auf die geltenden Normen des Bürgerlichen Gesetzbuches, sondern betonte, dass der antisemitische Kurs der Verwaltung nicht gegen die guten Sitten verstieß, jedenfalls nicht nach dem jetzt «herrschenden Volksbewusstsein». Aber auch nichtjüdische

Pensionswirte protestierten. Um Einnahmeausfälle zu kompensieren, setzte man in den Seebädern auf die neugeschaffenen Massenorganisationen des Dritten Reiches. Nach Heringsdorf kamen beispielsweise die Berliner SA und der NS-Lehrerbund. 1934 wurde Norderney schon zu Pfingsten erstmals zum KdF-Reiseziel. Und auf Helgoland, bis dato ein höchst exklusiver Ferienort, entwickelte sich ein Massentourismus, der jedoch eine neue Klientel auf die Hochseeinsel brachte. Örtliche Restaurantbesitzer ärgerten sich darüber, dass die Tagesgäste mit eigenen Proviantpaketen reisten. Das Kürzel KdF übersetzte der Helgoländer Volksmund bald verächtlich mit «Kotz durchs Fenster».[21]

Im Kleinen vollzogen die Seebäder damit jene «Arisierung», die in der gesamten Wirtschaft zu beobachten war. In der zeitgenössischen Sprache bezeichnete der rassistische Terminus neben der Entlassung von jüdischen Vorständen, Aufsichtsräten und Angestellten vor allem die gewaltige Verschiebung jüdischen Eigentums an Unternehmen und Immobilien, die schon 1933 einsetzte. Sie radikalisierte sich im Laufe der dreißiger Jahre und mündete 1938 in «einen der größten Besitzwechsel der neuzeitlichen Geschichte», den der Staat mit einer steuerlichen Ausplünderungspolitik begleitete.[22]

Die «Arisierung» begann zunächst ungeplant, häufig im Rausch der Gewalt, der die Errichtung der NS-Diktatur über Monate begleitete. Eine «Schonzeit» für jüdische Gewerbetreibende gab es zu keiner Zeit des Dritten Reiches, wohl aber waren manche Berufszweige einstweilen schwer zu ersetzen. Beispielhaft dafür sind jüdische Viehhändler. In ganzen Landstrichen weigerten sich die Bauern trotz erheblichen Drucks aus Verwaltung, Reichsnährstand und NSDAP, neue Handelspartner zu suchen. Jüdische Händler zahlten die höchsten Preise, waren kapitalstark und daher leichter gewillt, Kredit zu gewähren. Weil sie auf dem Land viel herumkamen und bei den Bauern ein und aus gingen, fungierten sie oft auch als Nachrichtenbörse oder vermittelten Stellen für das landwirtschaftliche Gesinde.[23] Antisemitismus im Geschäftsleben musste man sich anfangs nicht nur als Bauer erst einmal leisten können. In Frankfurt am Main stellte sich beispielsweise der Schuhhändler Speier rasch auf die Verhältnisse ein, indem er in seinen Filialen vor allem die allerbilligsten Schuhe anbot und damit eine Kundschaft anvisierte, die auch nach der «nationalen Revolution» mit dem Pfennig rechnen musste. Wenig Interesse an einem Boykott hatte sogar das städtische Fürsorgeamt, das weiter mit Speier zusammenarbeitete, weil er eben der mit Abstand günstigste Anbieter war. Der *Stürmer* machte daraus eine Skandalgeschichte, doch kündigte die Kommune danach nicht etwa die Zusammenarbeit mit dem Händler, sondern verbot im Stadtgebiet die «Stürmerkästen», in denen das antisemitische Hetzblatt öffentlich aushing.[24]

Wenn der *Stürmer* darauf zielte, das Ansehen des Schuhhändlers zu diskreditieren, gehörte dies zum Standardrepertoire der Methoden, mit denen jüdische Einzelhändler und Unternehmer in wirtschaftliche Schwierigkeiten gebracht und zur Geschäftsaufgabe gezwungen werden sollten. Besonders bedrohlich war dies für die Hersteller von Markenartikeln, wie der Fall Beiersdorf unterstreicht. Die von zwei jüdischen Apothekern gegründete Beiersdorf AG hatte seit dem Kaiserreich mehrere starke Marken etabliert, darunter Nivea, Leukoplast und Labello. Die ebenfalls jüdische Hausbank M. M. Warburg & Co. kontrollierte das Unternehmen über ein Aktienpaket, das zwar nicht die Kapitalmehrheit ausmachte, dafür aber mit einem Mehrfachstimmrecht ausgestattet war. Auch waren der Vorstandsvorsitzende, zwei weitere Vorstandsmitglieder sowie der Aufsichtsratsvorsitzende jüdisch. Konkurrenzunternehmen brachten eine Kampagne gegen die «jüdische Hautcreme» Nivea in Gang und schlossen sich sogar zur «Interessengemeinschaft Deutsche Marke» zusammen. Die völkische Presse nahm das Thema dankbar auf, und bald sah sich Beiersdorf zum Handeln genötigt. Zwar entließ man die fraglichen jüdischen Vorstände nicht, sondern versetzte sie ins Ausland. Aber der potentielle Schaden für die Marke Nivea war so groß, dass Warburg auf sein Mehrfachstimmrecht verzichtete. Nach außen trat Beiersdorf nun offensiv als «arisches» Unternehmen auf und verklagte die Konkurrenz auf Schadenersatz.[25]

Zur selben Zeit kam auch die Auergesellschaft unter Druck, weil ihr der wichtigste Kunde abzuspringen drohte. Das Berliner Unternehmen war schon vor 1933 der größte deutsche Gasmasken-Produzent gewesen, und vor allem Heeresaufträge halfen ihm, die Weltwirtschaftskrise zu überstehen. Es befand sich im vollständigen Besitz des Bankiers Leopold Koppel, der sich im Mai aus seinen öffentlichen Ämtern zurückzuziehen hatte. Angesichts des Drucks, unter dem der jüdische Eigentümer stand, begann man sich bei Auer um «die Anerkennung als deutsches Unternehmen» zu sorgen. Die Rüstungsoffiziere hatten angedeutet, dass man sich von dem «nichtarischen» Unternehmen nicht mehr länger beliefern lassen könne. Koppel starb Ende August fast achtzigjährig, und über den Anteil, den die Demütigungen des Frühjahrs daran hatten, kann heute nur spekuliert werden. Fest steht, dass sein Sohn mit der tatkräftigen Unterstützung der Commerzbank daranging, das väterliche Unternehmen in eine Aktiengesellschaft umzuwandeln und deren Mehrheit anschließend für neun Millionen Mark an die Degussa zu verkaufen. Im Jahr darauf gab er auch seine Minderheitsbeteiligung ab, um die Auswanderung vorzubereiten.

Das Geschäft war typisch für jene Grauzone zwischen direktem Zwang und scheinbarer Legalität, in der sich vor 1938 die meisten «Arisierungen» abspielten. Ohne den drohenden Verlust des wichtigsten Kunden hätte die Familie Koppel den Verkauf gewiss nicht in Erwägung gezogen, und die erst vom NS-Staat geschaffenen Bedingungen schlugen sich dann auch im viel zu niedrigen Kaufpreis nieder. Bei der Degussa, die den staatlichen Druck nicht selbst organisiert hatte, war man mit den Konditionen der Übernahme jedenfalls hochzufrieden – und ging intern davon aus, dass der Preis für die Auer-Aktien unter normalen Umständen wohl doppelt so hoch gewesen wäre.[26]

Andere Unternehmen übten durchaus Verzicht. So hielt sich etwa die Münchner Kunsthandlung Julius Böhler demonstrativ von den sich zahlreich ergebenden guten Gelegenheiten fern. Aus ihrer Leitung trat niemand in die Partei ein, und auch an den Raubzügen in den besetzten Gebieten beteiligte man sich nicht. Ein emigrierter jüdischer Geschäftspartner erinnerte sich, Böhler sei der «Beweis» gewesen, dass «auch in Nazi-Deutschland kaufmännische Fairness gewahrt werden» konnte. Böhler nahm damit eine Reihe von geschäftlichen Nachteilen in Kauf. Als man 1936 Gelegenheit erhielt, einen Teil des Nachlasses von Margarethe Oppenheim zu verkaufen, blieb Böhler auf den Bildern – darunter 14 Gemälde von Paul Cézanne – sitzen. Den Wert schätzte man auf eine Million Mark, und entsprechend hoch wäre die Provision gewesen, wenn sich Käufer zum Marktwert hätten finden lassen. Das jedoch gelang nicht, denn die Behörden hatten alle Bilder auf die Liste des nationalen Kulturgutes gesetzt. Das widersprach zwar der NS-Kunstauffassung, verhinderte aber einen Verkauf ins Ausland. Auf einer rein deutschen Auktion hingegen blieben die Bilder unverkäuflich, und Böhler hatte nicht die politischen Kontakte, um gegen den behördlichen Obstruktionskurs anzugehen.[27]

Ganz gleich, ob man auf den Glanz einer Marke zielte, ein Unternehmen von seinen wichtigsten Ressourcen abschnitt oder Druck auf seine Lieferanten oder Geschäftspartner ausübte: Auch die unteren Ränge der NS-Hierarchie verfügten über die Machtmittel, um den Wert jüdischer Unternehmen zu verringern oder ihnen das Geschäft unmöglich zu machen. Immer wieder kam es zu Verkäufen, die nach außen die normale Form eines privatrechtlichen Vertragsabschlusses hatten, ohne Druck aber nie getätigt worden wären – und das meist zu Preisen, die deutlich unter Wert lagen. In manchen Wirtschaftsbereichen, etwa im Bekleidungseinzelhandel, wollten bald so viele Juden ihre Geschäfte verkaufen, dass dies den Marktwert massiv drückte. Ab 1935 erhielt kaum noch ein jüdischer Verkäufer mehr als den Liquidationswert; das war in etwa der Preis, den man für Inventar, Warenlager, mögliche Beteiligungen und Immobilien bei einer Zerschlagung des Unternehmens erzielt hätte. Das jedoch repräsentiert nur die äußere Hülle vieler Unternehmen, denn immaterielle Kriterien sind bei der Wertermittlung mindestens genauso wichtig. Ein eingeführter Name oder ein bekanntes Markenzeichen, in Jahrzehnten gewachsene Kundenkontakte, das mühsam erworbene Vertrauen von Banken oder Lieferanten – dies alles wird beim Verkauf eines Unternehmens üblicherweise finanziell abgegolten, und Juden schloss man davon aus.[28] So bedeutete «Arisierung» zugleich, sich von informellen Verhaltensregeln des Geschäftslebens und von unternehmerischen Ehrbarkeitsvorstellungen zu verabschieden, die ansonsten immer noch zählten. Dazu gehört vor allem eine «Moral der Vertragstreue»[29], nach der auch mündliche Abmachungen galten. Darauf konnten jüdische Unternehmer schon bald nicht mehr vertrauen, und es waren Göring und die Vierjahresplan-Organisation, die den Druck ab Herbst 1937 erhöhten.

Ein effektives Instrument der «Arisierung» war die Regulierung des Imports, gerade wenn es um das Geschäft von Handelsfirmen ging. Das zeigt der Fall des Berliner Erzhandelshauses Rawack & Grünfeld, das vor allem wegen seiner wertvollen Beteiligung an einem Hüttenwerk ins Visier Friedrich Flicks geriet. Unter den jüdischen Eigentümern gab es Streit über die richtige Verteidigungsstrategie, und dies gedachte Flick für sich zu nutzen. Das Reichswirtschaftsministerium spielte ihm in die Karten, indem es den Eigentümern von Rawack & Grünfeld verbot, einen Teil ihrer Aktien in die Niederlande zu verkaufen. Die entscheidende Hilfestellung lieferte aber die Vierjahresplan-Bürokratie. Ein Referent des Generalbevollmächtigten für die Eisen- und Stahlbewirtschaftung präsentierte im November 1937 einen Verordnungsentwurf, wonach künftig nur noch fünf Handelsgesellschaften den gesamten deutschen Erzimport abwickeln sollten. Weil Rawack & Grünfeld nicht auf der Liste stand und damit seine

Geschäftsgrundlage zu verlieren drohte, ließen die Banken das Unternehmen sofort fallen und erklärten sich zum Verkauf ihrer Aktien bereit. Auch der Rawack-Vorstand gab seinen Widerstand nun auf, und Flick erwarb Anfang Dezember die Kapitalmehrheit. Zwar fehlen dafür direkte Belege, doch dürfte Korruption bei dem Geschäft den Ausschlag gegeben haben: Die entscheidende Sitzung fand unter der Regie des Vierjahresplan-Referenten in Flicks Büroräumen statt. Wenige Monate später kündigte er seine Verwaltungsposition und wechselte auf einen bedeutungslosen, aber gut dotierten Posten im Flick-Konzern.

Friedrich Flick war einer der größten unternehmerischen Profiteure der «Arisierung», und er demonstrierte unfreiwillig, dass er selbst am besten um die moralische Tragweite seiner Taten wusste. Einen anderen Schluss wird man aus dem zeitlichen Ablauf jedenfalls kaum ziehen können: Im September 1937 wagte er mit dem Angriff auf Rawack & Grünfeld erstmals eine aktive Beteiligung an der «Arisierung», zu einem Zeitpunkt also, an dem ihm einer seiner engsten Vertrauten versichert hatte, dass «seit einiger Zeit der jüdische Besitz in Deutschland von einer neuen Verkaufswelle ergriffen» worden sei. Selbst Unternehmer, «von denen man es bisher nicht erwartet hätte», strebten nun danach, ihren «Besitz in Deutschland los zu werden».[30]

In den Jahren zuvor hatten ihm dubiose Vermittler, Militärs, Partei- und Regierungsstellen die unterschiedlichsten Übernahmeobjekte angetragen. Doch Flick hatte sie alle abgelehnt. Den Ausschlag dafür gaben nicht moralische Skrupel, sondern Auslandsschulden bei niederländischen und britischen Banken. Geld, um sie abzulösen, war im Rüstungsboom zwar reichlich vorhanden. Aber unter den Bedingungen der Devisenbewirtschaftung und vor dem Hintergrund der Finanzdiplomatie Hjalmar Schachts ging dies nur im Einvernehmen mit den Gläubigern. Solange man aber von deren Entgegenkommen abhängig war, verbot sich eine aktive Beteiligung an der «Arisierung» schon aus Rücksicht auf die Stimmung am Finanzmarkt in Amsterdam und

London. Erst als er die letzten Kredite im September 1937 zurückgezahlt hatte, änderte sich Flicks Haltung zur «Arisierung» schlagartig.

Zur Radikalisierung, die man nicht nur bei Flick im Herbst 1937 registrierte, trug vor allem Göring bei. Dass er das neugeschaffene Devisenfahndungsamt unter die Regie der SS stellte, sorgte sofort dafür, die Devisenkontrollen der Zollfahndungsstellen zum wichtigen Einfallstor der Enteignung zu machen. Beispielhaft dafür sind die Hamburger Metallwerke Peute, die eng mit dem Metallhandel der Brüder Herbert und John Gotthold verbunden waren. Im September 1937 stießen die Zollfahnder auf ein Amsterdamer Konto, auf dem einige tausend Gulden lagen, die dem Hamburger Handelshaus gehörten. Die Gebrüder Gotthold wurden daraufhin verhaftet. Die Leitung des Unternehmens übernahm ein Treuhänder, der sofort einen Kaufvertrag mit einem langjährigen NSDAP-Mitglied aushandelte. Im Mai 1938 fuhren die Inhaber vom Gefängnis direkt zum Notar. Ein Zollfahnder drohte, sie kämen in ein Konzentrationslager, sofern sie nicht unterschrieben. Der Käufer übernahm das Unternehmen aber nicht nur zum Spottpreis von 100 000 Mark, sondern versuchte, auch die Ehefrauen der inhaftierten Brüder zu beruhigen: «Ich weiß, ich habe zu billig gekauft». Er stellte eine zusätzliche Zahlung von 200 000 Mark in Aussicht, die er freilich nie leistete, weil ihn das «Kopf und Kragen würde kosten können». Erst nach 13monatiger Untersuchungshaft stellte sich schließlich heraus, dass die Anschuldigungen vor Gericht keinen Bestand hatten. Herbert Gotthold wurde freigesprochen, sein Bruder John zu einer Geldstrafe verurteilt, die mit der Untersuchungshaft abgegolten war. Die Devisenstelle kümmerte das nicht; sie verlangte eine «Sühneleistung» von 10 000 Gulden. Verwandte in den Niederlanden brachten das Lösegeld für die Gottholds auf und verhalfen ihnen damit zur Ausreise.[31]

Beispiele wie diese demonstrieren, dass Juden zu dieser Zeit auf den Schutz des Rechtsstaates nicht mehr vertrauen konnten – im Gegenteil. Wegen der verschärften Bestimmungen der ursprünglich von 1931 stammenden Reichsfluchtsteuer verdiente der Fiskus kräftig an der Emigration der deutschen Juden. Ursprünglich zur Eindämmung der Kapitalflucht ersonnen, hatte ihr Aufkommen vor 1933 kaum eine Million Mark jährlich betragen. Der NS-Staat jedoch nahm den Ausreisenden fast eine Milliarde ab. Während die «Arisierung» im Winter 1937/38 ihrem Höhepunkt entgegensteuerte, arbeitete die Berliner Ministerialbürokratie an gesetzlichen Grundlagen für den möglichst flächendeckenden Vermögenstransfer.

Regelrechte Laborbedingungen dafür herrschten in den Wochen nach dem «Anschluss» Österreichs vom März 1938 zunächst in Wien: Ungehindert zog dort ein Mob durch die Straßen und drang raubend und mordend in Wohnungen und Geschäfte ein. Im April zwang eine von Göring erlassene Verordnung sämtliche Juden dazu, ihr Vermögen vom Staat erfassen zu lassen, sofern sie mehr als 5000 Mark besaßen. Dies schuf die bürokratische Voraussetzung für die flächendeckende «Arisierung», die zuerst in Wien unter der Regie einer eigens geschaffenen Vermögensverkehrsstelle begann. Das war im Mai, und wie sehr die Gesetzgebung der Wirklichkeit hinterherhinkte, demonstrierte die dritten Verordnung zum Reichsbürgergesetz vom Juni 1938. Sie definierte erstmals, was überhaupt unter einem «jüdischen Gewerbebetrieb» zu verstehen sei.

Weil jüdische Geschäfte danach offen als solche zu kennzeichnen waren, nutzte Goebbels das Inkrafttreten der Verordnung für eine Ausweitung seiner antisemitischen Propaganda. Er versuchte, in Berlin eine Pogromstimmung nach dem Vorbild Wiens zu schaffen, was allerdings nur punktuell gelang. Der amerikanische Botschafter Hugh R. Wilson sah, wie «aus zwei oder drei Männern bestehende Gruppen von Zivilisten» an die Schaufenster jüdischer Geschäfte «das Wort ‹Jude› in großen roten Buchstaben, den Davidsstern und Karikaturen von Juden malten. [...] Man weiß, dass sich im Gebiet um den Alexanderplatz Hitler-Jungen an den Malaktionen beteiligten, die ihren Mangel an Geschick durch eine gewisse Phantasie und Gründlichkeit der Verstümmelung wettmachten.» Die jüdische Journalistin Bella Fromm war wenige Wochen vor ihrer Flucht aus Deutschland dabei, als mit Messern bewaffnete Hitler-Jungen ein Juweliergeschäft überfielen: «Ein winziger Knirps hockte sich in eine Ecke des Fensters, steckte sich Dutzende von Ringen an die Finger und stopfte sich die Taschen mit Armbanduhren und Armbändern voll, so dass seine Uniform von der Beute ganz ausgebeult war. Dann wandte er sich um, spuckte dem Geschäftsinhaber mitten ins Gesicht und raste davon.» Zufrieden notierte Goebbels, der die Polizei instruiert hatte wegzuschauen: «Der Führer billigt mein Vorgehen in Berlin. Was die Auslandspresse schreibt, ist unerheblich.»[32]

Das war die Blaupause für den organisierten Pogrom vom 9. November 1938, den wiederum Göring zum Anlass nahm, um drei Tage später eine Verordnung zu erlassen, die Juden in weiten Teilen der Wirtschaft mit einem Berufsverbot belegte. Vier Wochen später folgten Bestimmungen über den «Einsatz des jüdischen Vermögens»: Sie zwangen Juden dazu, ihre Immobilien zu verkaufen. Gewerbebetriebe waren entweder zu liquidieren oder einem Treuhänder zu übergeben, der ihren Verkauf betrieb. Wertpapiere, Edelmetalle und Devisen mussten ebenso abgeliefert werden wie Schmuck und Kunstgegenstände. Göring erließ die fraglichen Verordnungen auf der Grundlage einer von Hitler ausgestellten Ermächtigung, die ursprünglich der Durchführung des Vierjahresplanes hatte dienen sollen. Er schuf so die rechtliche Grundlage, um aus der «Arisierung» einen Verwaltungsakt zu machen.

Offiziell ging es auch darum, Gauleiter und andere lokale Parteiführer daran zu hindern, in die eigene Tasche zu wirtschaften oder aus den Erlösen der «Arisierung» schwarze Kassen anzulegen. Allerdings trug Göring selbst maßgeblich dazu bei, dass Gesetze und Verordnungen bald nur noch auf dem Papier standen und Korruption eher die Regel als die Ausnahme war. Beim

«Anschluss» Österreichs sicherte er jedenfalls den Reichswerken «Hermann Göring» ein Erstzugriffsrecht bei der Verteilung der industriellen Filetstücke, und das betraf längst nicht nur Gesellschaften aus jüdischem Eigentum. Die Braunkohlegruben der böhmisch-jüdischen Familie Petschek enteignete der Fiskus kurzerhand, indem er den Wert des Unternehmens mit fingierten Steuerforderungen verrechnete, die das Reichsfinanzministerium durchaus nicht unkreativ zunächst mit 30, später mit 68, am Ende dann schließlich mit 300 Millionen Mark bezifferte. Auch muss es ja Gründe dafür gegeben haben, dass Herbert Göring zu dieser Zeit im Geld schwamm: Der Halbbruder des Wirtschaftsdiktators verstand es mit einigem Geschick, seinen Namen zu Geld zu machen. Bei mehreren «Arisierungen» vermittelte er die nötigen Kontakte und ließ sich dafür mit zinslosen Darlehen honorieren, die er wiederum für lukrative Aktiengeschäfte einsetzte. Für seine laufenden Kosten kamen die Vereinigten Stahlwerke auf, die ihn in ihrem Berliner Büro anstellten – eine Position, die gut dotiert, jedoch kaum mit lästiger Arbeit verbunden war.

Neben der Vermittlungstätigkeit der Banken gab es Makler, die sich auf bestimmte Branchen spezialisierten und etwa Apotheken aus jüdischem Besitz vermittelten. Im Dunkelfeld der Korruption machten andere Vermittler ihre echten oder vermeintlichen Kontakte im Parteiapparat zu Geld – mitunter sogar auf beiden Seiten des Geschäfts, indem sie die Vermittlungsprovision doppelt kassierten, ohne dass die jüdischen Verkäufer oder die Erwerber etwas von diesem Interessenkonflikt wussten. Gestapo-Beamte erhoben «Beschleunigungsgebühren», Finanzbeamte stellten die für die Auswanderung nötige Unbedenklichkeitsbescheinigung nur gegen Bares aus, Rechtsanwälte machten sich mit Honorarvorschüssen aus dem Staub. Und wer in letzter Minute auszureisen gedachte und sich händeringend um ein Visum bemühte, hatte großzügige Schmiergelder einzukalkulieren: tausend Mark für Haiti, fünftausend für Argentinien.

Vor allem profitierte aber der Parteiapparat vom organisierten Raub. Das wichtigste Einfallstor dafür war eine Bestimmung, wonach die Gauwirtschaftsberater der NSDAP alle Kaufverträge zwischen jüdischen Verkäufern und «arischen» Erwerbern genehmigen mussten. In einem Umfeld, in dem sich die meisten Gauleiter persönlich an der «Arisierung» beteiligten und Aktien, Grundstücke oder Fabriken übernahmen, waren Käufer gehalten, an die NSDAP oder an eigens gegründete Gesellschaften zu «spenden». In Hamburg nahm die Partei auf diese Weise 850 000 Mark ein. In Franken galt ein Satz von anderthalb bis drei Prozent der Kaufsumme als obligatorisch, und nicht selten waren die Käufer aus freien Stücken bereit, weit höhere Schmiergelder zu zahlen. Ein Aachener Immobilienmakler berichtete später, dass direkte Bestechung strafbar und daher riskant gewesen sei. Eher habe er versucht, Freunde im Staatsapparat für sich zu gewinnen. «Man lud den jeweiligen Dezernenten, vielleicht auch seine Familie, zu einem guten Essen ein und ließ die besten Weine auffahren. [...] In meiner Branche besuchte man zweckmäßigerweise die Lokale, in denen die Parteifunktionäre mit ihren Frauen oder Freundinnen verkehrten. So wurde man dort bekannt. Wochenlang ging ich täglich in das Lokal, wo der Aachener Kreisleiter Stammgast war. Das kostete mich eine Stange Geld, aber am Ende schlossen wir Bekanntschaft».[33]

Von der «Arisierung» profitierten nicht nur Banken oder Industriekonzerne, korrupte Funktionäre oder skrupellose Landsknechtsnaturen, sondern auch ganz gewöhnliche Immobilienkäufer. Nach den rassistischen Kriterien des NS-Staates befanden sich in einer Stadt wie Köln etwa 1500 Häuser und Grundstücke in der Hand von Juden. Mehr als die Hälfte davon wechselten in den drei Jahren vor Kriegsbeginn den Besitzer, allein 1938 waren es mehr als in den fünf Vorjahren zusammengerechnet. Schon wegen dieses zeitlichen Ablaufs fielen die Preise, so dass sich für Käufer manch «günstige Gelegenheit» bot. Wer später angab, niemanden übervorteilt und lediglich zum marktüblichen Preis gekauft zu haben, lenkt von diesen besonderen Bedingungen ab. In Köln gelang es jedenfalls nur wenigen Juden, beim Verkauf überhaupt den steuerlichen Einheitswert zu erzielen, der in aller Regel 15 bis 25 Prozent geringer ist als der Verkehrswert. Bei 88 Prozent der fraglichen Transaktionen lag der Kaufpreis sogar noch unter dem Einheitswert. Zwangsversteigerungen galten bald als weniger vorteilhafte Gelegenheit zum Erwerb, weil dort peinlich darauf geachtet wurde, dass aus dem Verkaufserlös zumindest die Hypothekengläubiger befriedigt werden konnten.[34]

Weil dem Fiskus aus jüdischem Vermögen im Steuerjahr 1938/39 beträchtliche Mehreinnahmen zuflossen, hatte die «Arisierung» für den Staatshaushalt denselben Effekt wie eine Steuererhöhung – von der die meisten Deutschen jedoch verschont blieben. Allein die Judenvermögensabgabe, die Göring als «Sühneleistung» nach dem Novemberpogrom erhob, erbrachte knapp 1,2 Milliarden Mark. Das entsprach knapp sechs Prozent des Reichshaushalts, die dem Fiskus zu einem Zeitpunkt zuflossen, an dem die Kassenlage so angespannt war, dass man in einem düsteren Szenario sogar mit der Zahlungsunfähigkeit des Reiches rechnete.[35] Weil viele Betroffene die «Buße» gar nicht in bar aufbringen konnten, mussten sie Möbel, Teppiche und Kunstgegenstände bei den Finanzämtern abliefern. Diese ließen die Gegenstände versteigern, um sie zu Geld zu machen. In Köln kamen so kurz vor Weihnachten 1939 rund 700 Gemälde, Plastiken, Antiquitäten und Teppiche unter den Hammer, darunter Werke von Rubens, Lenbach, Spitzweg und Pissaro. Schon die Zeitungsannoncen ließen nicht den geringsten Interpretationsspielraum, woher genau die Gegenstände stammten.[36]

Nicht nur hier schuf der staatlich organisierte Raub die Voraussetzung für den individuellen Profit im Krieg. In Polen bedurfte es keines Auftrags an die Wehrmachtsoldaten, um in die Wohnungen und Häuser wohlhabender Juden einzudringen und Wertsachen, vor allem Gold, Silber und Schmuck, zu rauben. SS-Männer konnten in Krakau bis in den Oktober 1940 hinein völlig ungestört Beute machen; die Truppenjustiz griff erstmals ein, als der private Raub die Ausbeute des staatlichen Reichskommissars für die Festigung des deutschen Volkstums zu mindern drohte.[37] Als dann die Deportation der deutschen Juden im Spätsommer 1941 begann, bot sich eine allerletzte Chance zur Bereicherung an ihrem Vermögen, und nicht wenige gewöhnliche Deutsche nutzten sie. Sämtliche Juden einer Stadt oder eines Dorfes fortzuschaffen bedeutete, dass diese ihre Wohnungen zurückzulassen hatten. Das Inventar fiel dem Staat in die Hand, der es anschließend verwertete. In größeren Gemeinden ließ man dazu die Wohnungen leerräumen und den Hausrat auf großen Auktionen versteigern. Korruption sorgte schon im Vorfeld für beträchtlichen Schwund, so dass die schönsten und wertvollsten Stücke in die Hand von Parteifunktionären und all jener Nutznießer gelangten, die über die nötigen Kontakte verfügten. In kleineren Gemeinden versteigerten Gerichtsvollzieher das Inventar direkt in den Wohnungen oder vor den Häusern, beispielsweise in der schwäbischen Landgemeinde Baisingen. Wie vielerorts nahmen die Einwohner dort nicht nur «überwiegend bedenkenlos» an der Versteigerung teil, sondern traten vereinzelt sogar im Vorfeld der Deportation an die jüdischen Eigentümer heran, um sich einen Startvorteil zu verschaffen.[38]

In Hennef an der Sieg brachten die örtlichen Polizisten die Juden im Sommer 1942 nach Köln-Deutz, von wo sie auf eigene Kosten nach Weißrussland zu fahren hatten. Vier Tage dauerte die Reise. Sie endete in Maly Trostinez, einem Dorf zwölf Kilometer südwestlich von Minsk, in dem fast 60 000 Menschen ermordet wurden. Es gab keine Selektionen. Die Juden aus Hennef hatten sich nackt auszuziehen und im Kiefernwald vor einer offenen Grube aufzustellen. Männer der Sicherheitspolizei und des Sicherheitsdienstes der SS erschossen sie. Daheim in Hennef gingen einige Wochen ins Land, ehe ein Gerichtsvollzieher die persönlichen Gegenstände der Ermordeten versteigerte. Die Auktion erbrachte genau 3492 Mark und 50 Pfennig für den Staatshaushalt. Hier ging es nicht um Kunstgegenstände oder Antiquitäten, nicht um Aktiendepots oder Unternehmensbesitz, sondern um gewöhnlichen Hausrat – eine frühere Nachbarin ersteigerte ein Waffeleisen zu einer Mark, andere Käufer «eine Partie Unterhosen» zu sechs Mark, Betttücher zu drei Mark oder ein Regal zu 50 Pfennig.[39]

Nachkriegsplanung

Als deutsche Truppen am 15. März 1939 in Prag einmarschierten, verschwand die Tschechoslowakei von der europäischen Landkarte. Abends in Leipzig notierte Hermann Voss in sein Tagebuch: «Man lebt doch in einer großen Zeit und muss glücklich sein, dass man diese Dinge miterleben kann. Was macht es da schon aus, ob es mal nicht so viel Butter gibt, wie man haben möchte, dass es mal keinen Kaffee gibt, dass man dieses oder jenes tun muss, was einem nicht recht passt usw. Das ist doch gegenüber all diesen Fortschritten ein lächerliches Nichts.»[40] Ein weiteres Mal, so sah es nicht nur der Anatomieprofessor, schien sich Hitlers Vabanque-Spiel auszuzahlen.

Tatsächlich markiert das Datum aber den entscheidenden Wendepunkt auf dem Weg in den Krieg. Der offene Bruch des kaum halbjährigen Münchner Abkommens schweißte die Westmächte zusammen. Sie erkannten die Annexion des Territoriums im Osten nicht an, und nun erst gewährten Großbritannien und Frankreich den polnischen Grenzen ihren militärischen Schutz. Niemand in London war jetzt noch zu diplomatischen Zugeständnissen im Interesse der Friedenssicherung bereit; vielmehr forcierten die Briten die Aufrüstung und führten die allgemeine Wehrpflicht ein. Washington belegte die wenigen deutschen Waren, die überhaupt noch in die USA gelangten, mit einem Strafzoll. Japan und Italien zeigten keine Neigung, den deutschen Expansionskurs diplomatisch oder gar militärisch zu unterstützen. Hitler hatte sich vollständig isoliert, und nach Lage der Dinge machte jedes weitere Streben nach «Lebensraum im Osten» zunächst den Krieg im Westen unvermeidlich.

Dieser Krieg bedeutete aus wirtschaftlicher Sicht eine Flucht nach vorn, und die Gründe dafür nannte Georg Thomas im Mai 1939. Der Chef des Wehrwirtschafts- und Rüstungsamtes im OKW warnte das Auswärtige Amt vor den Stockungen der deutschen Rüstungsmaschinerie, die vor einem altbekannten Problem stand – akuter Devisenmangel stellte ein weiteres Mal die ambitionierten Produktionsziele in Frage. Aus strategischer Sicht war das umso alarmierender, weil Frankreich, Großbritannien und die USA bereits im Jahr darauf mehr Geld für die Rüstung mobilisieren würden als Deutschland und Italien. Bei den Westmächten schlummerten überdies noch erhebliche Mobilisierungsreserven. Während nämlich das Reich im Laufe des Jahres 1939 fast ein Viertel des Volkseinkommens für militärische Zwecke einzusetzen gedachte, lag der Vergleichswert in Großbritannien nur halb so hoch. Und in den USA flossen gerade einmal zwei Prozent der wirtschaftlichen Ressourcen in die Rüstung. Hitler jedoch war zum Angriff auf Polen längst entschlossen, und die alarmierenden Zahlen dürften ihn in seinem Kalkül bestärkt haben. Schon bald würde der Vorsprung im Rüstungswettlauf dahin sein. Noch ehe der deutsch-sowjetische Nichtangriffspakt unterschriftsreif war, schwor er seine Oberbefehlshaber auf den Krieg ein: «Wir haben nichts zu verlieren, wohl zu gewinnen. Unsere wirtschaftliche Lage ist [...] so, dass wir nur noch wenige Jahre durchhalten können. Göring kann das bestätigen. Uns bleibt nichts übrig, wir müssen handeln.»[41]

Der Angriff auf Polen führte in kaum vier Wochen zum Sieg, und die französisch-britische Garantieerklärung erwies sich als wertlos. Während im Westen der «Sitzkrieg» für höchste Anspannung sorgte, begannen in Berlin bereits die Planungen für die siegreiche Nachkriegsordnung. Das deutsche Territorium dehnte sich jetzt noch einmal beträchtlich aus, weil das Reich neben dem ostoberschlesischen Industriebezirk und Westpreußen auch die westlichen Provinzen Polens als «Warthegau» annektierte. Dort lebten rund viereinhalb Millionen Menschen, von denen aber nur knapp 300 000 nach den rassistischen Kriterien als Deutsche galten. Hier stellte sich das Problem des «deutschen Neuaufbaus im Osten» zuerst, denn die Vertreibung der polnischen Bevölkerung begann bereits im Winter 1939/40. Polen wurden ins Generalgouvernement deportiert, also in den von Deutschland besetzten Teil Polens, den man bewusst in einem völkerrechtlichen Schwebezustand hielt. Mit Bedacht hatte sich das Reich nicht nur die rohstoffreichen und industrialisierten Regionen angegliedert, sondern auch die wichtigste landwirtschaftliche Überschussregion. Hingegen war das Generalgouvernement auf den Lebensmittelimport angewiesen. Vom Warthegau ausgehend befassten sich Agrarwissenschaftler, Historiker, Siedlungsgeographen und Raumplaner aber bald mit ganz Ostmitteleuropa. Heinrich Himmler gab einen Generalplan Ost in Auftrag, dessen Zukunftsentwürfe die «Eindeutschung» ganzer Landstriche vorsahen und der die systematische Vertreibung und Ermordung der «slawischen» und damit als minderwertig angesehenen Bevölkerung voraussetzte. Damit war auch eine konkrete konsumpolitische Vision verbunden: Im Zentrum des von Deutschland beherrschten Großraumes sollte Überfluss herrschen, wozu die Ressourcen aus der Peripherie entsprechend umzulenken waren – dort war Hunger einkalkuliert.

Der «große Rassenkrieg» begann in Polen, und manchem gewöhnlichen Deutschen eröffnete er ungeahnte Aufstiegschancen.[42] Für diese Form der privaten Nachkriegsplanung ist Hermann Voss, der sich im März 1939 so sehr über die «Erledigung der Rest-Tschechei» gefreut hatte, nicht untypisch. Bereits Mitte vierzig, blickte der Anatom frustriert auf seine stagnierende wissenschaftliche Karriere. Nachdem er 1937 in die Partei eingetreten war, machte ihn die Universität Leipzig zwar zum außerordentlichen Professor. Aber ein Ordinariat blieb Voss, der sich von seinen Vorgesetzten gegängelt fühlte, verwehrt. Als das Reich dann im Frühjahr 1941 eine neue Universität in der Hauptstadt des Warthegaus gründete, ahnte er, dass der Ruf an die Reichsuniversität Posen seine letzte Chance war. Er nahm ihn an, obwohl die Neugründung unter Wissenschaftlern nicht gut gelitten war. In Posen amtierte Voss nun plötzlich als Dekan und hatte die Medizinische Fakultät aufzubauen. Wie selbstverständlich notierte er in sein Tagebuch: «Das polnische Volk muss ausgerottet werden.» Er trug dazu seinen Teil bei, denn im Keller seines Instituts verbrannten Posener Gestapo-Beamte nachts die Leichen der gefolterten und ermordeten Häftlinge. Bald schon begannen Voss und seine Mitarbeiter darin besondere Forschungsmöglichkeiten zu sehen: Sein Oberassistent war bei den Hinrichtungen persönlich zugegen, um den Toten so schnell wie möglich die für seine Arbeit über die Milz nötigen Gewebeproben zu entnehmen. Voss belieferte die anatomischen Institute im ganzen Reich mit präparierten Skeletten und Schädeln.[43]

Im Generalgouvernement fügten sich auch jene Beamte rasch in das von Willkür und skrupelloser Gewaltherrschaft geprägte Klima, die im Spätherbst 1939 ihren Dienst als Stadt- oder Kreishauptleute antraten und so die zivile Besatzungsverwaltung aufbauten – darunter nicht wenige Bürokraten, die bislang kaum je aus der Masse hervorgetreten waren. Als Kreishauptmann von Końskie, einem kleinen Provinzstädtchen auf halber Strecke zwischen Krakau und Warschau, amtierte Gustav Albrecht, ein promovierter Jurist, der 1902 als Sohn eines Landrates geboren worden war. Auch er gehörte nicht zu den überzeugten Nationalsozialisten der ersten Stunde, aber seine Verwaltungslaufbahn sicherte er, indem er 1933 SA-Mitglied wurde. Albrecht ging ins Generalgouvernement, um einen enormen Karrieresprung zu absolvieren, der aus dem einfachen Verwaltungsbeamten den Herrn seines Kreises machte. Er benötigte keine Anweisung von oben, um schon bei Dienstantritt die Lebensmittelrationen der

Juden herabzusetzen, die fast die Hälfte der Bevölkerung stellten. Stolz meldete er seinem Vorgesetzten, er habe dafür gesorgt, dass in seinem Kreis «zuerst die Juden verhungerten und dann erst die Polen».[44] Eben diese Eigeninitiative dürfte Joseph Goebbels im Sinn gehabt haben, als er am 5. April 1940 in einem vertraulichen Hintergrundgespräch mit Journalisten tönte: «Wenn heute einer fragt, wie denkt ihr euch das neue Europa, so müssen wir sagen, wir wissen es nicht. Gewiss haben wir eine Vorstellung. Aber wenn wir sie in Worte kleiden, bringt uns das sofort Feinde und vermehrt die Widerstände [...] Heute sagen wir: ‹Lebensraum›. Jeder mag sich vorstellen, was er will. Was wir wollen, werden wir zur rechten Zeit schon wissen.»[45]

Vier Tage später überschlugen sich die Ereignisse im Westen. Am frühen Morgen des 9. April begann die Operation Weserübung, an deren Ende Dänemark und Norwegen besetzt waren. Dies sicherte die Versorgung mit schwedischem Eisenerz. Vier Wochen später marschierten deutsche Truppen in Luxemburg, Belgien und den Niederlanden ein. Der Vormarsch im Norden war ein Ablenkungsmanöver, das die französischen Truppen und das britische Expeditionskorps in Nordfrankreich und Flandern binden sollte, während die Hauptstreitkraft in den Ardennen vorstieß. Ihr gelang es, bei Sedan die Maas zu überqueren und tief nach Frankreich vorzudringen. Der Feldzug im Westen endete nach knapp vier Wochen, und Ende Juni konnten sich Hitler und die Deutschen als neue Herren Kontinentaleuropas fühlen: Sie hatten Frankreich im Westen vernichtend geschlagen und neben den Beneluxstaaten auch Norwegen und Dänemark unterworfen. Im Süden hatte das Reich eine gemeinsame Grenze mit Italien. Polen und die Tschechoslowakei waren von der Landkarte verschwunden; die Territorien waren entweder ins Reichsgebiet eingegliedert, in Besatzungsgebiet oder in abhängige Marionettenstaaten umgewandelt worden.

Den Überschwang des Sieges spürte Victor Klemperer selbst in seiner neuen Nachbarschaft. Man hatte ihn gezwungen, sein

Haus zu räumen. Mit seiner Frau bezog er zwei Zimmer in einem überfüllten «Judenhaus». Am 31. Mai notierte er bitter: «Alle im Haus deutschen Endsieges absolut gewiss». Ein jüdischer Herr aus dem Erdgeschoss freute sich so sehr, dass er sich «nationalistischer als jeder Nazi» gebärdete. Für den Romanisten Klemperer hingegen brach eine Welt zusammen: «Seit Jahren ist mein Begriff von Deutschland hin, und jetzt Frankreich! [...] Zwei Millionen ergeben sich, Metz wird von einer Handvoll genommen, Belfort wehrt sich überhaupt nicht, ganze Stücke der Maginot-Linie ebenso wenig. [...] Was bleibt von meiner Idee des Franzosentums?»[46]

In den Siegen im Westen sah Hitler nur eine Zwischenstation. Schon Ende Juli 1940 befahl er der Wehrmacht, sich nunmehr auf den Krieg gegen die Sowjetunion vorzubereiten. Die handfesten wirtschaftlichen Vorteile des Sieges dürften ihn darin bestärkt haben. In Frankreich erbeutete der NS-Staat Waffen und militärisches Material im Wert von zweieinhalb Milliarden Mark, darunter fünftausend Geschütze, fast vier Millionen Granaten und über zweitausend moderne Panzer. Vier Kriegsjahre später war fast jede zweite deutsche Artilleriewaffe erbeutet, und die meisten davon stammten noch immer aus Frankreich. Die Logistik des Krieges machte 1940 erhebliche Fortschritte, weil die Reichsbahn in den Niederlanden, in Belgien und Frankreich über viertausend Lokomotiven und 140 000 Waggons requirierte – auf einen Schlag übertraf das ihre Neuanschaffungen aus den acht Vorjahren. Auch die aus der Devisennot folgenden Versorgungsengpässe der deutschen Rüstungsindustrie waren vorläufig passé: So genügte das in Westeuropa erbeutete Kupfer, um die äußerst knappen Lagerbestände für acht Monate aufzustocken. Legierungsmetalle wie Zinn und Nickel lagerten im besetzten Gebiet in so großer Menge, dass der deutsche Bedarf des nächsten Jahres vollständig gedeckt war.[47]

Noch ehe in Frankreich überhaupt ein Friedensvertrag unterzeichnet worden war, brachten sich die ersten deutschen Konzerne in Stellung. Besondere Begehrlichkeiten weckten die französischen, belgischen und luxemburgischen Industriebetriebe bei den Montanunternehmen. Zwar hatte Mannesmann-Chef Wilhelm Zangen den führenden Saar- und Ruhrindustriellen noch Anfang Juni die Bitte von Wirtschaftsminister Funk unterbreitet, sich mit «Annexionsgelüsten» in Frankreich zurückzuhalten. Aber hinter den Kulissen machte eine Reihe von Unternehmen nun alte Ansprüche geltend. Einige Gesellschaften hatten Werke in Lothringen besessen, die 1918 von Frankreich enteignet worden waren. Selbstverständlich erwähnte niemand die üppigen Entschädigungen, die damals der deutsche Steuerzahler aufgebracht hatte. Auch war es ein passendes Signal, dass mit Hermann Röchling ausgerechnet ein radikaler Annexionist des Ersten Weltkrieges als Generalbevollmächtigter für die Eisen- und Stahlindustrie in Lothringen, Meurthe-Moselle und Longwy amtierte.

Es war Göring, der über die Verteilung entschied, und nach den Erfahrungen im Osten, wo wesentliche Teile der polnischen und böhmischen Industrie in die Verfügung der Reichswerke gelangten, war es wenig überraschend, dass Göring sie auch im Westen ein weiteres Mal üppig bedachte. Der Staatskonzern übernahm die größten und leistungsfähigsten lothringischen Betriebe in Hagendingen und Hayingen. Daneben kamen dort Röchling, Klöckner, Flick und Stumm zum Zug. Die Vereinigten Stahlwerke mussten sich mit der luxemburgischen HADIR begnügen, und das Werk in Rodingen übernahmen mit Hans Hahl und Erich Faust sogar zwei Außenseiter, die gemeinsame Lehrjahre bei Röchling freundschaftlich verband. Sie alle traten offiziell als Treuhänder der Betriebe auf, wussten aber, dass sie damit in der Position waren, um für eine denkbare Nachkriegswirtschaft Fakten zu schaffen.[48]

Die Unternehmen von Kohle und Stahl knüpften mit ihren Nachkriegsplanungen an eine regionale Arbeitsteilung an, die es zu Beginn des Jahrhunderts schon einmal gegeben hatte. Demgegenüber profitierte die chemische Industrie von den neuartigen Bedingungen des von Deutschland kontrollierten Großwirtschaftsraumes. Der I. G. Farben-Konzern hatte sich Ende der dreißiger Jahre die nationalsozialistischen Pläne zu eigen gemacht, und es gelang ihm nun in Frankreich, Norwegen und Polen, diese auch weitgehend umzusetzen. Stets ging es dabei um die Kontrolle der örtlichen Chemieunternehmen, sei es durch direkte Kapitalbeteiligungen wie bei der eigens gegründeten Francolor, sei es auf dem Weg über Kartell- und Syndikatsverträge: Ziel war es, unliebsame Konkurrenten auf einem künftigen Weltmarkt auszuschalten, indem man ihre Produktion auf den jeweiligen nationalen Binnenmarkt beschränkte. Dies erklärt, warum die I. G. Farben von den militärischen Eroberungen in einem Ausmaß profitierte wie sonst nur noch die Reichswerke «Hermann Göring». Dabei nutzte das Unternehmen auch die «Arisierung» jüdischen Besitzes, etwa in Frankreich, wo die I. G. Farben mehrere Aktienpakete aus jüdischem Besitz kaufte, um ihren Einfluss auf den norwegischen Chemie- und Aluminiumkonzern Norsk Hydro auszubauen.

Aber auch kleinere Unternehmen nutzten die Chancen, die eine Ausdehnung des deutschen Einflussbereiches mit sich brachte. Beispielhaft dafür ist Coca-Cola. Dank aggressiven Marketings und zahlloser verschenkter Flaschen («eisgekühlt») hatte sich das Getränk erst im Laufe der dreißiger Jahre auf dem deutschen Markt etabliert. Motor dieses Erfolgs war Max Keith, der die Coca-Cola GmbH in Essen leitete und dem es gelang, den Absatz in den Friedensjahren des Dritten Reiches um das 37-fache zu steigern. 1940 übernahm sein Unternehmen auch die Geschäfte in Italien, Frankreich, Norwegen und in den Benelux-Staaten. Die amerikanische Konzernmutter hingegen war am Kapital der Essener Gesellschaft nicht beteiligt. Wohl aber war man dort vom Import wichtiger Inhaltsstoffe aus den USA abhängig, so dass die Coca-Cola-Produktion bald eingestellt werden musste. An ihre Stelle trat das Ersatzgetränk «Fanta».[49]

Bei den meisten ausländischen Konzerntöchtern in Deutschland stellte sich im Krieg sofort die Frage, wie mit dem Eigentum umzugehen sei. Gerade wenn die Unternehmen für die deutsche Rüstung produzierten, galt es jeden Einfluss der feindlichen Eigentümer auszuschalten. Während sich deutsche Unternehmen und allen voran die Reichswerke «Hermann Göring» in den besetzten europäischen Gebieten bedienten, weckte auch das feindliche Vermögen immer wieder Begehrlichkeiten, besonders bei Göring, im Reichswirtschaftsministerium und auch bei der SS. Dagegen formulierte neben dem Reichsjustiz- und -finanzministerium vor allem das Auswärtige Amt Bedenken: Um das deutsche Vermögen im Ausland zu schützen, dürfe feindliches Vermögen in Deutschland auf der Grundlage des Völkerrechts lediglich unter Zwangsverwaltung gestellt werden. In den betroffenen Unternehmen setzte ein Reichskommissar entsprechende Verwalter ein. In der Praxis geschah dies fast immer in enger Abstimmung mit den vorhandenen Unternehmensleitungen. Im Herbst 1944 standen 789 Unternehmen unter Sequestration, die einen Wert von 2,8 Milliarden Mark hatten.[50]

Gerade für die amerikanischen Gesellschaften in Deutschland – darunter neben Opel und Ford auch Woolworth, Kodak, International Harvester und viele andere – erwies sich der Feindvermögensstatus mitunter sogar als hilfreich. Bis zum Kriegseintritt der USA im Dezember 1941 hatte sich das deutsch-amerikanische Verhältnis nämlich immer weiter verschlechtert: Offiziell war Amerika neutral, faktisch unterstützte es aber die britischen Kriegsanstrengungen.

Das Beispiel IBM demonstriert, welche Schwierigkeiten diese Übergangsphase mit sich brachte. IBM verfügte in Deutschland mit seiner Tochtergesellschaft Dehomag (Deutsche Hollerith-Maschinen Gesellschaft) praktisch über ein Monopol auf dem Markt für Lochkartenmaschinen. Unternehmen, Behörden, Rüstungsverwaltung und Wehrmacht setzten elektromechanische Rechenmaschinen ein, die sie von der Dehomag mieteten. Lukrativ war vor allem ihre Wartung sowie die Versorgung mit den nötigen Lochkarten, auf die IBM ein Patent hatte. Allein von 1938 auf 1939 verdoppelte sich die deutsche Nachfrage auf 1,1 Milliarden Karten. 1940 sah Dehomag-Gründer Willy Heidinger die Chance gekommen, um die vollständige Kontrolle über sein Unternehmen zurückzuerlangen. Den Anlass dazu bot IBM-Chef Thomas J. Watson, als dieser gegen Hitlers Krieg protestierte und im Frühsommer 1940 den Adlerorden mit Stern zurückgab, den er drei Jahre zuvor für seine Weigerung erhalten hatte, sich dem Boykott gegen Deutschland anzuschließen. Den politischen Eklat nutzte Heidinger, indem er mit harten Bandagen den IBM-Vertreter aus dem Dehomag-Vorstand verdrängen und stattdessen drei neue Mitglieder berufen ließ – darunter mit Ernst Schulte-Strathaus einen engen Vertrauten von Hitler-Stellvertreter Rudolf Hess. Danach intrigierte Heidinger monatelang mit dem Ziel, auch die Kontrolle über die Kapitalmehrheit zurückzuerlangen. Unter anderem drohte er damit, eine neue Gesellschaft zu gründen und diese mit einem französischen Konkurrenzunternehmen zusammenzuschließen. IBM müsse sich aus Deutschland zurückziehen. IBM-Chef Watson dachte jedoch nicht daran, die lukrative Tochtergesellschaft aufzugeben. Als die Dehomag schließlich unter Feindvermögensverwaltung kam, gehörte Heidinger zwar dem vierköpfigen Verwalterausschuss an. Aber die Besitzverhältnisse waren damit für die weitere Dauer des Krieges festgeschrieben.[51]

Auch bei Opel war es die deutsche Unternehmensleitung, die bereits seit Herbst 1939 dafür sorgte, die Amerikaner von den meisten Entscheidungen auszuschließen. Dazu legte man militärische Geheimhaltungsvorschriften besonders eng aus. Nachdem deutsche Handelsschiffe Ende März 1941 in amerikanischen Häfen festgesetzt worden waren, besetzten SA-Männer die Verwaltung des Rüsselsheimer Opel-Werks und protestierten lautstark. Die letzte amerikanische Führungskraft verließ jetzt das Unternehmen, und der Informationsfluss zwischen Opel und der New

Yorker GM-Zentrale brach bald darauf gänzlich ab. Zuletzt hatte man immerhin noch versucht, den Postverkehr aufrechtzuerhalten. Da die Briefe zunächst mit der Transsibirischen Eisenbahn an den Pazifik gebracht werden mussten, entfiel mit dem deutschen Angriff auf die Sowjetunion auch diese letzte Kommunikationsmöglichkeit. Dies war ganz im Sinne der deutschen Unternehmensleitung, und als Opel schließlich unter staatliche Verwaltung kam, war dies eigentlich ein innerhalb des Unternehmens abgestimmtes Revirement seiner Leitung: Den bisherigen Vorstandsvorsitzenden bootete man aus, und nur um ihm den Ansehensverlust zu ersparen, übernahm er die Feindvermögensverwaltung. Seine Kompetenzen wurden so weit beschränkt, dass daraus kaum operative Macht folgte. Das hundertprozentige Eigentum von General Motors wiederum blieb gewahrt, während die amerikanische Muttergesellschaft ihre Beteiligung bis auf einen bilanziellen Merkposten abschrieb und auf diese Weise kräftig Steuern sparte.[52]

Der Status des feindlichen Vermögens schützte die Interessen der ausländischen Eigentümer auch dann, wenn die im Laufe des Krieges wirtschaftlich immer einflussreicher werdende SS nach einem Betrieb griff. Neben Steinbrüchen, Holzverarbeitungsbetrieben und Buchverlagen hatten die SS-eigenen Deutschen Wirtschaftsbetriebe auch mehrere Mineralquellen im Sudetenland übernommen und rund um die Sudetenquell GmbH einen veritablen Getränkekonzern aufgebaut. Er versorgte die SS mit Mineralwasser und allerlei alkoholfreien Getränken («Vitaborn»). Den Ausschlag gab wohl Heinrich Himmlers strikter Antialkoholismus. Sein Sendungsbewusstsein beschränkte sich für die Zeit nach dem «Endsieg» aber nicht mehr nur auf die SS-Angehörigen. Vielmehr ging es der SS ab Anfang 1940 darum, in eine marktbeherrschende Stellung zu gelangen. Mineralwasser sollte künftig nicht mehr teurer sein als Bier. Dazu pachtete man den Brunnen Niederselters bei Limburg, und aus feindlichem Vermögen wollte man die Apollinaris Brunnen AG in Bad Neuenahr übernehmen.

Sie war finanziell mit der Rheinahr Glasfabrik in Sinzig verflochten, mit deren Erwerb man die «überhöhten Preise des Mineralwasserflaschen erzeugenden Syndikats» zu brechen gedachte. Die Gelegenheit schien günstig: Fast alle Aktien befanden sich in britischer Hand; zudem hatte sich die Kölner Devisenstelle das Unternehmen vorgeknöpft und ermittelte wegen Steuerhinterziehung und Devisenvergehen. Schon im November 1939 hatte sie einen Kölner Wirtschaftsprüfer als Treuhänder eingesetzt.

Intern versetzte SS-Justitiar Werner Best den Hoffnungen jedoch einen Dämpfer. Als «volks- und staatsfeindliches Vermögen» könne man den Betrieb nicht einfach zugunsten der SS einziehen. Nach den Bestimmungen der Devisenbewirtschaftung wäre zwar eine Einziehung denkbar, jedoch nur zu Gunsten des Reiches, und das werde vom Reichsfinanzminister vertreten, der kein Interesse habe, den Betrieb kostenlos abzugeben. Best sah nur die Möglichkeit, das Unternehmen zu kaufen. Die Eigentümer hatten jedoch kein Interesse, sich von ihrem Betrieb zu trennen. Vorläufig kam im Sommer 1940 nur ein Liefervertrag zwischen Apollinaris und der Sudetenquell zustande. Das Intrigenspiel der SS zog sich danach noch beinahe drei Jahre hin, jedoch setzten sich der Feindvermögensverwalter und das Reichsfinanzministerium immer durch. Am Ende war man auch hier gezwungen, das Unternehmen lediglich zu pachten. Der entsprechende Vertrag datierte vom Oktober 1943, und er brachte knapp Dreiviertel des deutschen Mineralwassermarktes unter Himmlers Kontrolle.[53]

Der Fall Apollinaris ist auch deshalb aufschlussreich, weil eine SS-Dienststelle an den Reichskommissar zur Verwaltung des Feindvermögens mit der Bitte herantrat, einen von der SS benannten Treuhänder einzusetzen. Das lehnte der Reichskommissar nicht nur ab, sondern im Kölner Büro des Sicherheitsdienstes hielt man das Vorhaben sogar für naiv: Es widerspreche eben «dem Sinn einer treuhänderischen Verwaltung», wenn «der künftige Käufer sich als Verwalter einsetzen lässt». Damit hatte man genau jenes Verständnis von Treuhandschaft benannt, auf das jüdische Unternehmensbesitzer seit 1938 nicht mehr vertrauen konnten. Feindliches Vermögen dagegen verwaltete man so korrekt, dass die effektivste Möglichkeit, jüdischen Besitz in Deutschland vor der «Arisierung» zu bewahren, darin bestand, ihn unter Feindvermögensverwaltung stellen zu lassen. Im November 1942 legte eine Staatssekretärsbesprechung im Reichsjustizministerium noch einmal ausdrücklich fest, welcher Status Vorrang hatte: «Feinde sind auch dann als Feinde zu behandeln, wenn sie Juden sind.»[54]

Vorbereitung auf die Nachkriegszeit bedeutete aber nicht nur, den kontinentaleuropäischen Großwirtschaftsraum zu ordnen und sich zumindest im Westen alle Optionen für eine spätere Kooperation offenzuhalten. Die Volksgemeinschaft sollte von den militärischen Siegen profitieren, und deshalb arbeiteten die Vordenker des Arbeitswissenschaftlichen Instituts der Deutschen Arbeitsfront an einem großen sozialpolitischen Reformprogramm. Ein leitender DAF-Mann stellte im Sommer 1940 öffentlich heraus, dass «der Sieg jedem deutschen Menschen ein besseres Leben bringen» müsse.

Auch Hitler betonte, mit den militärischen Siegen den Grundstein für einen Ausbau des Sozialstaats «zum vorbildlichsten der Welt» legen zu wollen. Mit typischem Aktionismus interpretierte Robert Ley dies als konkreten Planungsauftrag, und im September 1940 verkündete er vor der ausländischen Presse: «In zehn Jahren wird Deutschland nicht wiederzuerkennen sein. Aus einem Proletariervolk wird dann ein Herrenvolk geworden sein. Der deutsche Arbeiter wird in zehn Jahren besser aussehen als heute ein englischer Lord.» Mittel dazu sollte das von der Arbeitsfront entwickelte Sozialwerk des Deutschen Volkes sein. Die Ankündigung des Reformprogrammes bereitete gewissermaßen den zweiten Kriegswinter an der Heimatfront vor, indem es positive Ziele für die Zeit nach dem Sieg formulierte.[55] Die Planer der Arbeitsfront rechneten fest mit einem Wirtschaftsaufschwung, und daher kalkulierten sie den längst zur Gewohnheit gewordenen Arbeitskräftemangel fest in ihre Überlegungen ein. Im künftigen NS-Staat wollte man zwar zur freien Berufs- und Arbeitsplatzwahl zurückkehren; aber an der faktischen Arbeitspflicht galt es festzuhalten. Allerdings sollte die Lohnfindung auf eine völlig neue Grundlage gestellt werden, indem wissenschaftliche Leistungsbewertungen künftig den Ausschlag gaben.

Das bedeutete einerseits, nicht mehr länger zwischen Arbeitern und Angestellten zu unterscheiden und somit die Privilegierung nach Statusgruppen abzuschaffen. Andererseits gedachte man ein Berufsförderungswerk zu errichten, um dem «Begabten die Kenntnisse» zu verschaffen, die ihn «zur Besetzung eines höher qualifizierten Arbeitsplatzes fähig machen», und gleichzeitig auch der «Masse eine ständige Verbesserung ihres beruflichen Könnens» zu erlauben.[56] Eine ähnliche Nivellierung schwebte den Planern auch bei Krankenversicherung und Rente vor. Bis dato sorgte die Trennung zwischen Arbeiter- und Angestelltenversorgung für Ungerechtigkeit, zumal das eingeführte Versicherungsverfahren mit seinen Beiträgen und Anwartschaften für die Masse der Rentnerhaushalte zu sehr niedrigen Alterseinkommen führte. Zudem stellte die massive Ausdehnung des Reichsgebiets das Versicherungsprinzip in Frage: Millionen Neubürger hatten nie in die Rentenkasse eingezahlt.

Die Arbeitsfront schlug stattdessen einen Generationenvertrag vor, in dem die arbeitende Bevölkerung über die Lohn- und Einkommensteuer die Renten der Älteren aufbrachte. Die Altersruhegelder sollten auskömmlich sein und überdies laufend erhöht werden. Kriegsbeschädigte galt es mit den Opfern von Arbeitsunfällen gleichzustellen; für ihren Dienst an der Gemeinschaft wollte man sie ebenso mit einem «Ehrensold» ausstatten wie Frauen, die vier oder mehr Kinder großgezogen hatten. Auch die Krankenversicherung sollte künftig nicht mehr über Beiträge, sondern aus einem Zuschlag zur Einkommensteuer finanziert werden.

Insgesamt schätzte man die Mehrausgaben auf gewaltige drei Milliarden Mark, was einem Kostenanstieg um mehr als die Hälfte entsprach. Umgesetzt wurde nichts davon. Am konkretesten waren noch die Planungen für den «sozialen Wohnungsbau» nach dem Krieg: Ab November 1940 amtierte Ley als Reichskommissar, was der Arbeitsfront zu neuen Befugnissen verhalf. Gegen die grassierende Wohnungsnot sollte nach dem Sieg energisch vorgegangen werden. Anders als die kleinen und dürftig ausgestatteten Volkswohnungen sollten künftig überwiegend Vierzimmerwohnungen mit über 70 Quadratmetern Fläche entstehen, Gemeinden und gemeinnützige Wohnungsunternehmen allein im ersten Nachkriegsjahr 300 000 davon bauen, und die finanzielle Förderung des Staates galt es entsprechend aufzustocken. Die nötigen Instrumente stammten aus dem Besitz der Gewerkschaften: Deren Wohnungsunternehmen wurden jetzt in der Neuen Heimat zusammengefasst, und in Leys Konzernportfolio fand sich neben einem Bauunternehmen mit der Bank der Deutschen Arbeit auch ein prospektiver Finanzier.

Doch weil der Krieg andauerte, ruhte der Wohnungsbau. Dennoch stellte die Arbeitsfront wichtige Weichen für die künftige Bautätigkeit, indem sie den Markt der gemeinnützigen Wohnungsunternehmen bereinigte. Dies zielte vor allem auf das Genossenschaftswesen. Selbst in Kleinstädten gab es meist mehrere Baugenossenschaften, die jeweils so wenige Wohnungen verwalteten, dass sie aus dem spärlichen Gewinn noch nicht einmal einen hauptamtlichen Geschäftsführer bezahlen konnten. Fast immer handelte es sich um Unternehmen, die vor 1933 weltanschaulich gebunden gewesen waren und die sich jetzt unter Zwang zusammenzuschließen hatten. Diese Fusionswelle diente der von der Arbeitsfront seit je angestrebten Nivellierung von Klassengegensätzen: Arbeiterwohnungsvereine fusionierten mit Beamtenbaugesellschaften, ehemals kommunistische Siedlungsgenossenschaften gingen mit Unternehmen zusammen, die ursprünglich von sozialdemokratischen Kommunalpolitikern gegründet worden waren. Und was mit Blick auf den Nachkriegswohnungsbau viel wichtiger war: Es entstanden größere und kapitalstärkere Unternehmen. In der späteren Bundesrepublik sollten sie vielerorts tatsächlich zu tragenden Säulen des Wiederaufbaus werden.

Leys Nachkriegsplanungen zeigten nicht nur, welchen Überschwang die militärischen Siege vom Frühsommer 1940 ausgelöst hatten. Ähnlich wie im Fall der gescheiterten Volksprodukte der dreißiger Jahre wurden auch hier die Konturen von Projekten erkennbar, die einige Jahre später und unter ganz anderen gesellschaftspolitischen Vorzeichen tatsächlich umgesetzt werden sollten. Gleichwohl markierten die Planungen einen Bruch mit den in Jahrzehnten gewachsenen Strukturen der Sozialstaatlichkeit und machten damit besonders anschaulich, wie man sich die Volksgemeinschaft nach dem «Endsieg» vorzustellen hatte. Neu war vor allem die Abkehr von Versicherungsbeiträgen zugunsten einer Finanzierung aus Steuereinnahmen. Das nämlich schuf ein Einfallstor für die systematische Disziplinierung und Ausgrenzung: In den Genuss der Sozialpolitik sollten künftig nur diejenigen Mitglieder der Volksgemeinschaft kommen, die «deutschen und artverwandten Blutes» waren. Anders als beim Versicherungsprinzip sollte es auch keinen Rechtsanspruch mehr geben; das machte die Gewährung von Sozialleistungen vom individuellen Wohlverhalten abhängig.

Am Nutzen des Einzelnen für die Gemeinschaft sollte sich künftig die Bereitschaft der Allgemeinheit bemessen, Fürsorge und Hilfe zu gewähren. Wer gegen seine «staatsbürgerlichen Pflichten» verstieß, dem würde der Sozialstaat der Nachkriegszeit, wie ihn sich die Arbeitsfront wünschte, die Leistungen streichen. Während die Planer kein Wort über die «Nutzlosen» verloren, hatte ihre systematische Tötung längst begonnen. Allein im Laufe des Jahres 1940 ließen Ärzte rund 35 000 Behinderte und Psychiatriepatienten ermorden. Dies war eine Radikalisierung, die so erst der Krieg ermöglichte.

Blickt man hingegen auf Wirtschaft und Konsum, spricht wenig für einen scharfen Einschnitt im Herbst 1939: Die von Göring geschaffene Kriegswirtschaft im Frieden mobilisierte weit früher alle verfügbaren ökonomischen Ressourcen. Auch begannen die Planungen für den Ausbeutungs- und Vernichtungskrieg im Osten bereits vor dem Angriff auf Polen, ebenso die Überlegungen, wie mit dem akuten Arbeitskräftemangel umzugehen und inwiefern Kriegsgefangene zur Arbeit heranzuziehen seien. Die Eskalation der «Arisierung» machte zudem schon 1938 deutlich, zu welcher perfiden Systematik der bürokratische Staat bei der rassistischen Ausgrenzung fähig war. Daher gab es kein Datum, an dem die vermeintlich guten Jahre des Dritten Reiches endeten, sondern das Streben nach dem Krieg war gerade dessen innerstes Bewegungsgesetz.

V.

Großraubwirtschaft

In dieser Schusterwerkstatt arbeiteten jüdische Männer um ihr Leben. Im Getto von Lodz, das in Erinnerung an einen General des Ersten Weltkriegs nun Litzmannstadt hieß, hatten sie Schuhe in Zwölfstundenschichten zu produzieren. Ganz im Osten des vom Deutschen Reich annektierten Warthelandes gelegen, hatte die SS dort die Juden der Stadt in einem abgeriegelten Viertel zusammenpfercht. Als im Spätsommer 1941 die ersten deutschen Juden nach Osten deportiert wurden, kamen 20 000 Frankfurter, Kölner, Berliner, Hamburger und Düsseldorfer ins Getto von Lodz. Monate später waren über dreitausend von ihnen tot, die meisten verhungert. Der örtliche Regierungspräsident prahlte bei Heinrich Himmler, dass man eigentlich von der «Division Getto Litzmannstadt» sprechen müsse, weil die dort arbeitenden «jüdischen Handwerker» eine «Division Handwerker im Reich für den Wehrmachtsdienst freigemacht» hätten.[1]

Als der Finanzchef der Gettoverwaltung das Foto im Sommer 1942 aufnahm, wusste jeder in der Schusterwerkstatt: Wer nicht arbeiten konnte, weil er krank wurde, zu jung war oder zu alt, dem drohte der Tod. Seit dem Winter gingen regelmäßig Transporte ins Vernichtungslager Chelmno. Im September 1942 durchkämmte die SS das Getto tagelang und deportierte alle unter zehnjährigen Kinder und jeden, der älter als 65 war. Nach dieser

Aktion arbeiteten fast 90 Prozent der knapp 90 000 Gettobewohner. In den beengten Schusterwerkstätten produzierten sie allein im Dezember 1942 genau 191 359 Paar Schuhe.[2] Während die Metallwerkstätten neben Rüstungsgütern auch Kinderspielzeug fertigten, stellten die Tischler unter anderem Büromöbel her. Die Produktion ging zu fast 90 Prozent an die Wehrmacht; Zwangsarbeiter schneiderten jeden Monat 275 000 Uniformteile. Aber sie stellten auch Hüte, Unterwäsche und Frauenkleider her, die auf den zivilen deutschen Markt gelangten. Unter den Abnehmern war Josef Neckermann. Der Sohn eines Würzburger Kohlenhändlers belieferte nicht nur die Wehrmacht mit Uniformen, sondern ihm gehörte auch Deutschlands drittgrößter Versandhandel; das Unternehmen hatte er 1938 im Zuge der «Arisierung» erworben. Handwerksarbeiten aus dem Getto wusste der 30jährige auch privat zu schätzen. Im März 1942 ließ sich Neckermann für seinen persönlichen Bedarf einige «Pelzsachen» aus der Kürschnerei schicken.[3]

Im Laufe seines Bestehens lebten insgesamt rund 200 000 Juden im Getto von Lodz. Ein Viertel von ihnen starb an Hunger und Krankheiten, und spätestens als Himmler im Sommer 1944 angesichts der vorrückenden Roten Armee die Deportation der noch Lebenden nach Auschwitz befahl, zeigte sich, dass Arbeit keine Rettung war. Nur einige hundert überlebten.

Bereits im Herbst 1939 war klar geworden, dass der NS-Staat keinen gewöhnlichen Krieg führte. Das Streben nach Lebensraum mündete in einen rassistischen «Volkstumskampf». Dies prägte auch die ökonomische Logik des Weltkrieges, denn während man sich an die Errichtung eines kontinentaleuropäischen Großwirtschaftsraumes machte, überzog Deutschland das besetzte Europa mit einer Großraubwirtschaft, die sämtliche Ressourcen für die deutsche Kriegführung einspannte.[4]

Heimatfront und Schwarzmarkt

Wie lange die Erfahrungen von 1917/18 nachwirkten, demonstrierte die sozialpolitische Kriegsvorbereitung vom Frühsommer 1939. In einem kommunalrechtlichen Fachjournal hieß es, im Weltkrieg habe eine «kurzsichtige Staatsführung es unterlassen, eine gesetzliche Regelung zu treffen, die der Familie des Einberufenen das gab, was ihr zustand». Hingegen habe die «weitschauende Staatsführung» Hitlers nun weit bessere Vorkehrungen für den Krieg getroffen.[5] Vor dem Hintergrund dieser Erfahrungen erklärt sich die besondere staatliche Fürsorge, die den Familien der deutschen Soldaten zuteil wurde. Alle finanziellen Regelungen zielten auf die «Erhaltung des Besitzstandes». War der Ehegatte zum Wehrdienst eingezogen, erstattete der Staat der Frau die Miete und berücksichtigte bei der Berechnung des Unterhaltsanspruchs auch die Kosten für Zeitungsabonnements oder Kreditraten. Die kommunalen Ämter waren aufgerufen, im Zweifel großzügig zu entscheiden, denn es galt das «Herz des Soldaten» durch «ausdauernde Fürsorge» zu gewinnen.

Andernorts war man weit weniger großzügig: Großbritannien zahlte seinen Soldatenfamilien eine ähnliche Unterstützung, nur erreichte sie lediglich 38 Prozent des letzten Nettogehalts, und auch die USA zeigten sich mit 37 Prozent ähnlich knauserig. Die deutschen Bestimmungen jedoch waren so generös, dass man die Leistungen bald bei 85 Prozent des letzten Nettogehalts deckeln musste. Im Durchschnitt erhielten die deutschen Soldatenfamilien einen staatlichen Unterhalt, der fast 73 Prozent erreichte. In der Praxis bedeutete dies nicht selten eine Einkommenssteigerung, denn selbstverständlich kam der Staat für die Verpflegung der Soldaten ebenso auf wie für ihren Sold. Auch zahlte er bald ein erhöhtes Kindergeld.

Furcht vor schlechter Stimmung in der Heimat bestimmte auch die Finanzpolitik. Zwar verlangte der Fiskus sofort einen

Kriegszuschlag zur Lohn- und Einkommensteuer, doch galten so großzügige Freibeträge, dass ihn kaum einer zahlen musste. Nimmt man die Einkommensstatistik von 1943 als Maßstab, hatten 70 Prozent der Steuerzahler keinen Kriegszuschlag zu bezahlen, und nur die reichsten vier Prozent mussten überhaupt den vollen fünfzigprozentigen Zuschlag aufbringen. Zusätzliche Kriegssteuern erhob der Finanzminister lieber auf den Verbrauch von Tabak, Bier, Branntwein und Sekt. Zwar hatte Hitler die Maxime ausgegeben: «Wenn der Soldat an der Front kämpft, soll niemand am Krieg gewinnen.» Dennoch verteilte der NS-Staat schon nach dem Sieg über Frankreich großzügig Geschenke: Neben einer Rentenerhöhung wurden Überstundenzuschläge sowie das Einkommen aus Nacht-, Sonn- und Feiertagsarbeit vollständig von Steuern und Sozialabgaben befreit. Völlig aus dem Ruder gelaufen waren die Gewinne der Rüstungsunternehmen, so dass 1941 eine verschärfte Besteuerung einsetzte. Der Kriegszuschlag auf die Körperschaftsteuer führte dazu, dass 50 Prozent des Unternehmensgewinns an den Staat abzuführen waren.[6]

Für die Haushalte der meisten Deutschen brachte der Krieg steigende Einkommen. Das lag nicht nur an üppigen staatlichen Leistungen, sondern auch am Zuwachs bei Löhnen und Gehältern. Nach Jahren der Stagnation stiegen die Wochenlöhne von 1938 bis 1944 um 14 Prozent. Darin spiegelte sich allerdings zuallererst die nur noch mühsam zurückgestaute Geldentwertung, weil sich zur selben Zeit auch die Preise um 13 Prozent erhöhten. Während Mieten und die Kosten für Heizung und Strom konstant blieben, verteuerten sich Lebensmittel von 1938 bis 1944 um dreizehn, Kleidung sogar um knapp vierzig Prozent. Nicht nur wegen steigender Löhne und Gehälter, sondern auch wegen des stark beschränkten Warenangebots verfügten die Deutschen bald über Geld im Überfluss. Bei den öffentlichen Sparkassen erhöhte sich die Sparsumme allein im Laufe des Jahres 1942 um 15 auf 51 Milliarden Mark. Das war der größte Zuwachs, der bis dahin jemals verzeichnet worden war. Die Spitzen des Regimes interpretierten dies nicht nur als Folge von Geldüberhang und Bewirtschaftung, sondern durchaus auch als Vertrauensbeweis. Nicht wenige Deutsche sparten für eine bessere Zukunft nach dem Sieg. Bis weit nach der Kriegswende vom Winter 1941/42 entsprach die hohe Sparquote den vertagten Konsumhoffnungen, sei es, dass man auf einen KdF-Wagen hoffte oder vom Eigenheim träumte. Die Bausparkasse Wüstenrot warb noch Anfang 1943 mit dem Slogan: «Im Kriege sparen – später bauen!»[7]

Erst im Frühjahr 1943 fielen die Zuwächse der Sparguthaben geringer aus, begann die Hoffnung der Deutschen auf den Sieg offenkundig zu sinken. Dass Banken und Sparkassen faktisch verpflichtet waren, mit den Einlagen ihrer Kundschaft Reichsanleihen zu kaufen und so möglichst geräuschlos den Krieg zu finanzieren, wird den wenigsten Sparern bewusst gewesen sein. Dafür spricht der Misserfolg des im Spätherbst 1941 begonnenen Programms «Eisernes Sparen»: Dahinter verbarg sich ein staatlich gefördertes Sparkonto, bei dem die monatliche Sparsumme bereits vom Lohn oder Gehalt abgezogen wurde. Entsprechend verringerte sich das sozialversicherungs- und steuerpflichtige Einkommen, so dass die Abgabenlast etwas sank. Zwar richteten knapp 1,8 Millionen Deutsche bis Ende 1942 eiserne Sparkonten ein. Aber die Einzahlungen blieben weit hinter den Erwartungen zurück, und im Laufe des Jahres 1943 versiegte das Interesse dann endgültig. Viele Deutsche fürchteten, dass es sich um eine verkappte Form der Kriegsanleihe handelte und die Sparguthaben das Kriegsende nicht überdauern würden.[8]

Das offizielle Bewirtschaftungssystem machte es schon zu dieser Zeit immer schwieriger, überhaupt noch Geld auszugeben. Ende August 1939 eingeführt, gab es Fleisch, Fett, Zucker und Marmelade, Seife, Kohle, Textilien und Schuhe nur noch auf Karte zu kaufen.[9] Ab Ende September erfolgte dann die Versorgung mit Lebensmitteln abgestuft nach Alter und Schwere der Arbeit. Wer Nachtschichten oder harte körperliche Arbeit verrichtete, erhielt entsprechende Zulagen. Sonderzuteilungen waren zu Weihnachten fällig, im Urlaub oder bei der Hochzeit. Es gab Raucherkarten und eine Reichsseifenkarte, und im Laufe des Krieges erstreckte sich die Bewirtschaftung auf die meisten Konsumgüter, bis hin zu Möbeln, Glühbirnen, Pfannen oder Töpfen. Die Bewirtschaftung schuf neue Formen der Ungleichheit, denn plötzlich waren ledige und kinderlose Konsumenten benachteiligt, vor allem dann, wenn sie keine körperliche Arbeit verrichteten: Ein Berliner Medizindoktorand startete Anfang 1942 einen Selbstversuch und ernährte sich ausschließlich von der offiziellen Zuteilung. Binnen vier Wochen verlor er fast vier Prozent des Körpergewichts.[10] Demgegenüber profitierten Eltern von den üppiger bemessenen Rationen für ihre Kinder, und besonders begehrt waren Sonderzuteilungen für körperliche Arbeit, die etwa 60 Prozent der Bevölkerung erhielten. Die rassistischen Grenzen der Volksgemeinschaft galten auch hier: Von Beginn an schloss man Juden von sämtlichen Zulagen aus.

Sieht man von einem Rückgang der Brotversorgung im Sommer 1940 ebenso ab wie von der ersten Kürzung beim Fleisch, gab es größere Einschränkungen beim Konsum erst nach der Kriegswende. Sie fielen dafür umso massiver aus. Als sich im Frühjahr 1942 die Zuteilungen von Brot, Fleisch und Fett um bis zu 25 Prozent verminderten, schlug dies direkt auf die Stimmung der Deutschen durch. In der Reichskanzlei wurde man nervös und ließ sich die Vergleichsdaten für Großbritannien kommen, wo Brot, Kartoffeln und Kaffee sogar noch frei erhältlich waren. Die Fleischrationen der Briten waren um ein bis zwei Drittel höher als im Reich, und insgesamt lag das Niveau ihrer Versorgung etwa auf dem deutschen Niveau von 1939. Doch das war ein Vergleich, der Hitler nur bedingt interessierte. Er blieb ganz auf die Erfahrung des Ersten Weltkriegs fokussiert, und gemessen daran standen die Deutschen gut da: Damals war die landwirtschaftliche Produktion um 40 Prozent eingebrochen. Auch von 1939 bis 1943 gab es einen Rückgang, doch fiel er mit zehn Prozent recht milde aus. Ursache dafür war vor allem der Einsatz von Zwangsarbeitern in der Landwirtschaft. Und gegenüber dem Ersten Weltkrieg waren nun auch die besetzten Territorien größer: Sie trugen mit zwölf Prozent zum militärischen und zivilen Verbrauch bei, beim Fleisch sogar mit zwanzig Prozent.

Wegen der schlechten Stimmung versuchte man, die Rationen nach der guten Ernte vom Sommer 1942 zu erhöhen. Doch das Niveau war auf Dauer nicht zu halten. Bald gingen die Zuteilungen wieder zurück, und spätestens seit dem Winter 1943/44 verschlechterte sich die Versorgung stetig. Zwar blieb die Kalorienzahl der offiziell verteilten Lebensmittel zunächst konstant, aber zugleich erhielten die Deutschen immer weniger Fleisch und Fett. Ab Sommer 1944 sank dann auch der Energiegehalt der Zuteilungen. Die Behörden beschlagnahmten nun sogar Kartoffeln, die in den Kellern zerbombter Häuser lagerten. Schon der Blick auf die offiziellen Zuteilungen enthüllt also, dass im Krieg kaum noch von einer Konsumgesellschaft gesprochen werden konnte. Bis 1943 war der Einzelhandelsumsatz um ein Fünftel gesunken, und pro Kopf der Bevölkerung gerechnet setzte der Handel 1944 fast ein Drittel weniger um als im letzten Vorkriegsjahr. Immer seltener war das, was auf den Karten stand, auch wirklich verfügbar. Einkaufen wurde zu einem zeitraubenden Akt, der genaue Informationen über das Wo und Wann ebenso erforderte wie Geduld beim ausgiebigen und nicht selten vergeblichen Anstehen. Offiziell und auf reguläre Karten konnten Erwachsene schon ab Sommer 1943 keine Kleidung mehr kaufen; Uniformen, Arbeitskleidung und die Bedürfnisse der Ausgebombten hatten Vorrang. Die Mangelwirtschaft prämiierte den Zugang zu knappen Ressourcen, und so waren Handwerker und Bauern ebenso privilegiert wie all jene, die im besetzten Ausland Gelegenheit hatten, überflüssiges Bargeld in Konsumartikeln oder wertvollen Sachwerten anzulegen.

Die Erinnerungen des Schriftstellers Siegfried Lenz sind dafür ganz typisch. Viele Jahre später hielt er fest: «Jeder hatte einen Vater, einen Bruder, einen Schwager im Krieg – aus Paris kamen

Pakete mit betörender Seife, aus Polen trafen Schmalzkonserven ein, aus Norwegen dunkelroter Rentierschinken und aus Griechenland Korinthen.»[11] Bis Herbst 1940 galten für deutsche Soldaten offizielle Einkaufslimits; auch durfte ihnen Bargeld nur in beschränktem Umfang zugeschickt werden. In der Praxis hielt sich kaum jemand daran, und Göring gab bald sämtliche Einkäufe frei. Bedenken wegen eines «drohenden Ausverkaufs der besetzten Gebiete» hielt er für «unbeachtlich»; Einkaufsverbote für Pelze, Schmuck, Teppiche, Seidenstoffe und andere Luxusgüter hob er auf. Jeder Soldat durfte nun unbegrenzt Päckchen in die Heimat senden, und «was der Soldat tragen kann und was zu seinem persönlichen Gebrauch oder für seine Angehörigen bestimmt ist, soll er mitnehmen dürfen». Obwohl auch Hitler bemerkte, dass die Soldaten einen «Zuschuss» mitbrachten, welcher «der Heimat sehr zustatten» kam, versuchten Militär- und Zollbehörden Görings «Schlepp-Erlass» immer wieder einzuschränken. Mal hieß es, «Tragriemen oder Tragevorrichtungen» dürften nicht benutzt werden, mal durften die heimreisenden Soldaten nur so schwer beladen sein, dass sie ihre Vorgesetzten noch militärisch grüßen konnten. Im August 1942 stellte Göring daraufhin noch einmal ausdrücklich fest: «Soldaten können einkaufen, so viel sie wollen, was sie wollen, was sie schleppen können».[12]

Die offizielle Bewirtschaftung berücksichtigte den Ertrag solcher Einkaufstouren ebenso wenig wie er Eingang in statistische Erhebungen fand. Sicher ist nur, dass es sich um ein verbreitetes Phänomen handelte. Aus Prag schrieb der Schauspieler Wolf Goette seiner Familie von dem «tollen Schreibtisch», den er sich eben gekauft hatte und berichtete von einem Kollegen, der ein «wahrer Altertumshändler» geworden sei: «Gestern kaufte er einen großartigen Stich aus der Empirezeit, heute eine spanisch-gotische Madonna. Immerhin ist es nicht das Schlechteste, in solchen überaus realen Werten sein Geld anzulegen.» Eine Zeitzeugin erinnerte sich Jahrzehnte nach dem Krieg, dass ihre Mutter jeden Monat viel Geld an ihren Vater nach Frankreich schickte:

«Davon kaufte er ein, woran es uns daheim mangelte: Kaffee, Kakao, Käse, Schokolade in verschiedenen Ausführungen, Schuhe für meine Mutter, für mich, für unsere Lehrlinge, Lederhandschuhe [...] Fast täglich brachte die Post Päckchen aus Frankreich ins Haus [...] In den Urlaub kam er voll bepackt, mehr als er allein tragen konnte.» Auch die in Polen stationierten Soldaten brachten Kaffee und Kakao, Stoffe und Kleidung mit nach Hause. Und wegen der niedrigen Preise galt das Baltikum in der Truppe bald als «Kadewe», was in diesem Fall «Kaufhaus der Wehrmacht» bedeutete. Die Tochter eines Soldaten berichtet über «Blechdosen mit herrlicher Butter» und «köstlichen schwarzen Tee» aus Riga. «Besonders sind mir die zwar groben und zunächst viel zu großen blauen Schuhe und Schnürstiefel in Erinnerung, die mir bis nach dem Kriege gute Dienste getan und trockene Füße beschert haben.» Und auch Heinrich Böll erhielt als junger Soldat Geld von der ganzen Familie, mit dem er in Paris neben Kaffee, Butter und Seife auch schon einmal einen «schönen Stich» kaufte.[13]

Solche Sendungen waren daheim umso willkommener, je mehr der Bombenkrieg dazu beitrug, dass die offiziellen Rationen des Bewirtschaftungssystems nur noch auf dem Papier standen. Besonders Luxusartikel wie Tabak oder Kaffee verschwanden im Laufe des Jahres 1943 aus der regulären Versorgung der Zivilbevölkerung. Das lag nicht nur daran, dass wichtige Produktions- und Lagerstätten durch Luftangriffe zerstört wurden, wie etwa in Hamburg, sondern es ging auch auf die Fülle der Sonderzuteilungen zurück, mit denen der Staat nun auf die Flächenbombardements zu reagieren begann. Als die britische Luftwaffe im April 1942 vier Nächte lang Rostock angriff und die Altstadt fast völlig zerstörte, organisierten die Behörden erstmals improvisierte Versorgungslieferungen, darunter auch 100 000 Zigaretten aus Berliner Lagerbeständen. Es ging ihnen um die Moral der Deutschen. Sie verschlechterte sich jetzt zusehends, und nach der Niederlage von Stalingrad begann die Propaganda den Begriff «Stimmung» zu meiden. An spontane Gefühle mochte Goebbels lieber nicht mehr appellieren, vielmehr legte er nun größten Wert auf die vorbildliche «Haltung» der Deutschen. Sonderzuteilungen rarer Konsumgüter sollten helfen, diese nach dem Schrecken eines Flächenbombardements wiederzuerlangen. Dazu war nun ausgiebig Gelegenheit, denn bis zum Sommer 1943 traf das dichtbesiedelte Ruhrgebiet ein fünfmonatiges Bombardement; Ende Juli starben im Hamburger Feuersturm mehr als 30 000 Menschen, und im Spätherbst begannen dann die britischen Großangriffe auf Berlin.

Goebbels ließ sofort Suppe, Wurstbrote und Zigaretten in den Kinos und Schulen der betroffenen Viertel verteilen. Nach einem Besuch im stark zerstörten Wedding sah er sich in seiner Linie bestätigt: «Die Arbeiter und Arbeiterinnen empfangen mich hier mit einem Enthusiasmus, der ebenso unglaublich wie unbeschreiblich ist.» Angesichts der massiven Zerstörungen staunte er über diesen Zuspruch: «Der Mensch ist das größte Geheimnis, das man sich denken kann.» Vor allem Tabak sei «jetzt das bewährteste Genussmittel; für eine Zigarette macht der Berliner einen Kopfstand».[14]

Der Propagandaapparat versorgte die Deutschen nun vorrangig mit dem Stoff, der für die kleine Flucht aus dem beschwerlichen Alltag nötig war. Die Ufa produzierte jedes Jahr mehr als fünfzig neue Komödien, und daneben gelangten auch die entsprechenden Hollywood-Produktionen in die Kinos. Die Deutschen gingen fünfmal so oft ins Kino wie 1933, und sie sahen «Liebe ist zollfrei», «Die Feuerzangenbowle» oder «Mickey-Mouse». Trotz – oder gerade wegen – des sich verschärfenden Luftkrieges spielten in Deutschland noch immer 181 Orchester auf, die fast neuntausend hauptamtliche Musiker beschäftigten.[15] Entscheidend blieb aber die Versorgung mit Konsumartikeln. So stellte Bürgermeister Carl Vincent Krogmann sechs Monate nach dem verheerenden Luftangriff auf Hamburg fest: «Wenn nach dem Schrecken der Nacht der Volksgenosse ein Stück Brot mit Butter und einer dicken Scheibe Wurst in den Händen hält und dazu eine Tasse Kaffee, dann sieht die Welt gleich wieder viel rosiger aus.»[16] Zu dieser Zeit war man längst dabei, die Reaktion auf das großflächige Bombardement zu professionalisieren. Ab März 1944 hielt die Reichsbahn stets einige Güterzüge, die sogenannten Reichsstellenhilfszüge, bereit, die in Tunneln vor Bomben geschützt wurden. Nach Angriffen auf deutsche Großstädte brachten sie Soforthilfe. Sie bestanden jeweils aus 25 Wagen, die ein Standardsortiment transportierten, darunter Säuglingskleidung, Taschenlampen, Zahnbürsten und Essnäpfe. Auch an die Bürokratie war gedacht; jeder Zug hatte zwei Schreibmaschinen an Bord.[17]

Wer ausgebombt worden war, dem half jetzt auch die «Normkiste 101»: Sie enthielt das vollständige Inventar einer Wohnküche für vier Personen. Zusammengestellt wurden diese Kisten überall im besetzten Europa. Dort sortierte man Möbel und Hausrat aus den Wohnungen der deportierten Juden, um die Gegenstände in die bombardierten deutschen Großstädte zu schaffen. So gelangten nach dem Tausend-Bomber-Angriff im Laufe des Sommers 1942 knapp 1200 Waggons mit Hausrat aus den besetzten Westgebieten nach Köln. Beinahe jeden zweiten Tag gab es in den Messehallen eine Versteigerung, auf der Ausgebombte Vorrang hatten. Schon die Zeitungsannoncen machten deutlich, dass es sich um Gegenstände aus «nichtarischem Besitz» handelte.[18] Auch erhielt jeder Käufer einen Rechnungsvordruck, der den erworbenen Hausrat meist pauschal als das «Eigentum verschiedener Juden» auswies.

Bis Anfang 1944 hatte allein die Pariser Dienststelle Westen 674 Züge mit fast 70 000 Wohnungseinrichtungen ins Reich gebracht.[19] Nach Hamburg gelangten 27 000 Tonnen Möbel, Einrichtungsgegenstände und Kleidung aus den Niederlanden. Das entsprach 45 Schiffsladungen; hinzu kamen weitere Transporte per Bahn, die fast 2700 Wagen umfassten. An der Elbe kam das Eigentum von 30 000 jüdischen Haushalten unter den Hammer, und unter den zigtausend Käufern waren längst nicht nur die Ausgebombten. Eine Bibliothekarin erinnert sich: «Die einfachen Hausfrauen auf der Veddel trugen plötzlich Pelzmäntel, handelten mit Kaffee und Schmuck, hatten alte Möbel und Teppiche aus dem Hafen, aus Holland, aus Frankreich.»[20]

Dies war eine staatlich organisierte Soforthilfe, die zugleich die zehntausendfache Bereicherung am Vermögen der ermordeten Juden förderte. Trat der NS-Staat hier als Hehler auf, war sein Umgang mit dem längst im Verborgenen blühenden Schwarzmarkt ambivalenter. Dessen Bedeutung nahm im selben Maße zu, in dem sich die Mengen der offiziellen Zuteilungen und ihre Qualität verringerten. Nicht untypisch ist etwa der Fall der Berlinerin Martha M., die von der Polizei am 9. November 1944 verhaftet wurde. Seit 1940 hatte sie einen schwunghaften Tauschhandel mit allen erdenklichen Alltagsgegenständen betrieben, darunter Lebensmittel, Tabak, Kleidung und Schmuck; gelegentlich waren aber auch ein Föhn, ein Vogelbauer oder ein gebratenes Hähnchen darunter. Alle Geschäfte wickelte sie in ihrem Stadtteil und ausschließlich unter zwanzig direkten Bekannten ab, von denen einige wiederum weitere Geschäftskontakte vermittelten. Insgesamt machte die Polizei vierzig Handelspartner ausfindig.

Während Martha M. vor allem Tauschhandel betrieb, wurden auf dem Schwarzmarkt aber auch Lebensmittelkarten und Bezugsscheine gehandelt. Selbstverständlich blieb die Reichsmark als Verrechnungseinheit auch hier in Gebrauch. In den Preisen spiegelte sich neben der massiven Nachfrage nach knappen Gütern und dem Risikoaufschlag für den Schwarzhandel auch die offiziell zurückgestaute Inflation. Schon 1940 übertrafen die Preise auf dem illegalen Markt die Vorkriegspreise um das Drei- bis Zehnfache, bis Ende 1944 lagen die Schwarzmarktpreise mitunter fünfzig, bei Kriegsende dann oft sogar hundert oder zweihundert Mal höher als die offiziellen Preise. Bargeld nahmen die Händler zwar an, als dauerhaftes Wertaufbewahrungsmittel sahen sie es allerdings nicht mehr – die meisten versuchten ihr Bareinkommen so schnell wie möglich in Sachwerten und Naturalien anzulegen.[21]

Das Warenangebot des schwarzen Marktes war meist der offiziellen Bewirtschaftung entzogen worden. Häufig geschah dies bereits an der Quelle: Bauern machten zu niedrige Angaben zum Viehbestand oder setzten ihren Ackerertrag bewusst zu niedrig an. Fleisch stammte aus Schwarzschlachtungen. Auch in Gewerbe und Industrie gab es viele Möglichkeiten, zu mogeln oder einen Teil der Produktion offiziell als Ausschuss oder Diebstahl zu deklarieren, um ihn in Wirklichkeit an der Bewirtschaftung vorbeizuschleusen. Weil Arbeitskräfte aus Betrieben, die als «nicht kriegswichtig» galten, «ausgekämmt» wurden, mussten viele Einzelhändler ihre Geschäfte schließen. Ein Beamter des Reichswirtschaftsministeriums konstatierte, dass die betroffenen Betriebe «vor ihrer Schließung plötzlich beträchtliche Mengen von Waren zum Verkauf» brachten, die offenbar «bis dahin zurückgehalten worden waren». Daneben stammte das Angebot des Schwarzmarkts zu nicht geringen Teilen aus ganz gewöhnlichen Diebstählen. Gegenüber der Vorkriegszeit hatte sich die Zahl der Einbruchdiebstähle im Reich bis 1942 um fast 77 Prozent erhöht, und ihr Anteil an der gesamten registrierten Kriminalität verdoppelte sich. Dass nun 60 Prozent aller Straftaten auf Einbruchdiebstähle entfielen, führte das Reichskriminalpolizeiamt ganz unverhohlen auf die «Verknappung der Verbrauchsgüter» zurück. Mit den Zerstörungen des Luftkrieges nahmen auch die Diebstähle weiter zu.[22]

Zur selben Zeit zeigte sich der Sicherheitsdienst der SS in einem Lagebericht höchst alarmiert. Eine Bestrafung wegen Schwarzhandels werde in weiten Bevölkerungskreisen längst nicht mehr als ehrenrührig angesehen, und kurz darauf fasste der SD bündig zusammen, dass es eine «allgemein festzustellende» Bereitschaft gebe, bei «jeder sich bietenden Gelegenheit Tauschgeschäfte einzugehen». Mühelos ließ sich nun wieder an das Stereotyp des «Schiebers» anknüpfen, das schon während des Ersten Weltkriegs und in der Hyperinflation verbreitet gewesen war. So notierte die Journalistin Ursula von Kardorff im April 1944: «Neulich in einem Lokal wurde mir klar, wie es noch kommen wird. Neben uns saß ein Paar, sie in fleckigem Pullover, er in Hosenträgern. In einer großen Feldflasche hatten sie Eierkognak und boten davon den Kellnern an. Als wir unser kümmerliches Menü mit einem IG-Pudding von giftiger Farbe beendet hatten, servierte man ihnen gebratene Ente, dazu roten Sekt. Das sind die Typen, denen die Zukunft gehört. Bei uns steht alles auf der Kippe, jeden Tag kann sich der Untergang vollziehen, aber jene werden in jedem Regime oben schwimmen.»[23]

Schon im Interesse der Moral an der «Heimatfront» musste das Regime also gegen den Schwarzhandel vorgehen. Andererseits wollte es den Zorn der Bevölkerung aber nicht unnötig schüren. Beispielhaft für diesen Zwiespalt ist eine Anweisung vom Juli 1943, als die Parteikanzlei der Polizei ausdrücklich verbot, gegen Hamsterfahrten der Stadtbevölkerung vorzugehen. Wer von der Stadt aufs Land fuhr, um dort Obst und Gemüse zu kaufen, sollte künftig nicht mehr kontrolliert werden.[24] Durchaus flexibel handhabte man auch die Bestimmungen der Kriegswirtschaftsverordnung. Von Beginn an sollten drastische Strafen das Funktionieren des Bewirtschaftungssystems sichern – Schwarzhändlern drohten Geldstrafen und Haft, in schweren Fällen sogar die Todesstrafe.

Dass die Sondergerichte den Strafrahmen in der Praxis aber kaum ausschöpften, demonstriert das Beispiel Bremen. Das dortige Sondergericht wickelte insgesamt 562 Verfahren mit fast tausend Beschuldigten ab, von denen allerdings nur ein Fünftel auf Vergehen gegen die Kriegswirtschaftsverordnung entfiel. Die übergroße Mehrheit der 255 Angeklagten war nicht vorbestraft, darunter gewöhnliche Kaufleute, Angestellte, Lebensmittelhändler, Verkäuferinnen, Landwirte und Metzger. Die meisten erhielten kürzere Haftstrafen; nur elf kamen für mehr als drei Jahre ins Zuchthaus; Todesurteile gab es nicht. Sobald aber nach der Volksschädlingsverordnung angeklagt wurde, verhängte dasselbe Gericht drakonische Strafen. In diesen dreihundert Verfahren ging es ebenfalls fast ausschließlich um Eigentumsdelikte. Nur handelte es sich um Plünderungen nach Bombenangriffen oder Diebstähle bei den anschließenden Aufräumarbeiten, und anders als beim Schwarzhandel sollte Abschreckung hier die öffentliche Ordnung im Bombenkrieg aufrechterhalten. Deshalb verhängte das Sondergericht bei 34 Eigentumsdelikten die Todesstrafe.

Eine derartige Ungleichbehandlung ist nur auf den ersten Blick widersprüchlich. Die dahinterstehende Logik hatte der kommissarische Reichsjustizminister Franz Schlegelberger bereits im Sommer 1942 auf den Punkt gebracht: Der «kompromisslosen Härte der Strafrechtspflege gegen wirkliche Volksschädlinge» habe man die «verständnisvolle Behandlung derjenigen Volksgenossen» gegenüberzustellen, die «anständig im Gemeinschaftsleben ihre Pflicht» taten und die «nur einmal unerheblich und ohne großen Schaden anzurichten gestrauchelt» seien. Gemäß dieser Maxime orientierten sich Ermittler wie Richter weniger an der Tat, sondern vor allem an der Biographie des Beschuldigten: Wer nach der Volksschädlingsverordnung angeklagt und verurteilt wurde, war überdurchschnittlich häufig bereits vorbestraft oder hatte die Stationen der staatlichen Fürsorgeerziehung durchlaufen. Die Behörden attestierten diesen Angeklagten ungewöhnlich oft zugleich auch «Arbeitsscheu», mangelnden «inneren Halt» oder erblickten in ihnen «Gewohnheitsverbrecher».

Diese Praxis entsprach nicht unbedingt der Leitlinie, die Joseph Goebbels mit seinem Führer besprochen hatte. Bei der Bekämpfung des Schleich- und Tauschhandels habe die Maxime zu gelten: «Man muss die Großen hängen und die Kleinen laufen lassen und nicht umgekehrt.»[25] Viel eher arbeiteten die Sondergerichte bei der Bekämpfung von Plünderei und Schwarzmarkt daran, die «Gemeinschaftsfremden» zu identifizieren und möglichst systematisch aus der Volksgemeinschaft auszusondern. So trug der Krieg durchaus dazu bei, den egalisierenden Charakter der Volksgemeinschaft deutlicher hervortreten zu lassen. Welche Lebensmittelrationen man erhielt, ob man ausgebombt wurde, wer zum Wehrdienst eingezogen wurde und wer als unabkömmlich zu gelten hatte, ob Fremde in die eigene Wohnung einquartiert oder ob die Kinder aufs Land geschickt wurden – dies alles bestimmte jetzt das Schicksal des Einzelnen weit stärker als Einkommen, Vermögen, Herkunft oder Ausbildung.[26] Das freilich war keine sozialtechnisch geplante Gleichheit mehr, sondern umso stärker von militärischen Zufällen oder behördlicher Willkür abhängig, je länger der Krieg dauerte und je mehr sich die Gewalt nun immer stärker gegen die aus der Volksgemeinschaft Ausgeschlossenen richtete. Und nach wie vor konnten Geld und gute politische Kontakte so manche Härte mildern.

Rüstungs- und Versorgungswunder?

Im November 1941, auf dem Höhepunkt seiner militärischen Expansion, hatte das Dritte Reich ein Territorium erobert, auf dem rund 235 Millionen Menschen lebten.[27] Ihre Wirtschaftskraft nutzte der NS-Staat für die Versorgung der Deutschen, für seine Rüstung und für die Finanzierung des Krieges. Dieser Außenbeitrag belief sich, gemessen am Sozialprodukt, auf etwa ein Viertel. Dass gleichwohl die Deutschen die Hauptlast des Krieges trugen, demonstriert besonders seine Finanzierung, die sich immer weniger aus laufenden Steuereinnahmen speiste. Hatten reguläre Einnahmen 1939 noch ein knappes Drittel des Etats gedeckt, sank dieser Anteil bis Kriegsende unter zehn Prozent. Seit September 1939 belief sich die Neuverschuldung im Reich auf 339 Milliarden Mark. Auf lange Sicht mussten daher vor allem die deutschen Sparer für das Gros der Kriegskosten aufkommen. Ihre Guthaben verloren in der Währungsreform von 1948 neunzig Prozent ihres

Werts. Daneben leisteten aber auch die besetzen Länder einen Beitrag zur deutschen Kriegsfinanzierung. Ihnen wurden sogenannte Besatzungskosten auferlegt, die sich auf rund 90 Milliarden Mark summierten. Frankreich trug mit fast 32 Milliarden Mark die Hauptlast. Rechnet man alle Posten zusammen, war das Deutsche Reich bei Kriegsende mit mindestens 450 Milliarden Mark verschuldet.[28]

Hinzu kamen beträchtliche Leistungen, welche die besetzten Gebiete in Form von Waffen- und Warenlieferungen erbrachten. Ausgestattet mit der Macht des militärischen Siegers hatte das Reich überall günstige Wechselkurse durchgesetzt. Die Abwertung von Landeswährungen wie dem französischen Franc begünstigte die deutschen Einkäufer, das spürten nicht nur die gewöhnlichen Soldaten. Weil sich in Reichsmark abgerechnete deutsche Exporte im selben Maße verteuerten, verschärfte dies die Handelsbilanzungleichgewichte. Da überall in einem Clearingsystem nach dem Muster des Neuen Planes abgerechnet wurde, lieferten die besetzten Staaten faktisch auf Kredit. Das Clearing verrechnete den Wert der Im- und Exportgüter, und angesichts der einseitigen Warenströme in Richtung Deutschland entstanden auf den Clearingkonten große Defizite, die der deutsche Fiskus nicht ausglich. Diese zinslosen Darlehen beliefen sich bei Kriegsende auf knapp dreißig Milliarden Mark; das allein entsprach in etwa dem Umfang des gesamten deutschen Staatshaushalts im letzten Vorkriegsjahr.[29]

Nicht nur mit Blick auf den «finanziellen Tribut in Form von Besatzungskosten» und die Clearingschulden waren erzwungene Kooperation und Kollaboration im Westen der kolonialen Ausbeutung des Ostens weit überlegen.[30] Überall in West- und Nordeuropa war der deutsche Besatzungsapparat so klein, dass mit Repression allein kein Staat zu machen war. Vielmehr nahmen die Unternehmen in den besetzten Staaten die von deutschen Zentralauftragsstellen in Den Haag, Brüssel, Paris, Oslo und Belgrad vergebenen Aufträge weithin freiwillig an. Allein in den

Niederlanden produzierten 20 000 Unternehmen für die dortige Zentralauftragsstelle, und wer beispielsweise in Frankreich für die deutsche Rüstung arbeitete, konnte mit einträglichen Konditionen kalkulieren. Weil Rohstoffe und Arbeitskräfte auch dort vor allem in die Rüstung gelenkt wurden, sicherte die Annahme deutscher Aufträge den Fortbestand vieler Unternehmen. Auch vor behördlichen Schließungsanordnungen und der Requirierung von Arbeitskräften schützten die Exportaufträge. So erklärt sich, warum 1943 mehr als die Hälfte aller französischen Arbeitskräfte für die deutsche Rüstung tätig waren. Mit rund dreißig bis vierzig Prozent der Industrieproduktion oder einem knappen Drittel seiner Wirtschaftsleistung unterstützte Frankreich die deutschen Kriegsanstrengungen.[31]

Im Jahr 1944 stammten fast dreißig Prozent der deutschen Stahlproduktion aus Werken in den besetzten Gebieten, was das besondere rüstungswirtschaftliche Gewicht der Besatzung eindrucksvoll unterstreicht. In Frankreich arbeiteten über 3300 Unternehmen im direkten Auftrag der Wehrmacht, und in stärkerem Maße produzierte sonst nur noch die vor Bombenangriffen gut geschützte Industrie des Protektorats Böhmen und Mähren für die deutsche Rüstung. Nimmt man den gesamten Wehrmachtabsatz zum Maßstab, trugen Produzenten in den besetzten Gebieten von 1941 bis 1944 mit rund 22 Prozent zur deutschen Rüstung bei. Jede fünfte Granate stammte mithin aus dem besetzten Ausland, und dort gab es unterschiedliche Produktionsschwerpunkte. Während die Betriebe des Generalgouvernements vor allem Munition fabrizierten, stand in den Niederlanden der Schiffbau meist an erster Stelle, Frankreich wiederum war ein wichtiger Fahrzeug- und Flugzeugproduzent.[32]

Das Maß an unternehmerischer Freiheit, bürokratischem Zwang und offener Ausplünderung, das die deutsche Besatzungsverwaltung anwendete, hing entscheidend von rassistischen Abstufungen ab. Auch das Ausmaß des zuvor geleisteten militärischen Widerstands spielte eine Rolle. So fiel das Besatzungsregime in Dänemark besonders zurückhaltend aus, während man den Norwegern weniger konziliant begegnete. Verfügten belgische oder französische Unternehmen anfangs durchaus noch über einigen Handlungsspielraum, respektierte die Verwaltung des Generalgouvernements keinerlei polnische Eigeninitiative.

Die Unterschiede der Besatzungspolitik zeigten sich nirgends so deutlich wie in der Lebensmittelversorgung. Blickt man auf die offiziellen Rationen, erhielt der deutsche «Normalverbraucher» im Schnitt einen täglichen Versorgungssatz von rund 1900 Kilokalorien, womit er das vom Völkerbund bestimmte körperliche Existenzminimum von 2400 Kilokalorien um ein Fünftel verfehlte. Demgegenüber lagen die Vergleichswerte in den Niederlanden bei 1800, in Frankreich bei 1170, im Generalgouvernement bei 990 Kilokalorien. Im besetzten Gebiet der Sowjetunion betrug die niedrigste Versorgungsstufe 1943 nur noch 840 Kilokalorien täglich.[33] Das jedoch waren offizielle Durchschnittssätze, die in der Praxis keineswegs immer erreicht wurden. Zwar versorgten sich die Besatzungstruppen der Wehrmacht überall aus dem Land. Wenn aber besonders die Stadtbevölkerung hungerte, deutet das vor allem darauf hin, wie sehr die Verteilung von Nahrungsmitteln zum eigentlichen Problem wurde. Wo der Staat schwach war, funktionierte die Bewirtschaftung schlechter, und umso größere Teile der Versorgung landeten auf dem Schwarzmarkt oder wurden von Herstellern und Händlern gehortet. Gemeinsam mit den rücksichtslosen Requirierungen des Militärs führte dies beispielsweise in Griechenland zu einer schweren Hungersnot; in Athen und auf den Inseln starben Zehntausende Griechen, während die deutschen Besatzungstruppen tatenlos zusahen.[34]

Noch dramatischer war die Lage der Zivilbevölkerung im besetzten Teil der Sowjetunion. Auch hier requirierte die Wehrmacht rücksichtslos die vorhandenen Lebensmittel und ließ die Viehbestände schlachten. Schon beim Vormarsch stellte sich aber heraus, dass die Ausbeute weit geringer war als ursprünglich erhofft. Auf dem Rückzug hatten die Sowjettruppen viele Vorräte verbrannt, Traktoren und Landmaschinen ebenso systematisch zerstört wie Industrieanlagen und Bergwerke. Dass die Bevölkerung hungerte, entsprach hingegen den deutschen Planungen. Bereits im Mai 1941 notierte Goebbels, das Reich werde sich künftig bei der Lebensmittelversorgung «im Osten gesundstoßen».[35] Er spielte damit auf Planungen des Agrar-Staatssekretärs Herbert Backe an, der mit dem Ostfeldzug auch die landwirtschaftlichen Überschüsse der Ukraine ins Reich umzulenken gedachte. Backe wusste, dass die von Stalin seit den späten zwanziger Jahren betriebene Politik der Industrialisierung und Verstädterung maßgeblich vom Ertrag der ukrainischen Landwirtschaft abhing: Ihre Überschüsse ernährten die Industriearbeiter in den neuen Großstädten. Der «Hungerplan» zielte darauf, die Stadtbevölkerung von dieser Versorgung abzuschneiden und die überschüssige Agrarproduktion stattdessen für die deutsche Versorgung zu nutzen.

Allen Beteiligten war klar, dass dies für viele Millionen Menschen den sicheren Hungertod bedeutete. Schon die Belagerungsringe um Leningrad, Minsk und Kiew hungerten die Bevölkerung aus oder zwangen sie aufs Land.[36] Eine Stadt wie Charkow verlor binnen zwei Jahren eine Dreiviertelmillion Einwohner, und ein deutscher Beamter notierte: «Wer heute über die besetzten Sowjetgebiete fliegt oder reitet, wird Menschenmassen auf den Landstraßen sehen; es gibt Hunderttausende von ihnen und laut Experten erreicht ihre Zahl oft eine Million. Diese Massen suchen entweder Lebensmittel oder bringen sie zum Verkauf in die Städte.»[37] Während der millionenfache Hunger tatsächlich eintrat, ging der Rest des Planes nie auf. Die Produktivität der Landwirtschaft blieb in den besetzten sowjetischen Gebieten gering, wozu die deutschen Besatzer maßgeblich beitrugen. Mit Blick auf die Siedlungsträume der Rasseideologen verweigerte man den Bauern eine Rückkehr zum Privateigentum; hinzu kamen willkürliche Requirierungen und brutale Mordaktionen als Vergeltung für Partisanenangriffe. Das Gros der Produktion ging an die Wehrmacht, während der «Lebensraum im Osten» zur Versorgung der Deutschen ansonsten kaum etwas beitrug.

Nur im Generalgouvernement war das zeitweilig anders; die dortigen Ernteerträge halfen sogar, die deutsche Versorgungskrise vom Frühjahr 1942 etwas zu mildern. Dahinter stand jedoch vor allem der Terror der SS: Himmler befahl, Warschau abzuriegeln. Bauern, die ihre Ablieferungsquoten nicht erfüllten, sollten erschossen werden. Auch wollte man Lebensmittel dadurch freibekommen, dass man die dreieinhalb Millionen im Generalgouvernement lebenden Juden möglichst rasch ermordete. Lebensmittel führte das Reich jetzt vor allem aus Westeuropa und dort besonders aus Frankreich ein. Im August 1942 machte Göring vor den in Berlin versammelten Spitzen der Besatzungsbehörden noch einmal die Prioritäten deutlich: Ihm sei es «gleichgültig», wenn «Ihre Leute wegen Hungers umfallen. Mögen sie das tun, solange nur ein Deutscher nicht wegen Hungers umfällt.»[38]

Trotz der enormen Größe des eroberten Wirtschaftsraumes konnte also von einem Versorgungswunder gar keine Rede sein. Dennoch stieg die deutsche Industrieproduktion bis 1944 unaufhörlich. Hatte sie 1939 den Stand von 1928 um 32 Prozent übertroffen, lag der Vergleichswert des vorletzten Kriegsjahres um weitere 14 Prozentpunkte höher. Hinter diesem Durchschnittswert verbarg sich allerdings eine höchst ungleiche Entwicklung. Während die Konsumgüterindustrie bereits in den dreißiger Jahren kein größeres Wachstum mehr verzeichnet hatte, sank ihre Produktion im Krieg; bald lag sie sieben Prozent unter dem Niveau von 1928. Demgegenüber flossen alle verfügbaren Ressourcen in die für die Rüstung entscheidende Produktionsgüterindustrie. Schon 1939 übertraf ihr Ausstoß den Vergleichswert von 1928 um 48 Prozent, und als er 1943 den Höhepunkt erreichte, lag er weitere 32 Prozentpunkte darüber. Nur wegen dieses enormen Wachstums konnte der NS-Staat seinen

Krieg gegen die in ökonomischer Hinsicht überlegenen Alliierten überhaupt so lange führen. Doch auch das vermeintliche deutsche Rüstungswunder entpuppte sich bei näherem Hinsehen als Schimäre.[39]

Trotz des wichtigen Beitrags, den Industrie und Arbeitskräfte in den besetzten Gebieten leisteten, stand hinter dem Produktionsanstieg vor allem die Konzentration auf wenige Rüstungsschwerpunkte. Schon der kurze Polenfeldzug hatte deutlich gemacht, dass der Ausstoß der Rüstungsproduktion weit hinter den Zielvorgaben zurückblieb. Besonders alarmierend war, dass es bereits nach wenigen Kriegswochen an Munition mangelte. Im November 1939 bestimmte Hitler, dass Flugzeuge und Munition künftig ganz im Mittelpunkt stehen sollten. Bereits im Juni 1940 flossen 70 Prozent aller verfügbaren Ressourcen in diese beiden Bereiche, und daran sollte sich auch später kaum etwas ändern. Noch im Herbst 1943 bildete die Herstellung von Granaten, Bomben und Patronen den eigentlichen Schwerpunkt der deutschen Rüstungsanstrengungen. Rund 450 000 Arbeiter waren allein in der Munitionsproduktion tätig, gegenüber 370 000 in der Herstellung von Panzern und anderen Waffen. Generell verdankten sich rüstungswirtschaftliche Erfolge weniger der Rationalisierung, der Initiative einzelner Personen oder den vielen Organisationsreformen, sondern sie gingen vor allem auf die Verfügbarkeit des knappen Stahls zurück. Das zeigte sich bereits im ersten Halbjahr 1940. Nachdem die Transportprobleme behoben waren und die Energieversorgung wieder klappte, verdoppelte sich von Januar bis Juli der deutsche Rüstungsausstoß. Seit Februar 1940 stieg die Munitionsproduktion steil an, weil die Betriebe mehr Stahl zugewiesen bekamen.[40]

Hitler war unter dem Eindruck der vorausgegangenen Munitionskrise auf der Suche nach Schuldigen. Er fand sie schließlich im Heereswaffenamt, dessen Offizieren er das Vertrauen entzog. Im März 1940 schuf er mit dem Reichsministerium für Bewaffnung und Munition eine neue Behörde, die er Fritz Todt unterstellte. Der Bauingenieur hatte sich beim Bau der Reichsautobahn als ebenso verlässlicher Organisator erwiesen wie bei der Errichtung des Westwalls, und vom Selbstverständnis her übernahm damit erstmals ein Zivilist das Kommando über die militärische Rüstung. Todt zielte mit seiner Reform der Beschaffungsbürokratie darauf, die Auftragsvergabe zu dezentralisieren und dazu enger mit den Rüstungsunternehmen zu kooperieren. Mittel dazu waren regionale Munitionsausschüsse, in denen nicht mehr die Offiziere, sondern Experten aus der Industrie den Ton angaben. Zugleich richtete Todt in Berlin eine Reihe von sogenannten Hauptausschüssen für wichtige Rüstungsgüter ein, etwa für Panzer und Zugmaschinen. Die Reform beseitigte tatsächlich viele bürokratische Hemmnisse, aber entscheidend für Todts raschen Erfolg blieben doch die erhöhten Stahlzuteilungen des vorangegangenen Winters – oder wie Friedrich Fromm als Chef der Heeresrüstung treffend bemerkte: Der Munitionsminister stieg im Frühjahr 1940 «in ein gemachtes Bett».[41]

Was Todt auszeichnete, war ein nüchterner Realitätssinn, den er zur Kriegswende auch gegenüber Hitler demonstrierte. Schon im Oktober 1941 blieb der deutsche Angriff auf Moskau erstmals im aufgeweichten Boden stecken, ehe die Wehrmacht dann den Frost nutzte, um mit letzter Kraft bis auf wenige Kilometer auf die sowjetische Hauptstadt vorzurücken. Doch für Temperaturen von minus dreißig Grad war die von Nachschubproblemen geplagte und nach einem langen Vormarsch ausgelaugte Truppe nicht gerüstet. Todt wusste um den Ernst der Lage, und schon Ende November sagte er seinem Führer: «Dieser Krieg ist militärisch nicht mehr zu gewinnen.» Er riet zur Aufnahme von Friedensverhandlungen und warnte besonders vor dem Kriegseintritt der USA, der ein überlegenes Rüstungspotential mobilisieren werde. Hitler reagierte darauf mit Unverständnis. Auch von der wenige Tage später beginnenden sowjetischen Gegenoffensive ließ er sich nicht einschüchtern; vielmehr suchte er den Schulterschluss mit Japan und erklärte den USA den Krieg. Vor

Moskau stoppt die Wehrmacht nicht nur ihren Vormarsch, sondern sie erlitt eine vernichtende militärische Niederlage. Es begann ein ungeordneter Rückzug. Binnen vier Monaten starben 570 000 deutsche Soldaten, mehr als die Hälfte davon an Krankheiten oder Erfrierungen.

Im Februar 1942 verhandelte Todt erneut mit Hitler über die desaströse Lage. Über den Verlauf ihres Gesprächs im ostpreußischen Rastenburg ist nichts Genaues bekannt. Fest steht nur, dass der Rüstungsminister anschließend in ein Flugzeug stieg, das auf einem Flugplatz unweit der «Wolfsschanze» auf ihn wartete. Es stürzte ab, und sofort liefen Gerüchte um, dass jemand bei Todts Tod nachgeholfen haben müsse. Sie verraten viel über die Panik, in der sich die Führung des Regimes befand. Wie schon im Dezember war Hitler jedoch zur Flucht nach vorn entschlossen, und dazu bedurfte es neuer Zuversicht. Um sie zu schaffen, machte Hitler mit Albert Speer seinen vielleicht engsten Vertrauten zum Nachfolger Todts. Der Architekt hatte nicht nur das nötige organisatorische Talent, sondern war seit je ein Mann der Inszenierung. So hatte er die Berliner Feierlichkeiten für den ersten «Tag der nationalen Arbeit» am 1. Mai 1933 ebenso mitgeplant, wie er für die bombastischen Inszenierungen der Reichsparteitage, Erntedankfeiern und der Olympischen Spiele verantwortlich gewesen war. Sofort sorgte Speer dafür, dass die Wochenschauen über die besonderen Leistungen der deutschen Rüstungs- und Waffenproduktion berichteten und ausgiebig Bilder aus den Rüstungsfabriken zeigten. Die Abstimmung mit dem Propagandaministerium wurde so wichtig, dass die beiden Behörden bald eine Verbindungsstelle einrichteten. Gemeinsam mit Goebbels ging Speer daran, die vermeintliche Überlegenheit der deutschen Rüstung herauszustellen, um den Volksgenossen ihre Siegeszuversicht zurückzugeben.

Mittel dazu waren technische Superlative und Heldengeschichten wie die des Franz Hahne. Als angeblich produktivster Rüstungsarbeiter des Deutschen Reiches erhielt der Obermeister der Altmärkischen Kettenwerke im Frühsommer 1942 das Ritterkreuz des Kriegsverdienstordens. Alle kamen, um ihn zu ehren: Kameramänner der Wochenschau, Radio- und Zeitungsreporter. Gemeinsam mit Albert Speer gratulierte ihm die gesamte Führungsspitze der deutschen Kriegswirtschaft. Zeitgleich mit der Berliner Zeremonie erhielten tausend weitere Rüstungsarbeiter im ganzen Reich das Kriegsverdienstkreuz zweiter Klasse. Die Botschaft war klar: Zwischen militärischen Verdiensten der kämpfenden Truppe und den Leistungen an der Heimatfront sollte künftig kein Unterschied mehr gemacht werden.[42] Meister Hahne stand auch später noch häufig im Dienst des Propagandaministeriums, und man wird ihn sich als tiefgläubigen Nationalsozialisten vorstellen dürfen. Seinem Minister sandte er noch Konstruktionszeichnungen für stabilere Panzersperren, als alliierte Truppen bereits dabei waren, Danzig, Frankfurt und Mannheim zu besetzen.

Bei den Altmärkischen Kettenwerken handelte es sich um einen typischen Rüstungsbetrieb, der vor allem Geschütze und Panzer herstellte, und sie sind zugleich ein gutes Beispiel dafür, wie sehr inzwischen die Grenzen zwischen Staat und Privatwirtschaft verschwammen. Das Alkett-Kapital hatte zu vierzig Prozent die staatliche Montan aufgebracht; sechzig Prozent stammten vom Rüstungskonzern Rheinmetall-Borsig, einer Tochtergesellschaft der Reichswerke. Aber auch Privatunternehmen, an denen sich der Fiskus nicht direkt beteiligte, agierten inzwischen weithin wie Staatsbetriebe: In Rohstoffwirtschaft und Industrie gab es jetzt kaum noch einen zivilen Markt, und sämtliche Faktoren der Produktion unterlagen der Lenkung und Kontingentierung.

Ähnlich wie die privaten Haushalte sorgten sich auch Rüstungsunternehmen längst nicht mehr ums Geld. Eher löste die «steigende Höhe der flüssigen Mittel» inzwischen «Besorgnisse» aus wie die des Krupp-Direktors Ewald Löser. Das Unternehmen saß im Sommer 1941 auf einem Bargeldbestand von 260 Millionen Mark, sah jedoch kaum Möglichkeiten, dieses Geld auf lange Sicht sinnvoll – und das hieß: abseits der reinen Rüstungsproduktion – zu investieren. Seit Kriegsbeginn hatte das Unternehmen eine Reihe von Bauvorhaben zurückstellen müssen, und selbst wo das kriegswirtschaftliche Interesse anerkannt war, wie etwa bei der Errichtung eines neuen Steinkohlebergwerks am Niederrhein, kam Krupp angesichts knapper Roh- und Baustoffe nur schleppend voran.[43]

Speer konstruierte sein Rüstungswunder auch mit einer frisierten Statistik. Typisch war der Auftritt des Ministers im Juni 1943, als er vor zehntausend Rüstungsarbeitern seine Erfolge feierte. Die Munitionsproduktion sei um das Sechsfache gesteigert worden; Deutschland produziere viermal so viele Waffen wie zwei Jahre zuvor, und der Ausstoß liege bei Panzern sogar zwölfmal höher. Als Vergleichsmaßstab nutzte er eine kurze Phase des Jahres 1941, in der die Produktion besonders gering gewesen war. Speer übertrieb seine Erfolge, konnte aber doch immerhin auf einen steigenden Rüstungsausstoß verweisen. Im Februar 1943 lag dieser tatsächlich doppelt so hoch wie bei seiner Amtsübernahme, und bis 1944 hatte er sich sogar verdreifacht. Nur hatte das ganz ähnliche Ursachen wie im Frühjahr 1940, vor allem eine stark gesteigerte Stahlzuteilung. Es blieb also entscheidend, wieviel Geld und welche Ressourcen in die Rüstung gesteckt werden konnten, und in dieser Hinsicht war der NS-Staat hoffnungslos unterlegen. In der Öffentlichkeit zog Speer die Steigerungsraten den absoluten Zahlen vor, weil andernfalls das entmutigende Kräfteverhältnis sofort deutlich geworden wäre. So klangen die Rekorde der Flugzeugproduktion des Jahres 1942 zwar beeindruckend; aber den 15 000 neuen deutschen Maschinen standen fast 100 000 in den USA, in Großbritannien und in der Sowjetunion gebaute Flugzeuge gegenüber.[44]

Dass Speer nicht zuletzt Propaganda in eigener Sache betrieb, unterstreicht ein Blick auf seine Zuständigkeit. Als Rüstungsminister verfügte er über dieselben Kompetenzen wie sein Vorgänger. Speer organisierte mithin die Munitionsversorgung aller Truppenteile, daneben war er aber nur für die Heeresrüstung zuständig. Erst im Juni 1943 dehnte Hitler seinen Einfluss auch auf die Marine aus, und die Verantwortung für die Luftrüstung übernahm er sogar erst im Frühjahr 1944. Gerade der Flugzeugbau verzeichnete aber die größten Rationalisierungserfolge. Während die Steigerung der Waffen- und Munitionsproduktion vor allem von einer zusätzlichen Stahlversorgung abhing, verdoppelte sich die Zahl der monatlich hergestellten Flugzeuge im Laufe des Jahres 1942, ohne dass die Aluminiumzuteilung gesteigert worden wäre. Zu diesem Erfolg trugen Fertigungsmethoden nach amerikanischem Vorbild bei, etwa in Genshagen, wo Daimler-Benz Flugzeugmotoren am Fließband produzierte. Entscheidend war die Standardisierung der Produktion. Die Kosten sanken und der Ausstoß stieg immer dann, wenn sich die Fertigung auf ein einziges Modell beschränkte und die militärische Lage nicht ständige Typenwechsel erforderte. In organisatorischer Hinsicht hatte das Reichsluftfahrtministerium ohnehin einen ganz anderen Weg eingeschlagen als Todt. Während dieser die Berliner Beschaffungsämter entmachtet hatte, setzte die Luftrüstung ganz auf Zentralisierung. Dazu brachte das Luftfahrtministerium die wichtigsten Privatunternehmen unter seine Kontrolle, indem es mächtige Vorstände wie den Junkers-Manager Heinrich Koppenberg in den Ruhestand schickte und administrativ überforderte Erfinderunternehmer wie Willy Messerschmidt oder Ernst Heinkel aus den Unternehmensleitungen drängte.[45]

Speer etablierte vor allem eine neue Koordinierungsinstanz, seine Zentrale Planung sollte sich bald zu einer Art «Kriegskabinett der deutschen Wirtschaft» entwickeln, das vor allem die Rohstoffverteilung koordinierte. Das bereits von Todt etablierte System der Hauptausschüsse baute Speer aus und holte viele junge Manager aus den Unternehmen in die Rüstungsverwaltung. Sie wurden in den neu geschaffenen Ringen und Hauptringen tätig, wo sie die Rohstoffverteilung koordinierten. Ende 1942 gab es bereits 249 Hauptausschüsse, Ausschüsse, Hauptringe und Ringe. Die Großkonzerne waren in der Rüstungsverwaltung reichlich vertreten. Allein die Vereinigten Stahlwerke und die Reichswerke besetzten 24 Schlüsselpositionen, aber auch Siemens und AEG, Krupp und Mannesmann, die I. G. Farben, Bosch oder Zeiss kamen zum Zuge. Daneben entsandten auch viele Mittelständler ihre Experten; sie kümmerten sich um die Produktion von Pumpen, Wälzlagern oder Transformatoren.[46]

Zum Mythos des Rüstungswunders gehört es, vor allem auf diese Organisationsreformen und auf seine improvisationsfreudigen und meist bemerkenswert jungen Industriemanager zu schauen. Viel wichtiger war jedoch die rücksichtslose Mobilisierung aller verfügbaren Ressourcen. Das bekamen nicht nur die Zwangsarbeiter zu spüren, sondern auch die Eigentümer und Beschäftigten von Betrieben der Konsumgüterindustrie und des Handels, die nun in mehreren Stilllegungswellen «ausgekämmt» wurden. Ab 1943 traf dies sogar kleinere Rüstungsbetriebe, weil die Produktion auf die leistungsstärksten Betriebe konzentriert werden sollte. Das diente der Rationalisierung und sollte Arbeitskräfte sparen. Im Südwesten verlagerte beispielsweise ein Rüstungsunternehmen wie Bosch seine Produktion in die Fabrikhallen der stillgelegten Textilbetriebe. Für die deutschen Belegschaften verdichtete sich der Takt der Arbeit, nun jedoch unter den widrigen Bedingungen des Bombenkrieges und einer sich laufend verschlechternden Versorgung. Zwar gab es auch Bestrebungen, den Frauenanteil an den Belegschaften weiter zu steigern. Weil aber schon bei Kriegsbeginn ungewöhnlich viele deutsche Frauen arbeiteten, stieß man hier an eine natürliche Grenze. Effektiver war es, die vorhandenen Maschinen überall im Zweischicht-Betrieb zu betreiben und zugleich den Druck auf die Arbeiter weiter zu erhöhen. Im Februar 1944 ordnete Speer schließlich die 72-Stunden-Woche an.[47]

Wer diesen Takt der Arbeit nicht mitmachen wollte oder konnte, lief Gefahr, im Arbeitserziehungslager zu landen. Was der

Volksmund noch auf Jahrzehnte als «Arbeitslager» oder «Straflager» bezeichnete, war ein effektives Mittel der Disziplinierung. Faktisch handelte es sich um Konzentrationslager im direkten Einflussbereich der Gestapo, und die Einweisung wurde den Betriebsleitungen ebenso wie den Betriebsobmännern der Deutschen Arbeitsfront im Laufe des Krieges immer leichter gemacht. Verbindliche Regeln dafür, wann eine solche Bestrafung drohte, gab es nicht. Dass es vielmehr um offene Einschüchterung ging, zeigten willkürliche Einweisungen, deren Ausmaß nicht selten von der Zahl der verfügbaren Plätze in den Lagern abhing. Ein Arbeiter berichtet aus Hunswinkel im Sauerland, wo die Insassen eine Talsperre zu errichten hatten, wie die Neuankömmlinge vom Lastwagen ins Lager geprügelt wurden. Dort hatten sie stundenlang nackt Appell zu stehen, und ein «Polizeioffizier schlug uns mit der Peitsche ins Gesicht». Über die Dauer des Aufenthalts wurde kein Insasse unterrichtet. Immer musste harte körperliche Arbeit – wie in Hunswinkel meist Erd- oder Tiefbauarbeiten – verrichtet werden. Hielten die Aufseher die Arbeitsleistung für unzureichend, folgte die Strafe in Form von Essensentzug auf dem Fuße.[48]

Im vermeintlichen Rüstungswunder bemaß sich der Wert des Einzelnen bald nur noch an Arbeitskraft und Arbeitsfähigkeit. In immer mehr Bereichen der staatlichen Gesundheitspolitik bestimmte die so verstandene gesellschaftliche Nützlichkeit nun auch die Hoffnung auf Heilung. So genehmigten die Landesversicherungsanstalten den Tuberkulosekranken bald nur noch den nötigen Aufenthalt im Sanatorium, sofern die Aussicht auf «Wiederherstellung der Erwerbsfähigkeit für längere Zeit» bestand. Die dringend erforderliche Kostzulage, die eine Heilung hätte unterstützen können, wurde gestrichen. Weil die Insulinproduktion zu gering war, verabreichte man Altersdiabetikern weniger als nötig. Vor dem Hintergrund der prekären Ernährungslage und angesichts der «starken Anspannung im Arbeitsprozess» wies Himmlers Sicherheitsdienst auf das «Absinken des allgemeinen

Gesundheitszustandes» hin. Amts- und Vertrauensärzte diagnostizierten nun immer öfter Untergewicht von 15 Kilogramm und mehr. Für einen allgemeinen Verfall der Körperkräfte sprach auch die geringe Widerstandsfähigkeit gegen Infekte, die viele Amtsärzte beklagten. Fast jeder vierte deutsche Beschäftigte im Ruhrbergbau erkrankte schon im Laufe des Jahres 1942 mindestens einmal an Angina, Grippe, Bronchitis oder Lungenentzündung; gegenüber der Vorkriegszeit entsprach das einer Steigerung um 70 Prozent. Überall traten nun vermehrt entzündliche Hautkrankheiten auf; auch sie deuteten auf eine geschwächte Immunabwehr hin.

Mit Fürsorge oder Nachsicht hatte niemand der Erkrankten zu rechnen. Selbst die von den Belegschaften als Gesundschreiber verachteten Vertrauensärzte gerieten jetzt unter Rechtfertigungsdruck, obwohl sie kaum noch jemanden krankschrieben, der sich noch einigermaßen auf den Beinen halten konnte. So brachte eine Untersuchung der Mannesmann-Betriebskrankenkasse ans Licht, dass von 57 Krankgeschriebenen nur ein Beschäftigter sofort wieder an die Arbeit gehen, drei weitere zumindest binnen ein bis zwei Tagen gesundgeschrieben werden konnten. Trotz solcher Zahlen setzte man Anfang 1943 auf «vertrauensärztliche Einsatzgruppen» unter dem Kommando von Wilhelm Gutermuth. Der von der SS protegierte Internist kontrollierte mit seinen mobilen Trupps die Belegschaft von Rüstungsbetrieben mit hohem Krankenstand. Geplant war, dass die Ärzte der Gutermuth-Aktion in sieben Stunden ein Soll von 45 Untersuchungen absolvierten; das entsprach etwa neun Minuten pro Patient. Wer schneller arbeitete, erhielt einen Bonus. Deshalb gelang einzelnen Ärzten das Kunststück, täglich 150 Patienten in jeweils weniger als drei Minuten zu untersuchen. Als arbeitsfähig galten jetzt Beschäftigte, die an Magengeschwüren, Herzschäden, Rheuma oder Rückenschmerzen litten. Es zählte allein die Produktion für den Krieg; Langzeitschäden blendete man aus.[49]

Zwangsarbeit

Kazimierz B. geriet nach der polnischen Kapitulation in deutsche Kriegsgefangenschaft. Bald darauf kam der 21jährige Sohn eines Organisten nach Mecklenburg. Auf dem herrschaftlichen Gutshof Rey bei Altkalen, auf halber Strecke zwischen Güstrow und Demmin, hatte er gemeinsam mit fünf weiteren polnischen Kriegsgefangenen Zwangsarbeit zu verrichten. Kazimierz traf es dort verhältnismäßig gut: Zwar war die Arbeit anstrengend, aber auf dem Gutshof wurde niemand geschlagen, und «ein Stück Fleisch gab es immer». Der zweitausend Hektar große Betrieb benötigte viele Arbeitskräfte. Kazimierz blieb dort bis zum Eintreffen der Roten Armee und erlebte auf dem abgelegenen Hof sämtliche Etappen der Zwangsarbeit: «Im Herbst des Jahres 1940 kamen 20 holländische Kriegsgefangene. [...] 1940 waren eine Zeit lang französische Kriegsgefangene da. [...] In den Monaten August und September 1941 wurde ein gutes Dutzend überwiegend junger Frauen, 15 bis 18 Jahre alt, aus Russland gebracht. [...] Es kamen auch ein paar junge Männer aus der Ukraine. Im Oktober 1941 kamen 40 ausgemergelte russische Kriegsgefangene zu uns. [...] Im Herbst 1944 kam der letzte, der fünfte Kriegsgefangenenschub bei uns an – es waren Amerikaner. Sie wurden mit Autos gebracht, es waren 56 Mann.»[50]

Angesichts des notorischen Landarbeitermangels griff man nicht nur auf den ostelbischen Gutsbetrieben auf Zwangsarbeiter zurück. Spätestens 1943 stammte knapp die Hälfte der in der Landwirtschaft Beschäftigten aus dem Ausland, und fast alle kamen unter Zwang. Bis Kriegsende entzog der Militärdienst dem deutschen Arbeitsmarkt insgesamt rund 18 Millionen Menschen. Ohne Zwangsarbeiter wäre die Lebensmittelversorgung zusammengebrochen, hätte es keinen Strom und keine Heizung mehr gegeben, und kaum ein Industriebetrieb hätte weiter für die Rüstung produzieren können. So stellten ausländische Arbeitskräfte auf dem Territorium des Deutschen Reiches im Juli 1944 insgesamt ein Viertel aller Beschäftigten. Die Gesamtzahl der dort tätigen Zwangsarbeiter schätzt man heute auf rund zwölf Millionen.[51] Wie auf dem Gutshof in Mecklenburg handelte es sich um Kriegsgefangene und Zivilarbeiter, aber auch Strafgefangene, Juden und KZ-Häftlinge zwang man zur Arbeit. Darüber hinaus war Zwangsarbeit ein europäisches Phänomen, weil in den besetzten Gebieten noch weit mehr Beschäftigte unter Zwang zu arbeiten hatten. Allein in den besetzten Ostgebieten dürften 22 Millionen Menschen zur Arbeit gezwungen worden sein.[52] Im Reich arbeiteten Zwangsarbeiter in der Landwirtschaft ebenso wie in Industrieunternehmen und Bergwerken, bei Kommunen und Kirchen, in Krankenhäusern und auf Friedhöfen. Zwangsarbeit wurde fester Bestandteil des deutschen Alltags, und an den Anblick der allgegenwärtigen Lager gewöhnte sich die Bevölkerung ebenso wie an die Begegnungen auf der Straße, in der Straßenbahn oder im Betrieb. In einer Industriestadt wie Essen stammte jeder vierte Einwohner des letzten Kriegswinters aus dem Ausland. Zwangsarbeiter lebten dort in 350 Lagern, die über das gesamte Stadtgebiet verteilt waren.

Eines davon befand sich im äußersten Westen, unterstand der SS und gehörte offiziell zum Konzentrationslager Buchenwald. Was die aus der Westukraine stammende Judith A. dort erlebte, hatte jenseits der Tatsache, dass sie ebenso wie Kazimierz B. zur Arbeit gezwungen wurde, kaum etwas mit dessen Erfahrungen auf dem mecklenburgischen Gutshof gemein. Judith war jüdisch, und sie kam im Herbst 1944 als 20jährige mit einem Transport von 520 ungarischen Jüdinnen nach Essen. Josef Mengele hatte sie auf der Rampe von Auschwitz-Birkenau für arbeitsfähig befunden. Nun vermietete die SS ihre Arbeitskraft an Krupp: «Da haben wir in der Munitionsfabrik gearbeitet. Wir stellten Teile für Panzer her, und wir haben in Tag- und Nachtschichten gearbeitet.» Wegen der alliierten Bombenangriffe auf Essen hatte man die Lagerbaracken auf freiem Feld errichtet. Von dort aus fuhren die kahlrasierten Frauen zunächst mit der Straßenbahn ins Werk. Später liefen sie täglich sechs Kilometer zu Fuß durch die Stadt: «Wir hatten keine Schuhe, so haben wir Zeitungen [...] uns umgewickelt und sind buchstäblich auf dem Schnee gegangen.» Judith erinnert sich an die erste Nacht in der Lagerbaracke: «Wir gehen ins Bett, zwei Mädchen in einem Bett, und wir machten das Licht aus und die Wanzen kamen, sie waren überall auf uns. [...] So sind wir raus aus dem Bett, schliefen auf dem Boden ... weil sie uns bei lebendigem Leibe auffraßen.» Trotz harter Arbeit war die Verpflegung miserabel: «Wenn wir [...] die Hälfte einer Kartoffel fanden, haben wir die in den Ofen getan [...] und haben sie da gebacken und unter einigen Mädchen geteilt.» Der Lagerleiter schlug die Frauen mit dem Gummiknüppel, mindestens vier Frauen misshandelte er zu Tode.[53]

So unterschiedlich die Schicksale von Judith A. und Kazimierz B. auch scheinen, waren sie doch Teil desselben staatlichen Programms. Das Regime regelte, wie Zwangsarbeiter entlohnt und verpflegt wurden, welchen Arbeitsbelastungen sie ausgesetzt waren und wie sie wohnen sollten. Er setzte sich dabei schon früh über völkerrechtliche Bestimmungen hinweg, etwa indem er Kriegsgefangene in Rüstungsbetrieben einsetzte. Und er schuf eine strikt rassistische Hierarchie, von der die Lebens- und Überlebenschancen der Zwangsarbeiter maßgeblich abhingen: Nord- und Westeuropäer behandelte man respektvoller und versorgte sie besser als Osteuropäer. Einen noch geringeren Standard billigte man den über fünf Millionen sowjetischen Kriegsgefangenen zu – sofern diese ihre Haft in improvisierten Lagern und den anschließenden Transport überlebten, denn mehr als drei Millionen starben in deutscher Gefangenschaft. Ebenso tief angesiedelt waren die «italienischen Militärinternierten», denen man den Kriegsgefangenenstatus verweigerte. Auf der untersten Hierarchiestufe standen jüdische Konzentrationslagerhäftlinge.

Daneben hingen die (Über-)Lebens- und Arbeitsbedingungen von ganz unterschiedlichen Faktoren ab. Ob man in der Stadt oder auf dem Land arbeitete, im Großbetrieb oder bei einem Handwerker, ob man im Lager hauste oder privat untergebracht war – dies alles entschied darüber ebenso wie die militärische Lage, die sich seit dem Winter 1941/42 verschlechterte. Weil im Laufe des Jahres 1942 immer mehr Facharbeiter, die eigentlich als unabkömmlich galten, zum Militärdienst eingezogen wurden, stieg auch das Ausmaß der Zwangsarbeit an. Mit dem militärischen Rückzug verringerte sich zudem das Territorium, in dem ausländische Arbeitskräfte überhaupt noch zur Arbeit gezwungen werden konnten.

Obwohl es sich um ein staatliches Programm handelte, verfügten die Unternehmen als Arbeitgeber über große Handlungsspielräume. Bis 1943 war niemand verpflichtet, staatliche Rüstungsaufträge anzunehmen. Auch zur Beschäftigung von Zwangsarbeitern war kein Unternehmen gezwungen. Vielmehr folgten sie einem betriebswirtschaftlichen Kalkül: Einberufungen verminderten die Stammbelegschaften der Betriebe, so dass die Produktion nur aufrechterhalten werden konnte, wenn Zwangsarbeiter an ihre Stelle traten. Dies galt umso mehr, je stärker eine Unternehmensstrategie auf die von der Rüstungskonjunktur geschaffenen Wachstumschancen setzte. Zwang bekamen vor allem jene Unternehmen zu spüren, deren Produktion nicht als kriegswichtig galt. Hier ging es bald um die Existenz, weil Arbeitskräfte in rüstungsrelevante Bereiche umgelenkt und Rohstoff- und Devisenkontingente gekürzt wurden. Die Unternehmen hatten sich bei den Behörden um die Zuteilung von Zwangsarbeitern zu bemühen, und im Einzelnen gab es beträchtliche Unterschiede, wie aktiv und um welche Arbeiterkontingente man sich bewarb. Erst recht hatten es die Unternehmen in der Hand, wie sie ihre Zwangsarbeiter behandelten – welche Arbeit sie ihnen zuteilten, wie sie auf Misshandlungen reagierten, wie man sie unterbrachte und verpflegte.

Während für die Anwerbung zunächst das Reichsarbeitsministerium und ab März 1942 Fritz Sauckel als Generalbevollmächtigter für den Arbeitseinsatz verantwortlich war, sorgten die lokalen Arbeitsämter für die Verteilung auf die Arbeitsstätten und Betriebe. Daneben gab es viele informelle Kontakte: Branchenverbände wie die Wirtschaftsgruppen waren bei der Zuteilung ebenso einflussreich wie Wehrmachtsstellen oder die SS. Anfangs zogen es die meisten Unternehmen vor, ihre Stammbelegschaften vor der Einziehung zu bewahren. Das zeigte sich im Laufe des Sommer 1940 beispielhaft im Steinkohlebergbau. Nach den militärischen Erfolgen im Westen hoffte man dort auf einen kurzen Krieg. Während sich die Arbeitsverwaltung bemühte, polnische Zwangsarbeiter verstärkt im Ruhrbergbau unterzubringen, zeigten sich dessen Spitzenmanager zunächst äußerst reserviert. Ernst Tengelmann von der Essener Steinkohlenbergwerke AG lehnte die Beschäftigung der «Ostpolen» mit rassistischen Gründen ab. Diese seien generell «minderwertig» und «nur unter schärfstem Zugreifen zur Disziplin» zu bringen. Auch der Verbandsfunktionär Ernst Buskühl verlangte jetzt, dem Bergbau künftig keine polnischen Kriegsgefangenen mehr zuzuweisen. Überall habe man einen «durchweg schlechten Eindruck» von ihnen gewonnen. Doch der Krieg dauerte an, und mit dem Rückgang der Stammbelegschaften wurden bald auch die Bergassessoren weniger wählerisch: Im Jahr darauf arbeitete schon jeder zehnte Beschäftigte unter Zwang, und 1944 stammte knapp ein Drittel der Bergarbeiter aus dem Ausland.[54]

Trotz aller Unterschiede nach Branchen und Regionen war ein Trend offenkundig: Wo immer Rüstungsbetriebe erst in den späten dreißiger Jahren oder gar während des Krieges neu errichtet worden waren, griff man mangels Stammbelegschaft ungewöhnlich stark auf Zwangsarbeiter zurück. So ging in Elbingerode im Ostharz eine stillstehende Erzgrube erst 1939 wieder in Betrieb; Zwangsarbeiter stellten dort zeitweilig drei Viertel der Belegschaft. Bei der Panzerfabrikation der Spandauer Stahlindustrie, die ab 1938 aufgebaut worden war, kamen im November 1943 auf jeden deutschen Beschäftigten drei Zwangsarbeiter. Und für die erst im Frühjahr 1944 gegründeten Schmiedewerke Pirna fanden sich kaum noch einheimische Arbeiter. Als das Werk im Sommer den Betrieb aufnahm, betrug der Ausländeranteil 84 Prozent.[55]

Nicht nur solche Quoten unterstreichen, dass sich die Rekrutierung von Arbeitern im Laufe des Krieges radikalisierte. Fritz Sauckel übte auf die Arbeitsverwaltungen in den besetzten Gebieten enormen Druck aus, indem er von ihnen die Erfüllung von Kontingenten verlangte. Vor Ort führte das zu Problemen, denn aus dem Westen kam zu dieser Zeit kaum noch jemand freiwillig. Obwohl die Arbeit in Deutschland dort mit dem größten Propagandaaufwand vermarktet wurde, waren die Erfahrungen im Frankreich des Sommers 1942 wohl nicht untypisch. Die Vichy-Regierung musste 150 000 Arbeitskräfte anwerben und hatte sich dafür einen besonderen Anreiz ausgedacht: Für drei «Freiwillige» sollte jeweils ein französischer Kriegsgefangener freikommen. Die Aktion erwies sich als Fehlschlag, kaum 50 000 Franzosen ließen sich darauf ein. Danach ging man dort dazu über, junge Männer jahrgangsweise zur Arbeit zu zwingen.

Im Osten dagegen waren Gewalt und Willkür seit je die Mittel der Wahl gewesen. Die Arbeitsverwaltung griff dort auf die Hilfe der Polizei zurück, um stark frequentierte Märkte, Bahnhöfe oder Kinos abzuriegeln. Wer von den Kontrollierten keinen kriegswichtigen Arbeitsplatz nachweisen konnte, wurde verhaftet und sofort zur Zwangsarbeit nach Deutschland abtransportiert. Der damals 16jährige Stanislaw M. war Opfer einer solchen Razzia in Warschau. Er hörte «Schüsse und Gebrüll in deutscher Sprache. Schnell wurde mein verborgener Platz in den Büschen entdeckt, und mit Tritten und Schlägen mit dem Gewehrkolben trieb man mich zum Tor». Dort traf er einen Mitschüler: «Wir hatten die gleichen Dokumente. [...] Wir machten aus, dass, falls einer von uns freigelassen wird, er die Eltern des anderen informiert. Und so kam es. Ihn schickten sie zu der Gruppe, die freigelassen wurde, und mich luden sie zusammen mit den anderen Festgehaltenen auf Lastwagen».[56]

Während sich die militärische Lage verschlechterte, arteten die Anwerbungen in Menschenjagden aus. In Polen, Tschechien und Frankreich suchte die SS gezielt nach Frauen, die sie zur Prostitution zwang. Ende 1943 gab es im Reich 60 eigens für Zwangsarbeiter errichtete Bordelle; 50 weitere befanden sich im Bau. Und die Unternehmen registrierten, dass im Osten nur noch auf die Zahl der Arbeitskräfte und auf die Erfüllung der Kontingente geschaut wurde. Bei den Anhaltischen Kohlenwerken, einem führenden Braunkohleunternehmen, trafen seit Anfang 1944 Transporte ein, denen immer weniger Männer angehörten; Kinder galten längst als arbeitsfähig, ebenso schwangere Frauen. Das Unternehmen beschwerte sich bei der Arbeitsverwaltung und bat, von «weiteren solchen Transporten verschont zu bleiben».[57] Wie schon bei den rassistischen Äußerungen der Bergwerksdirektoren vom Sommer 1940 stand dahinter die Sorge um die geringe Produktivität der Zwangsarbeiter. Zwar experimentierten viele Unternehmen inzwischen mit Leistungslöhnen oder versuchten, die Produktivität ihrer ausländischen Arbeitskräfte über Ernährungszulagen, mitunter auch durch bessere Ausbildung zu verbessern. Die Produktivität war aber längst nicht mehr entscheidend, sondern es zählte die Möglichkeit, überhaupt zu produzieren – die dabei entstehenden Kosten waren nachrangig. Finanziell profitierte vor allem der Staat von der Zwangsarbeit. Die Unternehmen stuften Zwangsarbeiter meist in die untersten Lohngruppen ein, zahlten ihnen damit aber immerhin den Tariflohn. Davon behielten sie zwar einen Lohnanteil ein, mit dem sie die Kosten für Kost und Logis deckten. Aber das Gros der Zwangsarbeiterlöhne raubte der Fiskus.

Etwa ein Viertel des Lohnsteueraufkommens im Krieg stammte aus der Zwangsarbeit. Es gehörte zur Fiktion vermeintlich normaler Beschäftigungsverhältnisse, dass alle ausländischen Arbeiter von ihrem Lohn auch Sozialversicherungsbeiträge entrichteten – obwohl sie damit nie einen Anspruch auf ärztliche Behandlung oder Rente erwarben. Während Juden und osteuropäische Zwangsarbeiter stets in der ungünstigsten Steuerklasse landeten, kassierte der Staat darüber hinaus noch eine fünfzehnprozentige «Sozialausgleichsabgabe». Osteuropäer zahlten insgesamt knapp dreimal so hohe Steuern und Sozialabgaben wie ihre deutschen Kollegen. Um auch den dürftigen Rest noch für die Finanzierung des Krieges zu nutzen, erfand das Reichswirtschaftsministerium das «Ostarbeiter-Sparen»: Die Lohnbuchhalter der Betriebe zogen die Beiträge ungefragt ein; angeblich sollten die Guthaben bei der Rückkehr in die Heimat ausgezahlt und bis dahin mit zwei Prozent verzinst werden. In Wirklichkeit war daran nie ernstlich gedacht; das Geld versickerte im allgemeinen Staatshaushalt. Auch den Zwangsarbeitern aus Belgien, Frankreich, Holland, Kroatien, Serbien, Böhmen und Mähren, aus der Slowakei und aus Italien griff der deutsche Fiskus in die Tasche: Hier fielen zwar keine Sondersteuern an, aber die Gehaltsbestandteile, die von den Arbeitern an ihre Familien in der Heimat überwiesen wurden, landeten ebenfalls in der Reichskasse. Die Angehörigen der Zwangsarbeiter hoben das Geld in ihrer heimischen Währung ab und belasteten damit die ominösen Besatzungskosten-Konten.[58]

So unterschiedlich die Formen der Zwangsarbeit waren, so wenig lassen sich die Lebens- und Arbeitsbedingungen verallgemeinern. Zwangsarbeiter in der Landwirtschaft waren gerade auf kleineren Höfen nicht selten allein oder zu zweit eingesetzt. Dort gab es keine direkte staatliche Überwachung, und entsprechend groß war der Spielraum der Bauern. Wenn staatliche Stellen immer wieder auf das «Umgangsverbot» hinwiesen und der Reichsnährstand von den Bauern hartnäckig verlangte, die «Fremdarbeiter» von den Familienmahlzeiten auszuschließen, stand das jedenfalls im krassen Widerspruch zum traditionellen Umgang mit dem Gesinde – dieses gehörte auf kleineren Höfen faktisch zur Familie, und nicht selten ging man so auch mit den Zwangsarbeitern um. Aber auch hier konnten sie geschlagen und misshandelt werden, und viele Arbeiterinnen berichteten von Vergewaltigungen. Schutz gab es für sie so wenig wie für ihre Kollegen im Bergbau. Unter Tage gelang es nicht immer, einen gesonderten «Russen-Streb» einzurichten. Die Regel war eher, dass deutsche Bergarbeiter mit Zwangsarbeitern in kleinen Gruppen zusammenarbeiteten. Eine direkte Überwachung gab es auch hier nicht, sondern für Disziplin sorgte ein Leistungslohn, der sich an der geförderten Kohle bemaß. Damit hing das Einkommen der deutschen Arbeiter mit von den Leistungen der Zwangsarbeiter ab. Es gab auch hier durchaus heimliche Solidarität. Dass körperliche Misshandlungen aber an der Tagesordnung waren, wussten die Bergwerksdirektoren. Trotz anderslautender Verordnungen waren sie von Robert Ley im Oktober 1942 aufgefordert worden, wegzuschauen, wenn «ein Russenschwein geprügelt werden soll». Paul Pleiger von den Reichswerken «Hermann Göring» hatte zynisch hinzugefügt: «Unter Tage ist es dunkel, und Berlin ist weit vom Streb.»[59]

Oft genug zeigte die betriebliche Praxis, dass die rassistische Hierarchie unter den Zwangsarbeitern die Rüstungsproduktion behinderte. So berichtet ein Meister aus einem Gießereibetrieb: «Die Leute waren so ausgemergelt, nicht, und wir sollten jetzt von diesen Leuten erwarten, dass sie eine gewisse Arbeitsleistung brachten. [...] Und dann hatte ich für gewisse Leute, die mir wichtig erschienen, zum Beispiel der erste Mann an der Pfanne, an der Agglomerieranlage, das war auch'n Ostarbeiter, das war ein sehr intelligenter Mann. Oben auf'm Kran war'n Ostarbeiter – 'n intelligenter Mann, nicht: für diese Leute hatt' ich denn schon mal was arrangiert, auch selbst mitgebracht, mal'n Butterbrot und so weiter, auch so Kollegen mal angehalten, nich, diese Leute schon mal zu unterstützen – war ja gefährlich, aber, was macht man nicht alles, um sein Soll zu erfüllen.»[60]

Gefährlich war die Annahme solcher Gaben allerdings vor allem für die Zwangsarbeiter, sofern sie jemand bei der Gestapo denunzierte. Gerade bei den «Ostarbeitern» genügten nichtige Anlässe, um in ein Arbeitserziehungslager eingewiesen zu werden: Bettelei, Tauschhandel mit Lebensmitteln und selbst die Annahme von Lebensmittelgeschenken. Ein gerichtliches Strafverfahren gab es nicht. So war die Gestapo befugt, die Exekution eines Zwangsarbeiters formlos beim Reichssicherheitshauptamt zu beantragen. Diese «Sonderbehandlung» traf beispielsweise polnische Landarbeiter, denen man intime Beziehungen zu deutschen Frauen vorwarf. Die SS vollstreckte die Urteile durch Erhängung meist in der Nähe der vermeintlichen Tatorte; oft führte sie die Zwangsarbeiter aus der näheren Umgebung zur Abschreckung an der Hinrichtungsstelle vorbei.

Bald schon stellten «Ostarbeiter» die Mehrzahl der Insassen von Arbeitserziehungslagern, meist nach einem gescheiterten Fluchtversuch. Seit Sommer 1942 war die Flucht ein Massenphänomen; etwa 30 000 Personen entzogen sich monatlich dem Arbeitszwang. Im Jahr darauf setzte Himmler sogar ein Kopfgeld aus: Wer einen flüchtigen Zwangsarbeiter bei der Polizei denunzierte, erhielt 100 Mark. Weil die Gestapo überlastet war, durften Polizisten die Flucht bereits bei der Ergreifung ahnden. Osteuropäer sollten kurzerhand verprügelt werden.[61] Manchem Unternehmen dienten Anzeigen aber nicht nur der Disziplinierung. So beschwerte sich ein Düsseldorfer Gestapo-Beamter: «Wenn die Firmen mit ihren Angaben objektiv blieben, würde sich eine große Entlastung der Dienststelle bemerkbar machen.» Unternehmen schoben vor allem kränkelnde Arbeiter in die Lager ab. Beispielsweise geriet ein aus Holland stammender Arbeiter, schwer magen- und herzkrank, gleich mehrfach ins Arbeitserziehungslager. Dort verschlechterte sich seine Gesundheit weiter, und als er nach einer Magenoperation aus dem Krankenhaus entlassen wurde und danach wegen Herzproblemen nicht sofort zur Arbeit erschien, zeigte ihn sein Betrieb im April 1944 ein letztes Mal wegen «Arbeitsverweigerung» an.[62]

Zu dieser Zeit starben die Lagerinsassen bereits reihenweise an Entkräftung. Hinzu kam, dass es den Wachmannschaften offiziell gestattet war, an den Osteuropäern «verschärfte Vernehmungen» durchzuführen. Neben den üblichen Foltermethoden wie Schlaf- und Essensentzug oder Dunkelhaft durften sie ihnen zwanzig Stockhiebe versetzen. So wollte man herausbekommen, ob sich hinter Flucht und Bummelei womöglich ein organisierter Widerstand verbarg. Die willkürlich verhängten Strafen, etwa der tagelange Entzug des Mittagessens, waren gerade für körperlich geschwächte Lagerinsassen oft mit dem Todesurteil gleichbedeutend. Hinzu kam ein von den Wachmannschaften weit ausgelegter Schießbefehl. Der Leiter eines Arbeitserziehungslagers in Lahde bei Minden konstatierte nach dem Krieg, dass er einen Häftling erschossen habe, weil dieser «angefaulte Gemüsereste aus der Müllgrube» gestohlen hatte. «Den zweiten Häftling habe ich auch am hellen Tag im Lager erschossen, mit dem Karabiner, da derselbe trotz ausdrücklichem Verbot aus der Küche gefrorene Steckrüben stahl».[63]

In den Konzentrationslagern wurde Zwangsarbeit bereits seit 1933 verrichtet, anfangs jedoch häufig als Schikane. Mit dem Erreichen der Vollbeschäftigung begann die SS, die Arbeitskraft der Insassen gezielt zu verwerten, zunächst vor allem auf Baustellen und in Steinbrüchen. Zwei Pilotprojekte des Frühjahrs 1941 wiesen den Weg zu einer systematischen und flächendeckenden Ausnutzung der Häftlingsarbeitskraft. Neben einem Bauvorhaben von Steyr-Daimler-Puch in Österreich, wo später ein Außenlager des Konzentrationslagers Mauthausen entstand, kooperierte die SS mit der I. G. Farben. Der Chemiekonzern errichtete in Monowitz – unweit des Konzentrationslagers Auschwitz – eine Syntheseanlage, die auf der Basis von ostoberschlesischer Steinkohle die kriegsbedingte Nachfrage nach Treibstoffen und Buna decken sollte. Auschwitz-Monowitz verfügte über eine gute Anbindung an die Bahn; auch nahegelegene Steinkohlebergwerke und Kalkvorkommen sowie die Wasserversorgung aus Weichsel und Sola sprachen für den Standort. Und schon im März 1941 verständigten sich die I. G.-Manager mit der SS darauf, auf ihrer Baustelle auch Häftlinge des benachbarten Konzentrationslagers einzusetzen. Anfang Januar 1942 bewilligte der Vorstand in Frankfurt dann die Mittel, um in Auschwitz das erste «von einem Privatunternehmen initiierte und finanzierte Lager» ausschließlich für den Arbeitseinsatz zu errichten.[64]

Während die I.G.Farben Grundstück und Gebäude stellte, übernahm die SS die Verwaltung des Lagers Auschwitz III und die Bewachung der Insassen. Insgesamt arbeiteten rund 41 000 Häftlinge für die I. G. Farben. Die wenigsten der 30 000 Toten starben im Lager oder auf der Baustelle. Wer wegen schlechter Verpflegung und harter Arbeit körperlich ausgezehrt, krank oder verletzt war, wurde durch arbeitsfähige Neuankömmlinge ersetzt und in Auschwitz-Birkenau ermordet. Auch wenn dabei die SS das Kommando hatte: Von Seiten der I. G. Farben ist dagegen nur aus den Anfangsmonaten zaghafter Protest überliefert; vielmehr berichten Zeitzeugen, dass stets auch Mitarbeiter des Chemiekonzerns die von SS-Ärzten durchgeführten Selektionen begleiteten. Auch trug das betriebswirtschaftliche Kalkül der Werksleitung wesentlich zu dieser Form der Kooperation bei. Sie setzte nämlich durch, den für die Miete der Häftlingsarbeiter zu entrichtenden Tagessatz im Falle einer krankheitsbedingten Arbeitsunfähigkeit lediglich drei Wochen lang weiterzuzahlen; zugleich wurde festgelegt, dass der Krankenstand fünf Prozent nicht übersteigen durfte. Wollte die SS keinen Verlust machen, musste sie arbeitsunfähige Häftlinge austauschen.[65]

Im Herbst 1942 begann die SS, Konzentrationslagerhäftlinge systematisch an private Rüstungsunternehmen zu vermieten. So wie niemand zur Beschäftigung von Zwangsarbeitern gezwungen war, bedurfte es erst recht der privaten unternehmerischen Initiative, um mit der SS ins Geschäft zu kommen. Manche Unternehmen lehnten die Beschäftigung von Konzentrationslagerhäftlingen ab. Opel etwa verzichtete darauf, während die meisten Konkurrenzunternehmen mit der SS handelseinig wurden. Die I. G. Farben beschäftigte nicht nur in Auschwitz Konzentrationslagerhäftlinge, sondern auch in Leuna, Wolfen und München. Besonders mörderisch waren Großprojekte der Untertageverlagerung wie etwa im Südharz. Bei Nordhausen hatte das Konzentrationslager Buchenwald im Sommer 1943 das Außenlager Mittelbau-Dora errichtet, das bis Kriegsende rund 60 000 Zwangsarbeiter durchliefen. Sie errichteten das Mittelwerk. In der größten unterirdischen Produktionsstätte des NS-Staates stellten Heinkel und Junkers unter anderem Flugzeugmotoren her. Ab 1944 produzierten KZ-Häftlinge auch die von der NS-Propaganda als Wunderwaffen präsentierten Raketen vom Typ V2. Bis Kriegsende starben dort rund 20 000 Arbeiter. Dennoch: Selbst von Seiten der SS war Zwangsarbeit kein Programm, das zielstrebig auf «Vernichtung durch Arbeit» zielte. Vielmehr stand gerade in den letzten Kriegsmonaten vor allem die Mobilisierung der letzten Arbeitskraftreserven im Mittelpunkt. Den Tod der Häftlinge nahm man dabei bewusst in Kauf.

Generell zählte ein Menschenleben gegen Kriegsende kaum noch etwas. Im letzten Kriegswinter ging man in Hadamar bei Limburg sogar dazu über, arbeitsunfähig erkrankte «Ostarbeiter» systematisch zu ermorden. Die dortigen Ärzte vergifteten fast 500 angeblich unheilbar an Tuberkulose Erkrankte – darunter 21 Kinder. In diesen Monaten zeigte sich der Utilitarismus, der die Idee der Volksgemeinschaft von Anfang an bestimmt hatte. Wer keinen Nutzen für die Gemeinschaft hatte oder wer nach ihren rassistischen Kriterien nicht dazugehörte, dessen Leben stand zur Disposition. Diese Logik bestimmte die deutsche Besatzungspolitik in Europa ebenso wie den mörderischen Umgang mit Kriegsgefangenen und Zwangsarbeitern. Angesichts der aussichtslosen Kräfteverteilung zählte die maximale Mobilisierung der verfügbaren Ressourcen. Faktisch errichtete der NS-Staat dazu eine kontinentaleuropäische Großraubwirtschaft, in der die besetzten Gebiete systematisch ausgeplündert und für die deutsche Rüstungsmaschinerie eingespannt wurden.

Auch an der Heimatfront verschärfte sich die Mobilisierung. Anders als in den besetzten Gebieten hungerten und verhungerten die Deutschen zwar nicht, aber spätestens seit der Kriegswende von 1941/42 verschlechterte sich ihre ohnehin stark eingeschränkte Versorgung. Schon mit Blick auf die Arbeitszeiten wird man sagen können, dass die Kriegswirtschaft dem Raub in den besetzten Gebieten den Raubbau im Inneren an die Seite stellte. Eine stringente Strategie stand nie dahinter, denn der von rassistischen Überzeugungen bestimmte «Volkstumskampf» behinderte Rüstung und Versorgung. Die Beispiele aus Westeuropa demonstrieren, dass Kooperation und Kollaboration weit effektiver waren als der brutale Kolonialismus im Osten. Obwohl das wirtschaftliche und militärische Kräfteverhältnis von Anfang an für die haushoch überlegenen Alliierten sprach, war ihr Sieg keine Selbstverständlichkeit, sondern mühsam erkämpft. Erst zwischen Spätsommer 1942 und Herbst 1943 kamen sie vollends in die Offensive. Bis zur deutschen Kapitulation sollten danach noch anderthalb Jahre vergehen, in denen mehr als die Hälfte aller im Zweiten Weltkrieg getöteten Soldaten starben.

Schluss

Ende April 1945 beobachteten Passanten und Arbeiter vor den Toren der Kruppschen Gussstahlfabrik ein ungewöhnliches Bergungsmanöver. Während weiter östlich noch immer die Schlacht um Berlin tobte, war der Krieg im zerbombten Essen schon seit drei Wochen beendet. Wie durch ein Wunder blieb die VIII. Mechanische Werkstatt mit ihren Werkzeugmaschinen fast unversehrt. Doch wenige Schritte weiter hatte die Wucht einer Explosion das Standbild Alfred Krupps vom Sockel gestoßen und auf den Grund eines Bombentrichters geschleudert. Jetzt zogen amerikanische Soldaten die schwere Bronzestatue aus der Tiefe und ließen sie achtlos an der Seite liegen. Obschon nur eine technische Voraussetzung bei der Beseitigung eines Bombentrichters, der den Verkehr behinderte, war dies doch ein Vorgang von spezieller Symbolik. Krupp, das war eben nicht nur in den Augen des Londoner *Sunday Express* der «Supernazi» unter den deutschen Unternehmern, der seinen «Reichtum aus dem Welthader zusammengerafft» hatte.

Entsprechend grob sprangen die Amerikaner mit Alfried Krupp von Bohlen und Halbach um, dem 37jährigen Urenkel des in Bronze gegossenen und längst zum Mythos verklärten Alfred Krupp. Im Westen wurde zu dieser Zeit noch kaum ein Unternehmer oder Manager verhaftet – den jungen Krupp aber nahmen die GIs sofort mit. Ihrem Regimentskommandeur präsentierten sie stolz den «wichtigsten Kriegsgefangenen der 79. Division». Der Vorgesetzte soll nur unwirsch erwidert haben: «Ich will den Dreckskerl nicht sehen. Bringt ihn zu den anderen Gefangenen.»[66] Zehn Monate zuvor hatten auch einige Krupp-Manager im Publikum gesessen, als Adolf Hitler seine letzte große Rede hielt. Auf Veranlassung von Albert Speer hatte er die Spitze der deutschen Rüstungswirtschaft auf den Obersalzberg geladen, um sie für den «Endkampf» zu motivieren. Doch bewirkte die Ansprache eher das Gegenteil. Hitlers unübersehbarer körperlicher Verfall schockierte viele Teilnehmer, und dass er über die Landung der Alliierten in Frankreich kein Wort verlor, ebenso über die sowjetische Offensive im Osten, schien auf einen fortgeschrittenen Realitätsverlust hinzudeuten. Wenige Wochen später waren Hitler und Speer gezwungen, Vorkehrungen für das Vorrücken der Front auf das Reichsgebiet zu treffen. Diese Bestimmungen aufnehmend, erließ im Oktober beispielsweise der Reichsverteidigungskommissar des Gaus Westfalen-Süd präzise Anordnungen darüber, was bei «unmittelbarer Feindbedrohung und Feindbesetzung» zu geschehen hatte. Dazu legte er Kennwörter fest. Ging die Parole «Teufel» heraus, hatten die Ämter sofort alle Geheimunterlagen zu vernichten, «Hexe» signalisierte den Staatsbediensteten, umstandslos ihren Posten zu räumen, und bei «Jahrmarkt» hatte man die Zwangsarbeiterlager aufzulösen.[67]

Befehle wie diese suggerierten eine Ordnung, die es vielerorts schon längst nicht mehr gab. Gerade die Großstädte im Nordwesten des Reiches lagen in Trümmern, und mit dem Vorrücken der Front brach dort die Versorgung der Bevölkerung zusammen. Bis März 1945 sank die durchschnittliche Lebensmittelration in den Städten des Ruhrgebiets auf unter tausend Kilokalorien täglich. Stadtbewohner hungerten, und der Tod war allgegenwärtig. Sofern der Unterricht überhaupt stattfand und die Kinder nicht aufs Land geschickt worden waren, nahmen manche Schulklassen dreimal wöchentlich an Totenfeiern zu Ehren ihrer früheren Mitschüler teil. Nach einem schweren Luftangriff wies eine Blutspur den Weg zum Haupteingang eines Kölner Krankenhauses, und zahlreiche Unglücksfälle belegen, dass Kinder wie selbstverständlich mit den überall herumliegenden Waffen und Blindgängern hantierten. Während Schwarzmarkthändler für Lebensmittel astronomische Preise verlangten, konnte man einen französischen Beuterevolver für weniger als zehn Mark kaufen. Nicht wenige Jugendliche bewaffneten sich, ebenso mancher freigekommene Kriegsgefangene oder Zwangsarbeiter, der obdachlos auf der Flucht vor der Gestapo umherzog.[68]

Während Albert Speer noch bis zur Jahreswende 1944/45 alles dafür tat, um das Maximum aus der deutschen Rüstungswirtschaft herauszupressen, stellten sich die Unternehmen längst auf die Niederlage ein. Vorsorge für den kommenden Frieden traf man oft bereits ab Sommer 1944, und sie ging mitunter Hand in Hand mit den vom Bombenkrieg erzwungenen Betriebsverlagerungen.

Typisch dafür ist der Fall der Vereinigten Glanzstoff-Fabriken, deren Wuppertaler Unternehmensverwaltung bis 1943 mehrfach bombardiert und die daraufhin nach Aschaffenburg verlagert worden war. Besondere Sorgfalt verwendete man auf die sichere Verwahrung von Konstruktions- und Patentunterlagen. Im März 1945 beschloss der Vorstand, die Konzernwerke bewährten Betriebsleitern zu überlassen. Der Vorstandsvorsitzende siedelte nun nach Coburg über, das recht zentral, vor allem aber «nicht allzu weit östlich» lag. Er handelte vorausschauender als die Leitung des Berliner Siemens-Konzerns. Dort errichtete man ebenfalls dezentrale Verwaltungseinheiten und nahm damit gewissermaßen die Aufteilung in Besatzungszonen vorweg. Auch achtete Siemens wie viele andere Unternehmen darauf, Tochtergesellschaften mit Liquiditätspolstern auszustatten, Staatsanleihen zu verkaufen und offene Rechnungen beizutreiben, besonders aus Rüstungsgeschäften mit dem Staat. Am Stammsitz in Berlin wollte man aber unbedingt die Stellung halten, und das erwies sich als folgenschwerer Fehler. Während Unternehmer und Manager in West- und Süddeutschland recht milde erste Besatzungswochen erlebten, wurde in Berlin noch gekämpft. Die Siemensstadt fiel erst Ende April in die Hände der Roten Armee. Mehrere Führungskräfte wurden von den Sowjets erschossen, zwei Manager starben in einem Internierungslager, einer wurde nach Moskau verschleppt, wo er sich das Leben nahm. Unterdessen demontierte man bereits die Berliner Anlagen und verlud sie auf Eisenbahnwagen.

Hitler wollte die Besatzer eigentlich mit jener «verbrannten Erde» empfangen, welche die Deutschen zunächst in der Sowjetunion vorgefunden und die sie dort auf dem Rückzug dann ihrerseits hinterlassen hatten. Mitte März befahl er, «alle militärischen Verkehrs-, Nachrichten-, Industrie- und Versorgungsanlagen sowie Sachwerte innerhalb des Reichsgebietes» zu zerstören. Doch Speer, der erst kurz zuvor einen radikalen Kurswechsel vollzogen und Hitler seither von der Aussichtslosigkeit der Lage zu überzeugen versucht hatte, hintertrieb diesen Nero-Befehl, indem er dafür sorgte, dass die Ausführung in seine alleinige Zuständigkeit fiel. Die Gauleiter sollten nicht mitreden dürfen. Freilich spricht viel dafür, dass Hitler sich dieser Verhinderungstaktik bewusst war, und generell ließ sich der Befehl nur schwer umsetzen. Das galt besonders in der Wirtschaft, wo man ja fest damit rechnete, auch im Nachkriegsdeutschland wieder gebraucht zu werden. Für den Eigensinn der Besonnenen bedurfte es daher nicht der Anordnungen eines Albert Speer.[69]

Beispielhaft demonstrierte das die Betriebsleitung auf der Zeche Friedrich der Große im westfälischen Herne. Dort hatte der Kreisleiter die Sprengung wichtiger Teile der Übertageanlagen befohlen, was die Grubenleitung freilich nicht hinzunehmen gedachte. Sie organisierte ein 80 Mann starkes Verteidigungskomitee, das sich mit Jagdgewehren und «alten belgischen Karabinern» bewaffnete. Die Paramilitärs schlugen einen Pioniertrupp der Wehrmacht ebenso in die Flucht wie ein SS-Kommando. Ein Sondergericht verurteilte den Bergwerksdirektor zum Tode, jedoch kamen die amerikanischen Besatzer der Vollstreckung zuvor.[70] Offene Verweigerung blieb bis zum letzten Tag des Dritten Reiches lebensgefährlich, auch in der Wirtschaft. Vorwürfe wie Wehrkraftzersetzung oder Sabotage gingen nicht nur leicht von der Hand, sondern SS und Gestapo ahndeten sie auch ohne Gerichtsverfahren mit dem Tod. Zwangsarbeiter waren jetzt vogelfrei, und einer direkten Aufforderung zum Lynchmord kamen jene Erlasse gleich, die in den letzten Kriegsmonaten den Umgang mit alliierten Bomberpiloten regelten, die einen Absturz überlebt hatten oder die zeitig genug mit dem Fallschirm abgesprungen waren. Bereits seit Sommer 1944 löste die SS die Konzentrations- und Vernichtungslager aus Furcht vor den vorrückenden Alliierten auf. Die Wachmannschaften flohen mit den entkräfteten Häftlingen, von denen viele auf den Todesmärschen umkamen.

Daran waren Unternehmen zwar nicht direkt beteiligt, aber mitunter spielten sich diese Verbrechen in unmittelbarer Nachbarschaft des Werkgeländes ab – so etwa im sächsischen Gröditz, wo KZ-Häftlinge aus Flossenbürg, Dachau, Gusen und Mauthausen zuletzt in Zwölfstundenschichten Geschütze produziert hatten. Mitte April brachten sich die Wachmannschaften des dortigen Außenlagers vor der heranrückenden Front in Sicherheit, und wer von den Häftlingen nicht als transportfähig galt, musste zurückbleiben. Vor dem Abmarsch erschossen SS-Männer 186 Häftlinge in einer Sandgrube unweit des Werkes.

Bis zur sprichwörtlich letzten Minute brachten Gestapo-Beamte in Dortmund 300 ihrer Häftlinge um, überwiegend ausländische Zwangsarbeiter. Auch im benachbarten Essen ermordete die Gestapo 35 «Ostarbeiter» und verscharrte ihre Leichen in einem Bombentrichter unweit des Gruga-Parks. Das Motiv ist bis heute unklar. Wenige Wochen später sorgten amerikanische Besatzungssoldaten für eine ordentliche Bestattung der Opfer auf dem Ehrenfriedhof. Essener Stadtverordnete hatten die Gräber auszuheben, und Hunderte Bürger zwang man, die Leichen aus dem «Montagsloch» in Augenschein zu nehmen. Niemand sollte sagen können, er habe von nichts gewusst.

Das ganze Ausmaß der Zwangsarbeit hatten die vorrückenden britischen und amerikanischen Truppen erst im März 1945 registriert, weil die Zwangsarbeiter aus dem linksrheinischen Territorium evakuiert worden waren. Danach jedoch befreiten die Alliierten Hunderttausende Ausländer, die bald als Displaced Persons versorgt werden mussten. Selbstverständlich waren diese froh, überlebt zu haben, und ebenso selbstverständlich kam es zu Plünderungen, mitunter auch zu Selbstjustiz und Gewaltausbrüchen. Dies zählte zur Alltagskriminalität einer Gesellschaft im Zusammenbruch, die ebenso stark von Deutschen verübt wurde.

Das Geschehen auf der Oberhausener Gutehoffnungshütte war daher gewiss nicht untypisch: Werksangehörige verteidigten die Konsumanstalt mit Waffengewalt gegen ebenfalls bewaffnete Plünderer; ein Arbeiter erlitt dabei einen Armdurchschuss und wurde vom Vorstandschef ausdrücklich für sein «schneidiges Verhalten» gelobt. Überall sonst hatte in Oberhausen eine «allgemeine Plünderung» von Lebensmitteln begonnen, an der sich nach dem Eindruck des Werksarchivars eben nicht nur frühere Zwangsarbeiter, sondern auch die deutschen Werksangehörigen «besonders zahlreich» beteiligten. Es handelte sich also um ein Übergangsphänomen, das den Zusammenbruch von Versorgung, Kommunikation und Verwaltung begleitete. In einer Stadt wie Bremen waren frühere Zwangsarbeiter in der Kriminalitätsstatistik jedenfalls keineswegs überrepräsentiert; Diebstähle begingen sie demnach sogar seltener als die deutsche Großstadtbevölkerung. Solche Statistiken mochten die Zustände vom Frühjahr 1945 nur unzureichend erfassen, doch war die Realität weit von den apokalyptischen Rache- und Untergangsszenarien entfernt, welche die NS-Propaganda zuletzt heraufbeschworen hatte.[71]

Spätestens am 8. Mai 1945, als die bedingungslose Kapitulation vom Vortag in Kraft trat, musste Bilanz gezogen werden. Für viele Deutsche im Westen, die schon seit mehreren Wochen unter amerikanischer, britischer oder französischer Besatzungsherrschaft lebten, bedeutete dieser Tag keinen wirklichen Einschnitt. So uneinheitlich wie die politischen Standpunkte und persönlichen Schicksale werden auch die Gefühle der Deutschen gewesen sein: Erleichtert im festen Wissen, noch einmal davongekommen zu sein, niedergedrückt von Niederlage und der erlittenen nationalen Schmach, verzweifelt ob einer rigiden Besatzung wie im sowjetischen Sektor oder weil all das moralisch diskreditiert war, woran man bisher geglaubt hatte.

Eindeutig fiel hingegen die wirtschaftliche Bilanz aus: So verheißungsvoll das Dritte Reich begonnen hatte, indem es die schnelle Überwindung von Krise und Arbeitslosigkeit mit der Hoffnung auf eine breite Teilhabe am Konsum verknüpfte, so desaströs war das Ergebnis kaum ein Jahrzehnt später. Städte und Infrastruktur waren zerstört, Millionen Deutsche obdachlos und auf der Flucht, Währung und Staatsfinanzen zerrüttet, Lebensmittel- und Energieversorgung zusammengebrochen.

Dies alles war so wenig einer unglücklichen Wendung des Kriegsverlaufs geschuldet wie man zwischen «guten» und «schlechten» Jahren des Dritten Reiches unterscheiden konnte. Hitlers Priorität hatte von Anfang an auf «Kanonen statt Butter» gelegen, und nur mit den Mitteln einer skrupellosen Raub- und Mordökonomie ließ sich der karge Lebensstandard der Deutschen zuletzt überhaupt noch aufrechterhalten. Am Ende gab es dann weder Kanonen noch Butter.

Dass Terror und Repression die letzten Kriegsmonate bestimmten, darf allerdings nicht davon ablenken, wie sehr Hitler seine Politik zugleich von der Zustimmung der Deutschen abhängig gemacht hatte. So paradox das klingen mag: Der NS-Staat hatte den privaten Konsum nicht nur politisiert, sondern in den Chancen des Verbrauchers immer auch einen Maßstab für die Leistungsfähigkeit der eigenen Herrschaft gesehen. Dem Anspruch nach sollten die Ressourcen für Kanonen und Butter genügen, wenngleich die Umsetzung ein ums andere Mal an den selbstgeschaffenen Zwängen von Aufrüstung und Devisenknappheit scheiterte.

Um seine politischen Ziele erreichen zu können, war das Dritte Reich zwingend auf die Unterstützung der Wirtschaft angewiesen. Private Unternehmen lieferten die Technologie, die Energie und den Treibstoff, die Reifen und das Pulver, die Flugzeuge, Panzer, Geschütze und die Munition, ohne die der Angriffskrieg undenkbar gewesen wäre. Auch hier entsteht ein schiefes Bild, wenn man lediglich auf die Zwangswirtschaft des Krieges blickt, in der sich die Spielräume der privaten Unternehmen immer weiter verengten und bald nur noch der Rüstungsausstoß zählte. Einen diktatorischen Zwang zur Kriegsproduktion gab es selbst dann nicht: Ihn bekamen lediglich solche Unternehmen zu spüren, deren Dienstleistungen und Produkte der Rüstung nicht nutzten und die deshalb stillgelegt oder ihrer Arbeitskräfte beraubt wurden. Nein, die Unternehmen produzierten für die Rüstung, weil dies lukrativ war oder weil es an Alternativen mangelte. Um die eigene Existenz zu sichern und sich in eine gute Ausgangslage für die Nachkriegszeit zu bringen, bedurfte es neben guter Kontakte in Bürokratie, Partei und Rüstungsverwaltung auch der nötigen Arbeitskraft, und deshalb musste kein Unternehmer zur Beschäftigung von Zwangsarbeitern genötigt werden.

Weil Lockung und Zwang eben auch in der Wirtschaft stets Hand in Hand gingen, fiel es vielen Unternehmern im Jahr 1945 leicht, sich nun selbst als Opfer der Diktatur zu sehen, gerade wenn man sich eben erst dem Nero-Befehl widersetzt hatte. Dennoch: Hitler war sich von Beginn an bewusst gewesen, dass er die Macht nicht gegen den Widerstand der Wirtschaft erobern konnte. So wie generell erst die Kooperationsbereitschaft der gesellschaftlichen Eliten das Funktionieren des NS-Staates sicherte, so machten die Spitzen der deutschen Wirtschaft bereits 1933 ihren Frieden mit Hitler. Sie begrüßten die Aufrüstung ebenso wie die Abschaffung von Gewerkschaften und demokratischen Parteien, und kaum jemand wandte sich gegen Gewalt und offenen Antisemitismus. Danach kam es nicht darauf an, ob man als Manager oder Unternehmer die politischen Ziele des NS-Staates teilte, ob man der Partei beitrat, sich mit neuen Ämtern und Ehren schmückte oder wie weit man die persönliche Nähe zu den politischen Machthabern suchte. Entscheidend war vielmehr, dass die überwältigende Mehrheit der Unternehmen nach den Regeln des Dritten Reiches funktionierte. So leisteten sie ihren Beitrag zur Aufrüstung, teils unter Druck, mitunter durchaus auch vor dem Hintergrund der Einschüchterungen, von denen man ja gehört oder die man selbst erlebt hatte, häufig aber, weil es sich lohnte und finanziell einträglich war.

Wer als Unternehmer mit innerer Reserve auf Hitler und sein Regime sah, mochte dennoch die unternehmerischen Gewinnmöglichkeiten nicht ungenutzt verstreichen lassen und trug damit wiederum zum Funktionieren des Dritten Reiches bei. Darin unterschieden sich Manager oder Unternehmer nicht von gewöhnlichen Deutschen. In ihrer Mehrheit griffen auch sie zu, wenn ein preiswertes Grundstück aus jüdischem Besitz auf den Markt kam oder wenn es im besetzten Gebiet ein Schnäppchen zu machen galt. So war es die Summe vieler kleiner Entscheidungen, die jeweils für sich betrachtet ökonomisch rational gewesen sein mochten, die insgesamt jedoch in eine Raub- und Mordwirtschaft mündeten, die im Januar 1933 keiner der später daran Beteiligten für möglich gehalten haben wird. Das Tempo dieser Radikalisierung gab der NS-Staat vor, doch einmal in Gang gesetzt, zeigte sich rasch, wie mächtig ökonomische Anreize wirken und wie brüchig moralische Standards sind.

Gemessen an diesem moralischen Zusammenbruch fiel die materielle Bilanz vom Frühsommer 1945 nicht annähernd so verheerend aus. Bald nach Kriegsende sollte sich herausstellen, dass die ganz überwiegend auf Kredit finanzierte Mobilisierung für den Krieg durchaus einen dauerhaften wirtschaftlichen Effekt hatte. Die zerbombten Industrieanlagen waren nämlich weit besser erhalten, als es der erste Augenschein vermuten ließ; oft waren vor allem Hallen und Gebäude zerstört, wichtige Maschinen- und Anlagenteile jedoch leicht zu reparieren. Amerikanische Experten stellten dem Bombenkrieg denn auch ein ungünstiges Zeugnis aus: Er war nicht nur völkerrechtlich fragwürdig, sondern hatte die Moral der Zivilbevölkerung nicht zu brechen vermocht. Die Rüstungsproduktion hatte er verhältnismäßig spät gelähmt, nämlich erst dann, als unter den Bombardements der Güterverkehr der Reichsbahn zusammenbrach. So kam es, dass die deutsche Wirtschaft aller Demontagen und Zerstörungen zum Trotz moderner und weit besser ausgestattet war als Mitte der dreißiger Jahre – jedenfalls in den drei Westzonen, denn der Osten fiel wegen der rigiden sowjetische Demontagepolitik schon jetzt weit zurück.

In der Trümmerzeit gaben amerikanische Besatzungssoldaten den Deutschen einen Vorgeschmack auf jene Kultur des Massenkonsums, die ihnen bis dato nur in Form von Hoffnungen und politischen Verheißungen bekannt war. Während der Hungerjahre wurden Lucky Strike, Wrigley's Spearmint Kaugummi oder die wieder erhältliche Coca-Cola nicht nur zu neuen Zahlungsmitteln des Schwarzmarktes, sondern erneuerten vergangene Zukunftshoffnungen. Der Abstand zum Lebensstandard der US-Bürger hatte sich unterdessen noch einmal dramatisch vergrößert. Trotz seiner Faszination für Massenmotorisierung und Tourismus, für Fernsehen und Haushaltsgeräte hatte das Dritte Reich mit seinen militärischen Prioritäten die Entwicklung nachhaltig gebremst. Selbst wenn man die Folgen des Krieges ausblendet, genügte es eben nicht, lediglich beim Angebot auf Techniken der Massenproduktion zu setzen. Es bedurfte auch der nötigen Nachfrage, und die hing vom Wohlstand der breiten Massen ab. Bis Westdeutsche genug verdienten, um sich ein Auto, einen Kühlschrank oder eine Urlaubsreise in den Süden leisten zu können, sollte es von 1945 aus betrachtet noch fast zwei Jahrzehnte dauern – und für die Ostdeutschen noch länger.

Anmerkungen

«Kanonen statt Butter»: Einführung

1 Sopade-Berichte, 2/1935, S. 1251 ff.

2 Die Heartfield-Karikatur mit dem Göring-Zitat in: Bildarchiv Preußischer Kulturbesitz, Bildnummer 27851; The Times, 23. 12. 1935: Food Scarcity in Germany. Difficulties of Housewives; vgl. ebd., 13. 1. 1936: The German Winter.

3 Hans Bohrmann/Gabriele Toepser-Ziegert (Hrsg.): NS-Presseanweisungen der Vorkriegszeit. Edition und Dokumentation, Bd. 3/II: 1935, München 1987, S. 648; Gustavo Corni/Horst Gies: Brot, Butter, Kanonen. Die Ernährungswirtschaft in Deutschland unter der Diktatur Hitlers, Berlin 1997, S. 359.

4 Kurt Bauer: Nationalsozialismus. Ursprünge, Anfänge, Aufstieg und Fall, Wien 2008, S. 306 f.; Norbert Frei: Der Führerstaat. Nationalsozialistische Herrschaft, erw. Neuausg. München 2001, S. 226–230.

5 Rede des Ministerpräsidenten Generaloberst Göring am 28. Oktober 1936 im Sportpalast, in: Der Vierjahresplan, 1 (1936), S. 31–36; Oliver Lubrich: Reisen ins Reich 1933 bis 1945. Ausländische Autoren berichten aus Deutschland, Frankfurt am Main 2004, S. 171.

6 Bertolt Brecht: Gesammelte Werke, Bd. 9, Frankfurt am Main 1967 (zuerst 1938), S. 705 f.

7 Hildegard von Kotze/Helmut Krausnick (Hrsg.): «Es spricht der Führer». Sieben exemplarische Hitler-Reden, Gütersloh 1966, S. 76 f.

8 Gerhard L. Weinberg (Hrsg.): Hitlers zweites Buch. Ein Dokument aus dem Jahr 1928, Stuttgart 1961, S. 53, 120 f.

9 Kim Christian Priemel: Lernversagen. Der Erste Weltkrieg und die nationalsozialistische Wirtschaftspolitik, in: Gerd Krumeich/Anke Hoffstadt/Arndt Weinrich (Hrsg.): Nationalsozialismus und erster Weltkrieg, Essen 2010, S. 299–322, hier: 302.

10 Christian Kleinschmidt: Konsumgesellschaft, Göttingen 2008, S. 110.

11 So aber Götz Aly: Hitlers Volksstaat. Raub, Rassenkrieg und nationaler Sozialismus, erw. Ausg. Frankfurt am Main 2006, S. 49; ders.: Die Wohlfühl-Diktatur, in: Der Spiegel, 7. 3. 2005.

12 Frei, Führerstaat S. 209.

13 Werner Abelshauser: Kriegswirtschaft und Wirtschaftswunder. Deutschlands wirtschaftliche Mobilisierung für den Zweiten Weltkrieg und die Folgen für die Nachkriegszeit, in: Vierteljahrshefte für Zeitgeschichte, 47 (1999), S. 503–538, hier: 512 f.

I. Terror und Verheißung

1 Film-Erschließungsprotokoll im Bundesarchiv Koblenz; vgl. den deutlich abweichenden Wortlaut bei Max Domarus: Hitler. Reden und Proklamationen 1932–1945, Band 1, 1932–1934, 4. Aufl. Leonberg 1988, S. 169–342.

2 Elke Fröhlich (Hrsg.): Die Tagebücher von Joseph Goebbels. Teil I: Aufzeichnungen 1923–1941. Band 2/3: Oktober 1932 – März 1934, München 2006, S. 311–312.

3 Reinhard Bein: Im deutschen Land marschieren wir. Freistaat Braunschweig 1930–1945, Braunschweig 1984; Wolfenbüttler Zeitung vom 13. 3. 1933, in: ders. (Hrsg.): Juden in Braunschweig, Braunschweig, 1988, S. 52 f.; Hans Reinowski: Terror in Braunschweig. Aus dem ersten Quartal der Hitlerherrschaft, Zürich 1933.

4 Ernst Klee: Deutsche Medizin im Dritten Reich. Karrieren vor und nach 1945, Frankfurt am Main 2001, S. 43.

5 Frank Bajohr: «Arisierung» in Hamburg. Die Verdrängung der jüdischen Unternehmer 1933–1945, Hamburg 1997, S. 31.

6 Rudolf Lenz: Karstadt. Ein deutscher Warenhauskonzern 1920–1950, Stuttgart 1995, S. 162.

7 Norbert Frei: Nationalsozialistische Eroberung der Provinzpresse. Gleichschaltung, Selbstanpassung und Resistenz in Bayern, Stuttgart 1980, S. 121 f.

8 Rüdiger Hachtmann: Das Wirtschaftsimperium der Deutschen Arbeitsfront 1933–1945, Göttingen 2012, S. 59.

9 Gesetz über die Einziehung kommunistischen Vermögens vom 26. Mai 1933 (RGBl. I, S. 293).

10 BAB, R 3101/16221: Centralboden an pr. Min. f. Wirtschaft, 17. 8. 1934; RWM an RMI, 27. 10. 1934.

11 Christoph Buchheim: Das NS-Regime und die Überwindung der Weltwirtschaftskrise in Deutschland, in: Vierteljahrshefte für Zeitgeschichte, 56 (2008), S. 381–414, hier: 400 f.

12 Eckart Conze/Norbert Frei/Peter Hayes/Moshe Zimmermann: Das Amt und die Vergangenheit. Deutsche Diplomaten im Dritten Reich und in der Bundesrepublik, unter Mitarbeit von Annette Weinke und Andrea Wiegeshoff, München 2010, S. 28.

13 Saul Friedländer: Das Dritte Reich und die Juden, Bd. 1: Die Jahre der Verfolgung 1933–1939, München 1998, 34 f.

14 Victor Klemperer: Ich will Zeugnis ablegen bis zum letzten. Tagebücher 1933–1941, hgg. v. Walter Nowojski, Berlin 1995, S. 15, 17 f.

15 Harold James/Avraham Barkai: Die Deutsche Bank und die «Arisierung», München 2001, S. 35 f.

16 SHStA Dresden, 11 616/18.107, Protokoll Deutsche Schrott-Vereinigung, Sitzung am 4. 7. 1933.

17 Wilhelm Zangen: Aus meinem Leben, Düsseldorf 1968, S. 123.

18 http://www.jmberlin.de/1933/2013/04/25/schutzbrief-des-sa-truppfuhrers-wagner-fur-heinrich-katz/(20. 8. 2013).

19 SHStA Dresden, 11 692/382, Schriftwechsel LHB und NSDAP Kreisleitung Bautzen, 13.4., 19. 4. u. 30. 8. 1933.

20 Akten der Reichskanzlei. Die Regierung Hitler, Bd. 1/1, S. 541 f., 631.

21 Cornelia Rauh: Wirtschaftsbürger im «Doppelstaat». Zur Kritik der neueren Forschung, in: Norbert Frei/Tim Schanetzky (Hrsg.): Unternehmen im Nationalsozialismus. Zur Historisierung einer Forschungskonjunktur, Göttingen 2010, S. 100–115, hier: S. 103.

22 Bernhard Menne: Krupp. Deutschlands Kanonenkönige, Zürich 1937, S. 9, 362.

23 Ian Kershaw: Hitler. 1889–1936, Stuttgart 1998, S. 510 f.

24 Reinhard Neebe: Großindustrie, Staat und NSDAP 1930–1933. Paul Silverberg und der Reichsverband der Deutschen Industrie in der Krise der Weimarer Republik, Göttingen 1981, S. 83.

25 Fröhlich, Goebbels, I/2, S. 4.

26 Carlo Mierendorff: Gesicht und Charakter der nationalsozialistischen Bewegung, in: Die Gesellschaft, 7 (1930), S. 489–504.

27 Sebastian Haffner: Geschichte eines Deutschen. Die Erinnerungen 1914–1933, München 2000, S. 87.

28 Jürgen W. Falter: Hitlers Wähler, München 1991, S. 372.

29 Henry A. Turner: Die Großunternehmer und der Aufstieg Hitlers, Berlin 1985, S. 145–153, Zitat: 153.

30 Norbert Frei/Ralf Ahrens/Jörg Osterloh/Tim Schanetzky: Flick. Der Konzern, die Familie, die Macht, München 2009, S. 718.

31 Avraham Barkai: Das Wirtschaftssystem des Nationalsozialismus. Ideologie, Theorie, Politik, 1933–1945, Frankfurt am Main 1988, S. 39, 41.

32 Otto Wagener: Hitler aus nächster Nähe. Aufzeichnungen eines Vertrauten 1929–1932, hgg. v. Henry A. Turner, Kiel 1987, S. 443.

33 Duisberg an Johanna Walther, 8. 4. 1933, in: Kordula Kühlem (Hrsg.): Carl Duisberg (1861–1935). Briefe eines Industriellen, München 2012, S. 680.

34 D-203, in: Der Prozess gegen die Hauptkriegsverbrecher vor dem Internationalen Gerichtshof Nürnberg, Bd. 2, Nürnberg 1947, S. 232–257.

35 Turner, Großindustrie, S. 395.

36 Joachim Petzold: Franz von Papen. Ein deutsches Verhängnis, Berlin 1995, S. 174.

37 Dieter Rebentisch: Schwere Zeiten. Die Frankfurter Wirtschaft zwischen Republik, Diktatur und Krieg 1914–1945, in: Werner Plumpe/ders. (Hrsg.): «Dem Flor der hiesigen Handlung.» 200 Jahre Industrie- und Handelskammer Frankfurt am Main, Frankfurt am Main 2008, S. 178–217, hier: 200 ff.

38 Neebe, Großindustrie, S. 182–188.

39 Henry A. Turner: General Motors und die Nazis. Das Ringen um Opel, Berlin 2006, S. 45 f.

40 Ebd., S. 54 f.

41 Dieter Ziegler: Die Dresdner Bank und die deutschen Juden, München 2006, S. 14–23, 34 ff., 54, 69.

42 Wolfram Pyta: Hindenburg. Herrschaft zwischen Hohenzollern und Hitler, München 2007, S. 236 ff.

43 Hedda Kalshoven: Ich denk so viel an Euch. Ein deutsch-holländischer Briefwechsel, 1920–1949, München 1995, S. 196.

44 Max Domarus: Das Jahr 1933, in: Nationalsozialismus, Holocaust, Widerstand und Exil 1933–1945. Online-Datenbank, 10. 6. 2014, Dokument ID-MXD 0009.

45 Tilla Siegel: Rationalisierung statt Klassenkampf. Zur Rolle der Deutschen Arbeitsfront in der nationalsozialistischen Ordnung der Arbeit, in: Hans Mommsen (Hrsg.): Herrschaftsalltag im Dritten Reich. Studien und Texte, Düsseldorf 1988, S. 97–143, hier: 138.

46 Gustav Luntowski: Hitler und die Herren an der Ruhr. Wirtschaftsmacht und Staatsmacht im Dritten Reich, Frankfurt am Main 2000, S. 108.

47 Günter Brakelmann: Zwischen Mitschuld und Widerstand. Fritz Thyssen und der Nationalsozialismus, Essen 2010, S. 57 f., Zitat nach dem höchst umstrittenen Hermann Rauschning: S. 77.

48 Adam Tooze: Ökonomie der Zerstörung. Die Geschichte der Wirtschaft im Nationalsozialismus, München 2007, S. 64, 73–77.

49 Ebd., S. 212–224.

50 Fröhlich, Goebbels, I/2, S. 282 f.

51 Max Domarus: Das Jahr 1933, in: Nationalsozialismus, Holocaust, Widerstand und Exil 1933–1945. Online-Datenbank, 10. 6. 2014, Dokument ID-MXD 0009.

52 Tooze, Ökonomie, S. 224–233.

II. Wege aus der Not

1 Fritz Blaich: Der Schwarze Freitag. Inflation und Wirtschaftskrise, München 1985, S. 60; Peter D. Stachura: The Social and Welfare Implications of Youth Unemployment in Weimar Germany, 1929–1933, in: Ders. (Hrsg.): Unemployment and the Great Depression in Weimar Germany, Basingstoke 1986, S. 121–147, hier: 136.

2 Wolfgang Michalka (Hrsg.): Deutsche Geschichte 1933–1945. Dokumente zur Innen- und Außenpolitik, Frankfurt am Main 2002, S. 60.

3 Tooze, Ökonomie, S. 67 f.

4 Buchheim, Überwindung, S. 389.

5 Ebd., S. 384 ff.

6 Buchheim, Überwindung, S. 389 (Zitat); Tooze, Ökonomie, S. 61 f.

7 Buchheim, Überwindung, S. 391.

8 Detlev Humann: «Arbeitsschlacht». Arbeitsbeschaffung und Propaganda in der NS-Zeit, 1933–1939, Göttingen 2011, Anhang, S. 72 ff.

9 Buchheim, Überwindung, S. 394 f.
10 Humann, Arbeitsschlacht, Anhang S. 11, 15 f.
11 Friedrich Doll: Vom Bau der Reichsautobahn München-Landesgrenze, in: Die Straße, 5 (1938), S. 447.
12 Bruce E. Seely: Visions of American Highways 1900–1980, in: Helmuth Trischler/Hans Liudger Dienel (Hrsg.): Geschichte der Zukunft des Verkehrs. Verkehrskonzepte von der frühen Neuzeit bis zum 21. Jahrhundert, Frankfurt am Main 1997, S. 260–279, hier: 269.
13 Hier und im Folgenden Humann, Arbeitsschlacht, S. 95–102.
14 Nico Voigtländer/Hans-Joachim Voth: Highway to Hitler. University of Zurich, Department of Economics, Working Paper Nr. 156, Mai 2014.
15 Erhard Schütz/Eckhard Gruber: Mythos Reichsautobahn. Bau und Inszenierung der «Straßen des Führers» 1933–1941, Berlin 2000, S. 51, 71 f.
16 Werner Fehl: «Die Autobahn wird immer glätter, die Bonzen immer fetter ...». Streiks und kollektives Protestverhalten von Autobahnarbeitern 1934 und 1935, in: Oliver von Mengersen (Hrsg.): Personen, soziale Bewegungen, Parteien. Beiträge zur Neuesten Geschichte, FS f. Hartmut Soell, Heidelberg 2004, S. 203–230, hier: 210.
17 Humann, Arbeitsschlacht, S. 318.
18 Claudius Torp: Besser als in Weimar. Spielräume des Konsums im Nationalsozialismus, in: Birthe Kundrus/Sybille Steinbacher (Hrsg.): Kontinuitäten und Diskontinuitäten. Der Nationalsozialismus in der Geschichte des 20. Jahrhunderts, Göttingen 2013, S. 73–93, hier: 86 ff.
19 Humann, Arbeitsschlacht, S. 128.
20 Ebd., S. 118.
21 Victor Klemperer: LTI – Notizbuch eines Philologen, Leipzig 1966, S. 47.
22 Sopade-Berichte, 2/1935, S. 1422, 1432.
23 Frei, Führerstaat, S. 112.
24 Tooze, Ökonomie, S. 167 ff., 174 ff.
25 Jörg Baten/Andrea Wagner: Autarchy, Market Disintegration, and Health. The Mortality and Nutritional Crisis in Nazi Germany 1933–1937, in: Economics and Human Biology, 1 (2002), S. 1–28.
26 Dorothee Hochstetter: Motorisierung und «Volksgemeinschaft». Das Nationalsozialistische Kraftfahrerkorps (NSKK) 1931–1945, München 2005, S. 185.
27 Torp, Spielräume, S. 88 ff.
28 Nicole Petrick-Felber: Kriegswichtiger Genuss. Die Konsumgeschichte von Tabak und Kaffee im «Dritten Reich», Diss. phil. Jena 2014, S. 63, 69.
29 Winston S. Churchill: The Second World War, Volume 1. The Gathering Storm, New York 1986, S. 117.
30 Willi A. Boelcke: Die Kosten von Hitlers Krieg. Kriegsfinanzierung und finanzielles Kriegserbe in Deutschland 1933–1948, Paderborn 1985, S. 26–30; Daten zum Volkseinkommen nach Tooze, Ökonomie, S. 755.
31 Leopold Schwarzschild/Hans Hermes: Die endgültige Ziffer der Reichs-Aus-

gaben, in: Das Neue Tage-Buch, 3 (1935), S. 850–854, hier: 854 (6. September 1935).

32 Gerold Ambrosius: Von Kriegswirtschaft zu Kriegswirtschaft, 1914–1945, in: Michael North (Hrsg.): Deutsche Wirtschaftsgeschichte. Ein Jahrtausend im Überblick, München 2005, S. 287–355, hier: 343 f.

33 BAB, R 8122/430, Bl. 2–4; R 822/359, Bl. 201; Johannes Bähr/Axel Drecoll/Bernhard Gotto/Kim Christian Priemel/Harald Wixforth: Der Flick-Konzern im Dritten Reich, München 2008, S. 157.

34 SächsHStA 11 616/16.43, Bedeutung der Werke und Ausbau der Fabrikation für Sonderzwecke, 4. 10. 1933.

35 Karl-Heinz Thieleke (Hrsg.): Fall 5. Anklageplädoyer, ausgewählte Dokumente, Urteil des Flick-Prozesses mit einer Studie über die «Arisierungen» des Flick-Konzerns, Berlin (Ost) 1965, S. 112.

36 Werner Abelshauser: Rüstungsschmiede der Nation? Der Kruppkonzern im Dritten Reich und in der Nachkriegszeit, 1933 bis 1951, in: Lothar Gall (Hrsg.): Krupp im 20. Jahrhundert. Die Geschichte des Unternehmens vom Ersten Weltkrieg bis zur Gründung der Stiftung, Berlin 2002, S. 267–472, hier: 329.

37 Lutz Budraß: Flugzeugindustrie und Luftrüstung 1918–1945, Düsseldorf 1998, S. 320–335.

38 Ulrike Schulz: Simson. Vom unwahrscheinlichen Überleben eines Unternehmens 1856–1993, Göttingen 2013, S. 114–152.

39 Barbara Hopmann: Von der Montan zur Industrieverwaltungsgesellschaft (IVG) 1916–1951, Stuttgart 1996, S. 48, 111–119.

40 Paul Stoop (Hrsg.): Geheimberichte aus dem Dritten Reich. Der Journalist H. J. Noordewier als politischer Beobachter, Berlin 1990, S. 93, 159.

41 Abelshauser, Rüstungsschmiede, S. 339 ff.

42 Mark Spoerer: Von Scheingewinnen zum Rüstungsboom. Die Eigenkapitalrentabilität der deutschen Industrieaktiengesellschaften 1925–1941, Stuttgart 1996, S. 50, 155, 182–184.

43 André Steiner: Von der Preisüberwachung zur staatlichen Preisbildung. Verbraucherpreispolitik und ihre Konsequenzen für den Lebensstandard unter dem Nationalsozialismus in der Vorkriegszeit, in: ders. (Hrsg.): Preispolitik und Lebensstandard. Nationalsozialismus, DDR und Bundesrepublik im Vergleich, Köln 2006, S. 23–85, hier: 26 f.

44 Ebd., S. 40.

45 Jonas Scherner: Die Logik der Industriepolitik im Dritten Reich. Die Investitionen in die Autarkie- und Rüstungsindustrie und ihre staatliche Förderung, Stuttgart 2008, S. 103.

46 Titus Kockel: Deutsche Ölpolitik 1928–1938, Berlin 2005.

47 Karl Heinz Roth: Die IG Farbenindustrie AG von 1933 bis 1939, Frankfurt am Main 2008, (http://www.wollheim-memorial.de/de/archiv_links, 24. 10. 2014), S. 6.

48 Peter Hayes: Industry and Ideology. I. G. Farben in the Nazi Era, Cambridge 1993, S. 115–120.

49 Scherner, Logik, S. 103–124.

50 Ebd, S. 125–138.

51 Michael Ebi: Export um jeden Preis. Die deutsche Exportförderung von 1932–1938, Stuttgart 2004, S. 62.

52 Hier und im Folgenden Tooze, Ökonomie, S. 93–126.

53 John Gunther: Inside Europe. Again Completely Revised 1940 War Edition, New York 1940 (zuerst: 1936), S. 95 ff.

54 Tooze, Ökonomie, S. 122 f.

55 Scherner, Logik, S. 163–184.

56 Lars Bluma: Stoffgeschichte. Zellwolle, Mode und Modernität, 1920–1945, in: Elisabeth Hackspiel-Mikosch/Birgitt Borkopp-Restle (Hrsg.): Intelligente Verbindungen. Wechselwirkungen zwischen Technik, Textildesign und Mode, Berlin 2011, S. F1-F52.

57 Anne Sudrow: Der Schuh im Nationalsozialismus. Eine Produktgeschichte im deutsch-britisch-amerikanischen Vergleich, Göttingen 2010, S. 445 ff.

58 Sopade-Berichte, 5/1938, S. 60.

59 Sudrow, Schuh, S. 331 ff.

60 Werner Jochmann (Hrsg.): Adolf Hitler. Monologe im Führer-Hauptquartier, 1941–1944. Die Aufzeichnungen Heinrich Heims, Hamburg 1980, S. 62 f.

III. Die «guten Jahre»?

1 In Howards eigenen Worten eine «fantastic analogy». Turner, General Motors, S. 57 f., 232.

2 Graeme K. Howard: America and a New World Order, New York 1940.

3 Hasso Spode: Ein Seebad für zwanzigtausend Volksgenossen. Zur Grammatik und Geschichte des fordistischen Urlaubs, in: Peter J. Brenner (Hrsg.): Reisekultur in Deutschland. Von der Weimarer Republik zum «Dritten Reich», Tübingen 1997, S. 7–47, hier: 26 f.

4 Hasso Spode: Arbeiterurlaub im Dritten Reich, in: Carola Sachse/Tilla Siegel/ders./Wolfgang Spohn: Angst, Belohnung, Zucht und Ordnung. Herrschaftsmechanismen im Nationalsozialismus, Opladen 1982, S. 275–328, hier: 278, 280.

5 Wolfgang König: Volkswagen, Volksempfänger, Volksgemeinschaft. «Volksprodukte» im Dritten Reich. Vom Scheitern einer nationalsozialistischen Konsumgesellschaft, Paderborn 2004, S. 23 f.

6 Spode, Seebad, S. 24.

7 Margarete Dörr: «Wer die Zeit nicht miterlebt hat ...». Frauenerfahrungen im Zweiten Weltkrieg und in den Jahren danach. Bd. 2, Kriegsalltag, Frankfurt am Main 1998, S. 340.

8 König, Volksprodukte, S. 194, 196; Spode, Seebad, S. 25 f.

9 König, Volksprodukte, S. 23.

10 Spode, Arbeiterurlaub, S. 311 ff.

11 Bruno Frommann: Reisen im Dienste politischer Zielsetzungen. Arbeiter-Reisen und «Kraft durch Freude»-Fahrten, Diss. phil. Stuttgart 1992, S. 266 ff., 273, 279.
12 Spode, Arbeiterurlaub, S. 311 ff.
13 Ebd., S. 307 f.
14 König, Volksprodukte, S. 31.
15 Ebd., S. 44 ff.
16 Ebd., S. 65.
17 Ebd., S. 105.
18 Ebd., S. 187, 176.
19 Kleinschmidt, Konsumgesellschaft, S. 110.
20 Ebd., S. 17 f.
21 Stoop, Geheimberichte, S. 185 f.
22 Chup Friemert: Produktionsästhetik im Faschismus. Das Amt «Schönheit der Arbeit» von 1933 bis 1939, München 1980, S. 87, 118 f., 126.
23 Anson G. Rabinbach: Die Ästhetik der Produktion im Dritten Reich, in: Ralf Schnell (Hrsg.): Kunst und Kultur im deutschen Faschismus, Stuttgart 1978, S. 57–85, hier: 69 ff.
24 Friemert, Produktionsästhetik, S. 128 f.
25 Carola Sachse: Siemens, der Nationalsozialismus und die moderne Familie. Eine Untersuchung zur sozialen Rationalisierung in Deutschland im 20. Jahrhundert, Hamburg 1990, S. 42 ff., 50 f.
26 Stefan Bajohr: Die Hälfte der Fabrik. Geschichte der Frauenarbeit in Deutschland 1914 bis 1945, Marburg 1979, S. 18 (Daten), 225 ff. (Zitate); Richard Overy: «Blitzkriegswirtschaft»? Finanzpolitik, Arbeitseinsatz und Lebensstandard in Deutschland 1939–1942, in: Vierteljahrshefte für Zeitgeschichte, 36 (1988), S. 379–435, hier: 425 f.
27 Rüdiger Hachtmann: Industriearbeit im «Dritten Reich». Untersuchungen zu den Lohn- und Arbeitsbedingungen in Deutschland 1933–1945, Göttingen 1989, S. 50, 52, 229.
28 Günter Morsch: Arbeit und Brot. Studien zu Lage, Stimmung, Einstellung und Verhalten der deutschen Arbeiterschaft 1933–1936/37, Frankfurt am Main 1993, S. 411–449, 429.
29 Hans Mommsen (Hrsg.): Herrschaftsalltag im Dritten Reich. Studien und Texte, Düsseldorf 1988, S. 166.
30 Morsch, Arbeit, S. 411–416.
31 Hachtmann, Industriearbeit, S. 234–244, Zitate: 243; Kiran Klaus Patel: «Soldaten der Arbeit». Arbeitsdienste in Deutschland und den USA, 1933–1945, Göttingen 2003, S. 202–272.
32 Michael Zimmermann: «Ein schwer zu bearbeitendes Pflaster». Der Bergarbeiterort Hochlarmark unter dem Nationalsozialismus, in: Detlev Peukert/Jürgen Reulecke (Hrsg.): Die Reihen fast geschlossen. Beiträge zur Geschichte des Alltags unterm Nationalsozialismus, Wuppertal 1981, S. 65–84, hier: 76.

33 Hachtmann, Industriearbeit, S. 272 f.
34 Karl Christian Führer: Mieter, Hausbesitzer, Staat und Wohnungsmarkt. Wohnungsmangel und Wohnungszwangswirtschaft in Deutschland 1914–1960, Stuttgart 1995, S. 408 f., 232 f.
35 Tooze, Ökonomie, S. 176.
36 Hachtmann, Industriearbeit, S. 282 ff.
37 Führer, Wohnungszwangswirtschaft, S. 210 f., 221 f., 336 f.
38 Michael Prinz: Der Sozialstaat hinter dem Haus. Wirtschaftliche Zukunftserwartungen, Selbstversorgung und regionale Vorbilder. Westfalen und Südwestdeutschland 1920–1960, Paderborn 2012, S. 189 ff.
39 Führer, Wohnungszwangswirtschaft, S. 237–241, 245.
40 Ole Sparenberg: «Segen des Meeres». Hochseefischerei und Walfang im Rahmen der nationalsozialistischen Autarkiepolitik, Berlin 2012, S. 330.
41 Birgit Pelzer/Reinhold Reith: Margarine. Die Karriere der Kunstbutter, Berlin 2001, S. 75.
42 Sopade-Berichte, 1/1937, S. 34–38.
43 Hier und im Folgenden nach Corni/Gies, Ernährungswirtschaft.
44 Daniela Münkel: Nationalsozialistische Agrarpolitik und Bauernalltag, Frankfurt am Main 1996, S. 110.
45 Jochen Streb/Wolfram Pyta: Von der Bodenproduktivität zur Arbeitsproduktivität. Der agrarökonomische Paradigmenwechsel, in: Zeitschrift für Agrargeschichte und Agrarsoziologie, 53 (2005), S. 56–78, hier: 65 ff.
46 Kurt Wagner: Leben auf dem Lande im Wandel der Industrialisierung, Frankfurt am Main 1986, S. 355.
47 Humann, Arbeitsschlacht, S. 550 ff.
48 Ebd., S. 557.
49 Ebd., S. 567–571.
50 Reichskuratorium für Technik in der LWS an Vierjahresplan, 16.1.1937, in: Gustavo Corni/Horst Gies: «Blut und Boden». Rassenideologie und Agrarpolitik im Staat Hitlers, Idstein 1994, S. 169.
51 Streb/Pyta, Bodenproduktivität, S. 66 ff.
52 Stephanie Degler/Jochen Streb: Die verlorene Erzeugungsschlacht. Die nationalsozialistische Landwirtschaftspolitik im Systemvergleich, in: Jahrbuch für Wirtschaftsgeschichte, 1/2008, S. 161–181, hier: 177.
53 Wilmowsky an Thomas, 31.3.1937, in: Corni/Gies, Agrarpolitik, S. 99.
54 Claudius Torp: Wachstum, Sicherheit, Moral. Politische Legitimationen des Konsums im 20. Jahrhundert, Göttingen 2012, S. 66 ff.
55 Timothy W. Mason: Arbeiterklasse und Volksgemeinschaft. Dokumente und Materialien zur deutschen Arbeiterpolitik 1936–1939, Opladen 1975, S. 115.

IV. In den Krieg

1 Peter Hayes: Die Degussa im Dritten Reich. Von der Zusammenarbeit zur Mittäterschaft, München 2004, S. 145.

2 NS-Presseanweisungen, Bd. 5/II: 1937, S. 458.

3 Christoph Wagner: Entwicklung, Herrschaft und Untergang der nationalsozialistischen Bewegung in Passau 1920 bis 1945, Berlin 2007, S. 419.

4 Eva-Maria Unger: Die Illustrierte als Mittel der Kriegsvorbereitung in Deutschland 1933 bis 1939, Köln 1984, S. 253.

5 Silvia Schilde: «Zum Weinen war keine Zeit» – Frauen an der «Heimatfront». Lebensgeschichtliche Erinnerungen von Frauen aus dem Westmünsterland, Münster 2003, S. 208.

6 NS-Presseanweisungen, Bd. 5/II: 1937, S. 944.

7 Wilhelm Deist/Manfred Messerschmidt/Hans-Erich Volkmann/Wolfram Wette: Das Deutsche Reich und der Zweite Weltkrieg, Bd. 1: Ursachen und Voraussetzungen der deutschen Kriegspolitik, Stuttgart 1979, S. 434.

8 Bernhard R. Kroener: «Der starke Mann im Heimatkriegsgebiet». Generaloberst Friedrich Fromm. Eine Biographie, Paderborn 2005, S. 254–261.

9 Dietmar Petzina: Autarkiepolitik im Dritten Reich. Der nationalsozialistische Vierjahresplan, Stuttgart 1968, S. 48–51; Denkschrift Hitlers über die Aufgaben eines Vierjahresplanes, in: Vierteljahrshefte für Zeitgeschichte, 3 (1955), S. 204–210, hier: 208 ff.

10 Humann, Arbeitsschlacht, S. 60 f.

11 Alfred-Ingemar Berndt: Gebt mir vier Jahre Zeit! Dokumente zum ersten Vierjahresplan des Führers, München 1937.

12 Sopade-Berichte, 11/1936, S. 1378, 1380–1386; 12/1936, S. 1543, 1548.

13 Wilhelm Treue: Das Dritte Reich und die Westmächte auf dem Balkan. Zur Struktur der Außenhandelspolitik Deutschlands, Großbritanniens und Frankreichs 1933–1939, in: Vierteljahrshefte für Zeitgeschichte, 1 (1953), S. 45–64, hier: 53 f. (Anm. 16).

14 Ulrich Hensler: Die Stahlkontingentierung im Dritten Reich, Stuttgart 2008, S. 59–82.

15 Hier und im Folgenden Frei u. a., Flick, S. 182–190.

16 Christian Marx: Paul Reusch und die Gutehoffnungshütte. Leitung eines deutschen Großunternehmens, Göttingen 2013, S. 433–439.

17 Bruno Gleitze: Ostdeutsche Wirtschaft. Industrielle Standorte und volkswirtschaftliche Kapazitäten des ungeteilten Deutschland, Berlin 1956, S. 11.

18 Michalka, Dokumente, S. 121.

19 Frei u. a., Flick, S. 200 f.; Zitat: National Archives and Records Administration College Park, T83 Rolle 59, S. 718, Vermerk Brurein, 5. 1. 1938.

20 Ralf Banken: Edelmetallmangel und Großraubwirtschaft. Die Entwicklung des deutschen Edelmetallsektors und die Degussa AG 1933–1945, Berlin 2009, S. 248–251.

21 Frank Bajohr: «Unser Hotel ist judenfrei». Bäder-Antisemitismus im 19. und 20. Jahrhundert, Frankfurt am Main 2003, S. 116–126.

22 Ders.: «Arisierung» in Hamburg, S. 338 (Zitat), zur Begrifflichkeit S. 9, Anm. 1.

23 Falk Wiesemann: Juden auf dem Lande. Die wirtschaftliche Ausgrenzung der jüdischen Viehhändler in Bayern, in: Detlev Peukert/Jürgen Reulecke (Hrsg.): Die Reihen fast geschlossen. Beiträge zur Geschichte des Alltags unterm Nationalsozialismus, Wuppertal 1981, S. 381–396.

24 Benno Niezel: Handeln und Überleben. Jüdische Unternehmer aus Frankfurt am Main 1924–1964, Göttingen 2012, S. 120 ff.

25 Bajohr, «Arisierung» in Hamburg, S. 36–41.

26 Bernhard Lorentz: Industrieelite und Wirtschaftspolitik 1928–1950. Heinrich Dräger und das Drägerwerk, Paderborn 2001, S. 152 f.; Hayes, Degussa, S. 143 f.

27 Richard Winkler: «Händler, die ja nur ihrem Beruf nachgingen». Die Münchner Kunsthandlung Julius Böhler und die Auflösung jüdischer Kunstsammlungen im «Dritten Reich», in: Koordinierungsstelle Kulturgutverluste Magdeburg (Hrsg.): Entehrt. Ausgeplündert. Arisiert. Entrechtung und Enteignung der Juden, Magdeburg 2005, S. 207–246, hier 207, 213 ff.

28 Dieter Ziegler: Erosion der Kaufmannsmoral. «Arisierung», Raub und Expansion, in: Norbert Frei/Tim Schanetzky (Hrsg.): Unternehmen im Nationalsozialismus. Zur Historisierung einer Forschungskonjunktur, Göttingen 2010, S. 156–168.

29 So der Begriff von Werner Sombart, Der Bourgeois. Zur Geistesgeschichte des modernen Wirtschaftsmenschen, München 1920, S. 161.

30 Frei u.a., Flick, S. 211.

31 Bajohr, «Arisierung» in Hamburg, S. 202 ff.

32 Friedländer, Jahre der Verfolgung, S. 283 f.

33 Bajohr, «Arisierung» in Hamburg, S. 112–118.

34 Britta Bopf: «Arisierung» in Köln. Die wirtschaftliche Existenzvernichtung der Juden 1933–1945, Köln 2004, S. 354–361.

35 Aly, Volksstaat, S. 61.

36 Bopf, «Arisierung» in Köln, S. 300–304.

37 Christopher Kopper: Wer waren die Hauptprofiteure der «Arisierungen»? Zur neuen Forschungsgeschichte einer alten Kontroverse, in: Hartmut Berghoff/Jürgen Kocka/Dieter Ziegler (Hrsg.): Wirtschaft im Zeitalter der Extreme, München 2010, S. 294–311, hier: 314 f.

38 Bajohr, «Arisierung» in Hamburg, S. 335 ff.

39 Wolfgang Dreßen: Betrifft «Aktion 3». Deutsche verwerten jüdische Nachbarn. Dokumente zur Arisierung, Berlin 1998, S. 39–51.

40 Götz Aly: Das Posener Tagebuch des Hermann Voss, in: Biedermann und Schreibtischtäter. Materialien zur deutschen Täter-Biographie (Beiträge zur Geschichte der nationalsozialistischen Gesundheits- und Sozialpolitik, Bd. 4), Berlin 1987, S. 15–66, hier: 28.

41 Tooze, Ökonomie, S. 362 f., 369.

42 So eine Formulierung Hermann Görings vom Oktober 1942, Peter Longerich: «Davon haben wir nichts gewusst!» Die Deutschen und die Judenverfolgung 1933–1945, München 2006, S. 203 f.

43 Aly, Posener Tagebuch, S. 40 f.; Ernst Klee: Das Personenlexikon zum Dritten Reich. Wer war was vor und nach 1945, Frankfurt am Main 2005, S. 646.

44 Markus Roth: Herrenmenschen. Die deutschen Kreishauptleute im besetzten Polen. Karrierewege, Herrschaftspraxis und Nachgeschichte, Göttingen 2009, S. 175 f.

45 Kotze/Krausnick, Hitler-Reden, S. 94, Anm. 20.

46 Klemperer, Zeugnis, S. 532, 539.

47 Tooze, Ökonomie, S. 447.

48 John Gillingham: Coal, Steel, and the Rebirth of Europe 1945–1955. The Germans and French from Ruhr Conflict to Economic Community, Cambridge 1991, S. 70.

49 Mark Pendergrast: For God, Country and Coca-Cola. The Unauthorized History of the Great American Soft Drink and the Company that makes it, London 1993, S. 226 f.

50 Stephan H. Lindner: Das Reichskommissariat für die Behandlung feindlichen Vermögens im Zweiten Weltkrieg. Eine Studie zur Verwaltungs-, Rechts- und Wirtschaftsgeschichte des nationalsozialistischen Deutschlands, Stuttgart 1991, S 112.

51 Edwin Black: IBM and the Holocaust. The strategic alliance between Nazi Germany and America's most powerful Corporation, London 2001, S. 278–339.

52 Turner, General Motors, S. 196–229.

53 Josef Henke: Der Griff der SS nach dem Apollinaris-Brunnen in Bad Neuenahr. Ein Beitrag zum Verhältnis von SS und Verwaltung während des Zweiten Weltkrieges, in: Jahrbuch für westdeutsche Landesgeschichte, 8 (1982), S. 159–198; ders.: Von den Grenzen der SS-Macht. Eine Fallstudie zur Tätigkeit des SS-Wirtschafts-Verwaltungshauptamtes, in: Dieter Rebentisch/Karl Teppe (Hrsg.): Verwaltung contra Menschenführung im Staat Hitlers. Studien zum politisch-administrativen System, Göttingen 1986, S. 255–277.

54 Philip Gassert: Keine rein geschäftliche Angelegenheit. Die amerikanischen Investitionen und die «Feindvermögensfrage» im Dritten Reich, in: Manfred Berg/ders. (Hrsg.): Deutschland und die USA in der Internationalen Geschichte des 20. Jahrhunderts, Stuttgart 2004, S. 339–363, hier: 356.

55 Marie-Luise Recker: Nationalsozialistische Sozialpolitik im Zweiten Weltkrieg, München 1985, S. 83 f., 98. Zum Kontext Ludolf Herbst: Der Totale Krieg und die Ordnung der Wirtschaft. Die Kriegswirtschaft im Spannungsfeld von Politik, Ideologie und Propaganda 1939–1945, Stuttgart 1982, S. 127–167.

56 Recker, Sozialpolitik, S 96.

V. Großraubwirtschaft

1 Andrea Löw: Juden im Getto Litzmannstadt. Lebensbedingungen, Selbstwahrnehmung, Verhalten, Göttingen 2006, S. 231, 252; dies.: Das Getto Litzmannstadt. Eine historische Einführung, in: Sascha Feuchert/Erwin Leibfried/Jörg

Riecke (Hrsg.): Die Chronik des Gettos Lodz/Litzmannstadt. Supplemente und Anhang, Göttingen 2007, S. 145–165, hier: 155.

2 Dies., Juden im Getto, S. 313 ff.

3 Michael Alberti: Die Verfolgung und Vernichtung der Juden im Reichsgau Wartheland 1939–1945, Wiesbaden 2006, S. 268 ff.

4 Der Begriff zuerst bei Banken, Großraubwirtschaft.

5 Birthe Kundrus: Kriegerfrauen. Familienpolitik und Geschlechterverhältnisse im Ersten und Zweiten Weltkrieg, Hamburg 1995, S. 249.

6 Aly, Volksstaat, S. 68 f., 86–90.

7 Frei, Führerstaat, S. 154.

8 Philipp Kratz: Sparen für das kleine Glück, in: Götz Aly (Hrsg.): Volkes Stimme. Skepsis und Führervertrauen im Nationalsozialismus, Frankfurt am Main 2006, S. 59–79.

9 Christoph Buchheim: Der Mythos vom «Wohlleben». Der Lebensstandard der deutschen Zivilbevölkerung im Zweiten Weltkrieg, in Vierteljahrshefte für Zeitgeschichte, 58 (2010), S. 299–328.

10 Buchheim, Wohlleben, S. 321.

11 Aly, Volksstaat, S. 385.

12 Ebd., S. 127 ff.

13 Ebd. S. 117–122.

14 Petrick-Felber, Genuss, S. 353.

15 Ulrich Herbert: Geschichte Deutschlands im 20. Jahrhundert, München 2014, S. 505 f.

16 Dietmar Süß: Tod aus der Luft. Kriegsgesellschaft und Luftkrieg in Deutschland und England, München 2011, S. 228.

17 Petrick-Felber, Genuss, S. 347.

18 Bopf, «Arisierung» in Köln, S. 300–304.

19 Dreßen, Aktion 3, S. 39–51.

20 Bajohr, «Arisierung» in Hamburg, S. 335 ff.

21 Malte Zierenberg: Stadt der Schieber. Der Berliner Schwarzmarkt 1939–1950, Göttingen 2008, S. 86–109; 155.

22 Stefan Mörchen: Schwarzer Markt. Kriminalität, Ordnung und Moral in Bremen 1939–1949, Frankfurt am Main 2011, S. 60 ff., 70 f.

23 Ebd., S. 71 f., 174 f.

24 Buchheim, Wohlleben, S. 311.

25 Mörchen, Schwarzer Markt, S. 90–103.

26 Herbert, Deutsche Geschichte, S. 509 f.

27 Berechnet nach Mark Harrison: The Economics of World War II. An Overview, in: ders. (Hrsg.): The Economics of World War II. Six Great Powers in International Comparison, Cambridge 1997, S. 7 f.

28 Adam Tooze: Einfach verkalkuliert, in: TAZ, 12. 3. 2005; Hans-Peter Ullmann: Der deutsche Steuerstaat. Geschichte der öffentlichen Finanzen vom 18. Jahrhundert bis heute, München 2005, S. 173.

29 Marc Buggeln: Währungspläne für den europäischen Großraum. Die Diskussion der nationalsozialistischen Wirtschaftsexperten über ein zukünftiges europäisches Zahlungssystem, in: Bo Stråth/Thomas Sandkühler (Hrsg.): Europäische Integration. Deutsche Hegemonialpolitik gegenüber Westeuropa 1920–1960, Göttingen 2002, S. 41–76, hier: 72 f.

30 Mark Mazower: Hitlers Imperium. Europa unter der Herrschaft des Nationalsozialismus, München 2009, S. 249.

31 Marcel Boldorf: Die gelenkte Kriegswirtschaft im besetzten Frankreich 1940–1944, in: Christoph Buchheim/ders. (Hrsg.): Europäische Volkswirtschaften unter deutscher Hegemonie 1938–1945, München 2012, S. 109–130.

32 Jonas Scherner: Europas Beitrag zu Hitlers Krieg. Die Verlagerung von Industrieaufträgen der Wehrmacht in die besetzten Gebiete und ihre Bedeutung für die deutsche Rüstung im Zweiten Weltkrieg, in: Christoph Buchheim/Marcel Boldorf (Hrsg.): Europäische Volkswirtschaften unter deutscher Hegemonie 1938–1945, München 2012, S. 69–92.

33 Marcel Boldorf: Neue Wege zur Erforschung der Wirtschaftsgeschichte Europas unter nationalsozialistischer Hegemonie, in: Christoph Buchheim/ders. (Hrsg.): Europäische Volkswirtschaften unter deutscher Hegemonie 1938–1945, München 2012, S. 1–23, hier: 13.

34 Mark Mazower: Inside Hitler's Greece. The Experience of Occupation, 1941–1944, New Haven 1993, S. 26–52.

35 Wigbert Benz: Der Hungerplan im «Unternehmen Barbarossa» 1941, Berlin 2011, S. 34.

36 Jörg Ganzenmüller: Das belagerte Leningrad 1941 bis 1944. Die Stadt in der Strategie von Angreifern und Verteidigern, Paderborn 2005, S. 41–82.

37 Mazower, Imperium, S. 268.

38 Herbert, Deutsche Geschichte, S. 451 f.; Mazower, Imperium, S. 270.

39 Werner Abelshauser: Germany. Guns, butter, and economic miracles, in: Mark Harrison (Hrsg.): The Economics of World War II. Six Great Powers in International Comparison, Cambridge 1997, S. 122–176, hier: 125.

40 Tooze, Ökonomie, S. 396 f. u. 652 f.

41 Ebd., S. 402–410.

42 Ebd., S. 636 f.

43 Abelshauser, Rüstungsschmiede, S. 360.

44 Tooze, Ökonomie, S. 637 f.

45 Budraß, Flugzeugindustrie, S. 725–747.

46 Tooze, Ökonomie, S. 640–650.

47 Petra Bräutigam: Mittelständische Unternehmer im Nationalsozialismus. Wirtschaftliche Entwicklungen und soziale Verhaltensweisen in der Schuh- und Lederindustrie Baden-Württembergs, München 1997, S. 101–107; vgl. zur Verlagerung von Betrieben Johannes Bähr: Bosch im Dritten Reich, in: Ders./ Paul Erker: Bosch. Geschichte eines Weltunternehmens, München 2013, S. 155–251, hier: 211 ff.

48 Gabriele Lotfi: KZ der Gestapo. Arbeitserziehungslager im Dritten Reich, Stuttgart 2000, S. 129, 144.

49 Winfried Süß: Der «Volkskörper» im Krieg. Gesundheitspolitik, Gesundheitsverhältnisse und Krankenmord im nationalsozialistischen Deutschland 1939–1945, München 2003, S. 250 ff., 294 ff., 384–390.

50 Zwangsarbeit 1939–1945. Erinnerungen und Geschichte. Digitales Archiv für Bildung und Wissenschaft, Transkript unter der Archiv-ID ZA194.

51 Maßgeblich hier und im Folgenden Mark Spoerer: Zwangsarbeit unter dem Hakenkreuz. Ausländische Zivilarbeiter, Kriegsgefangene und Häftlinge im Dritten Reich und im besetzten Europa 1939–1945, Stuttgart 2001.

52 Tanja Penter: Arbeiten für den Feind in der Heimat. Der Arbeitseinsatz in der besetzten Ukraine 1941–1944, in: Jahrbuch für Wirtschaftsgeschichte, 1/2004, S. 65–94, hier: 66.

53 Zwangsarbeit 1939–1945. Erinnerungen und Geschichte. Digitales Archiv für Bildung und Wissenschaft, Transkript unter der Archiv-ID ZA570.

54 Frei u. a., Flick, S. 338.

55 Ebd., S. 356 ff.

56 Stiftung Gedenkstätten Buchenwald und Mittelbau-Dora: Zwangsarbeit. Die Deutschen, die Zwangsarbeiter und der Krieg, Essen 2012, S. 79.

57 Thieleke, Fall 5, S. 192 ff.

58 Aly, Volksstaat, S. 181–190.

59 Abelshauser, Rüstungsschmiede, S. 412.

60 Ulrich Herbert: Apartheid nebenan. Erinnerungen an die Fremdarbeiter im Ruhrgebiet, in: Lutz Niethammer (Hrsg.): «Die Jahre weiß man nicht, wo man die heute hinsetzen soll». Faschismus-Erfahrungen im Ruhrgebiet, Bonn 1983, S. 253–266, hier: 253.

61 Lotfi, Arbeitserziehungslager, S. 180 ff., 186.

62 Ebd., S. 131, 135 f.

63 Ebd., S. 207.

64 Bernd C. Wagner: IG Auschwitz. Zwangsarbeit und Vernichtung von Häftlingen des Lagers Monowitz 1941–1945, München 2000, S. 10.

65 Ebd., S. 39–90, 175 f.

66 Klaus-Dietmar Henke: Die amerikanische Besetzung Deutschlands, München 1995, S. 483 f.

67 Kotze/Krausnick, Hitler-Reden, S. 335 ff.; Ralf Blank: Kriegsendphase und «Heimatfront» in Westfalen, in: Westfälische Forschungen, 55 (2005), S. 361–421.

68 Alfons Kenkmann: Wilde Jugend. Lebenswelt großstädtischer Jugendlicher zwischen Weltwirtschaftskrise, Nationalsozialismus und Währungsreform, Essen 2002, S. 235–246.

69 Ian Kershaw: Hitler. 1936–1945, München 2000, S. 1014.

70 Henke, Besatzung, S. 427.

71 Ebd., S. 414 ff.

Auswahlbibliographie

Die Bibliographie führt lediglich zitierte Forschungsliteratur auf, sofern ihre Bedeutung über den Nachweis einzelner Stimmen und Zitate hinausweist. Generell bemüht sich die Darstellung, den Anmerkungsapparat so knapp wie irgend möglich zu halten.

Abelshauser, Werner: Germany. Guns, butter, and economic miracles, in: Mark Harrison (Hrsg.): The Economics of World War II. Six Great Powers in International Comparison, Cambridge 1997, S. 122–176.

– Kriegswirtschaft und Wirtschaftswunder. Deutschlands wirtschaftliche Mobilisierung für den Zweiten Weltkrieg und die Folgen für die Nachkriegszeit, in: Vierteljahrshefte für Zeitgeschichte, 47 (1999), S. 503–538.

– Rüstungsschmiede der Nation? Der Kruppkonzern im Dritten Reich und in der Nachkriegszeit, 19133 bis 1951, in: Lothar Gall (Hrsg.): Krupp im 20. Jahrhundert. Die Geschichte des Unternehmens vom Ersten Weltkrieg bis zur Gründung der Stiftung, Berlin 2002, S. 267–472.

Alberti, Michael: Die Verfolgung und Vernichtung der Juden im Reichsgau Wartheland 1939–1945, Wiesbaden 2006.

Aly, Götz: Hitlers Volksstaat. Raub, Rassenkrieg und nationaler Sozialismus, erw. Ausg. Frankfurt am Main 2006.

Ambrosius, Gerold: Von Kriegswirtschaft zu Kriegswirtschaft, 1914–1945, in: Michael North (Hrsg.): Deutsche Wirtschaftsgeschichte. Ein Jahrtausend im Überblick, München 2005, S. 287–355.

Bähr, Johannes/Drecoll, Axel/Gotto, Bernhard/Priemel, Kim Christian/Wixforth, Harald: Der Flick-Konzern im Dritten Reich, München 2008.

Bajohr, Frank: «Arisierung» in Hamburg. Die Verdrängung der jüdischen Unternehmer 1933–1945, Hamburg 1997, S. 31.

Bajohr, Stefan: Die Hälfte der Fabrik. Geschichte der Frauenarbeit in Deutschland 1914 bis 1945, Marburg 1979.

Blaich, Fritz: Der Schwarze Freitag. Inflation und Wirtschaftskrise, München 1985.

Banken, Ralf: Edelmetallmangel und Großraubwirtschaft. Die Entwicklung des deutschen Edelmetallsektors und die Degussa AG 1933–1945, Berlin 2009.

Barkai, Avraham: Das Wirtschaftssystem des Nationalsozialismus. Ideologie, Theorie, Politik, 1933–1945, Frankfurt am Main 1988.

Baten, Jörg/Wagner, Andrea: Autarchy, Market Disintegration, and Health. The Mortality and Nutritional Crisis in Nazi Germany 1933–1937, in: Economics and Human Biology, 1 (2002), S. 1–28.

Benz, Wigbert: Der Hungerplan im «Unternehmen Barbarossa» 1941, Berlin 2011.

Black, Edwin: IBM and the Holocaust. The strategic alliance between Nazi Germany and America's most powerful Corporation, London 2001.

Boelcke, Willi A.: Die Kosten von Hitlers Krieg. Kriegsfinanzierung und finanzielles Kriegserbe in Deutschland 1933–1948, Paderborn 1985.

Boldorf, Marcel: Die gelenkte Kriegswirtschaft im besetzten Frankreich 1940–1944, in: Christoph Buchheim/ders. (Hrsg.): Europäische Volkswirtschaften unter deutscher Hegemonie 1938–1945, München 2012, S. 109–130.

Bopf, Britta: «Arisierung» in Köln. Die wirtschaftliche Existenzvernichtung der Juden 1933–1945, Köln 2004.

Brakelmann, Günter: Zwischen Mitschuld und Widerstand. Fritz Thyssen und der Nationalsozialismus, Essen 2010.

Bräutigam, Petra: Mittelständische Unternehmer im Nationalsozialismus. Wirtschaftliche Entwicklungen und soziale Verhaltensweisen in der Schuh- und Lederindustrie Baden-Württembergs, München 1997.

Buchheim, Christoph: Das NS-Regime und die Überwindung der Weltwirtschaftskrise in Deutschland, in: Vierteljahrshefte für Zeitgeschichte, 56 (2008), S. 381–414.

– Der Mythos vom «Wohlleben». Der Lebensstandard der deutschen Zivilbevölkerung im Zweiten Weltkrieg, in Vierteljahrshefte für Zeitgeschichte, 58 (2010), S. 299–328.

Budraß, Lutz: Flugzeugindustrie und Luftrüstung 1918–1945, Düsseldorf 1998.

Conze, Eckart/Frei, Norbert/Hayes, Peter/Zimmermann, Moshe: Das Amt und die Vergangenheit. Deutsche Diplomaten im Dritten Reich und in der Bundesrepublik, unter Mitarbeit von Annette Weinke und Andrea Wiegeshoff, München 2010.

Corni, Gustavo/Gies, Horst: «Blut und Boden». Rassenideologie und Agrarpolitik im Staat Hitlers, Idstein 1994.

– Brot, Butter, Kanonen. Die Ernährungswirtschaft in Deutschland unter der Diktatur Hitlers, Berlin 1997.

Degler, Stephanie/Streb, Jochen: Die verlorene Erzeugungsschlacht. Die nationalsozialistische Landwirtschaftspolitik im Systemvergleich, in: Jahrbuch für Wirtschaftsgeschichte, 1/2008, S. 161–181.

Deist, Wilhelm/Messerschmidt, Manfred/Volkmann, Hans-Erich/Wette, Wolfram: Das Deutsche Reich und der Zweite Weltkrieg, Bd. 1: Ursachen und Voraussetzungen der deutschen Kriegspolitik, Stuttgart 1979.

Ebi, Michael: Export um jeden Preis. Die deutsche Exportförderung von 1932–1938, Stuttgart 2004.

Falter, Jürgen W.: Hitlers Wähler, München 1991.

Frei, Norbert: Der Führerstaat. Nationalsozialistische Herrschaft, erw. Neuausg. München 2001.

– /Ahrens, Ralf/Osterloh, Jörg/Schanetzky, Tim: Flick. Der Konzern, die Familie, die Macht, München 2009.

Friedländer, Saul: Das Dritte Reich und die Juden, Bd. 1: Die Jahre der Verfolgung 1933–1939, München 1998.

Friemert, Chup: Produktionsästhetik im Faschismus. Das Amt «Schönheit der Arbeit» von 1933 bis 1939, München 1980.

Frommann, Bruno: Reisen im Dienste politischer Zielsetzungen. Arbeiter-Reisen und «Kraft durch Freude»-Fahrten, Diss. phil. Stuttgart 1992.

Führer, Karl Christian: Mieter, Hausbesitzer, Staat und Wohnungsmarkt. Wohnungsmangel und Wohnungszwangswirtschaft in Deutschland 1914–1960, Stuttgart 1995.

Ganzenmüller, Jörg: Das belagerte Leningrad 1941 bis 1944. Die Stadt in der Strategie von Angreifern und Verteidigern, Paderborn 2005.

Gassert, Philip: Keine rein geschäftliche Angelegenheit. Die amerikanischen Investitionen und die «Feindvermögensfrage» im Dritten Reich, in: Manfred Berg/ders. (Hrsg.): Deutschland und die USA in der Internationalen Geschichte des 20. Jahrhunderts, Stuttgart 2004, S. 339–363.

Gillingham, John: Coal, Steel, and the Rebirth of Europe 1945–1955. The Germans and French from Ruhr Conflict to Economic Community, Cambridge 1991.

Hachtmann, Rüdiger: Industriearbeit im «Dritten Reich». Untersuchungen zu den Lohn- und Arbeitsbedingungen in Deutschland 1933–1945, Göttingen 1989.

– Das Wirtschaftsimperium der Deutschen Arbeitsfront 1933–1945, Göttingen 2012.

Harrison, Mark: The Economics of World War II. An Overview, in: ders. (Hrsg.): The Economics of World War II. Six Great Powers in International Comparison, Cambridge 1997.

Hayes, Peter: Industry and Ideology. I. G. Farben in the Nazi Era, Cambridge 1993.

– Die Degussa im Dritten Reich. Von der Zusammenarbeit zur Mittäterschaft, München 2004.

Henke, Klaus-Dietmar: Die amerikanische Besetzung Deutschlands, München 1995.

Herbert, Ulrich: Geschichte Deutschlands im 20. Jahrhundert, München 2014.

Herbst, Ludolf: Der Totale Krieg und die Ordnung der Wirtschaft. Die Kriegswirtschaft im Spannungsfeld von Politik, Ideologie und Propaganda 1939–1945, Stuttgart 1982.

Hochstetter, Dorothee: Motorisierung und «Volksgemeinschaft». Das Nationalsozialistische Kraftfahrerkorps (NSKK) 1931–1945, München 2005.

Hopmann, Barbara: Von der Montan zur Industrieverwaltungsgesellschaft (IVG) 1916–1951, Stuttgart 1996.

Humann, Detlev: «Arbeitsschlacht». Arbeitsbeschaffung und Propaganda in der NS-Zeit, 1933–1939, Göttingen 2011.

James, Harold/Barkai, Avraham: Die Deutsche Bank und die «Arisierung», München 2001.

Kenkmann, Alfons: Wilde Jugend. Lebenswelt großstädtischer Jugendlicher zwischen Weltwirtschaftskrise, Nationalsozialismus und Währungsreform, Essen 2002, S. 235–246.

Kershaw, Ian: Hitler. 1889–1936, Stuttgart 1998.

– Hitler. 1936–1945, München 2000.

Klee, Ernst: Das Personenlexikon zum Dritten Reich. Wer war was vor und nach 1945, Frankfurt am Main 2005.

Kleinschmidt, Christian: Konsumgesellschaft, Göttingen 2008.

Kleman, Hein/Kudryashov, Sergei: Occupied Economies. An Economic History of Nazi-Occupied Europe 1939–1995, London 2012.

Kockel, Titus: Deutsche Ölpolitik 1928–1938, Berlin 2005.

König, Wolfgang: Volkswagen, Volksempfänger, Volksgemeinschaft. «Volksprodukte» im Dritten Reich. Vom Scheitern einer nationalsozialistischen Konsumgesellschaft, Paderborn 2004.

Kopper, Christopher: Wer waren die Hauptprofiteure der «Arisierungen»? Zur neuen Forschungsgeschichte einer alten Kontroverse, in: Hartmut Berghoff/Jürgen Kocka/Dieter Ziegler (Hrsg.): Wirtschaft im Zeitalter der Extreme, München 2010, S. 294–311.

Kratz, Philipp: Sparen für das kleine Glück, in: Götz Aly (Hrsg.): Volkes Stimme. Skepsis und Führervertrauen im Nationalsozialismus, Frankfurt am Main 2006.

Kundrus, Birthe: Kriegerfrauen. Familienpolitik und Geschlechterverhältnisse im Ersten und Zweiten Weltkrieg, Hamburg 1995.

Lenz, Rudolf: Karstadt. Ein deutscher Warenhauskonzern 1920–1950, Stuttgart 1995.

Lindner, Stephan H.: Das Reichskommissariat für die Behandlung feindlichen Vermögens im Zweiten Weltkrieg. Eine Studie zur Verwaltungs-, Rechts- und Wirtschaftsgeschichte des nationalsozialistischen Deutschlands, Stuttgart 1991.

Lorentz, Bernhard: Industrieelite und Wirtschaftspolitik 1928–1950. Heinrich Dräger und das Drägerwerk, Paderborn 2001.

Lotfi, Gabriele: KZ der Gestapo. Arbeitserziehungslager im Dritten Reich, Stuttgart 2000.

Löw, Andrea: Juden im Getto Litzmannstadt. Lebensbedingungen, Selbstwahrnehmung, Verhalten, Göttingen 2006.

Luntowski, Gustav: Hitler und die Herren an der Ruhr. Wirtschaftsmacht und Staatsmacht im Dritten Reich, Frankfurt am Main 2000.

Marx, Christian: Paul Reusch und die Gutehoffnungshütte. Leitung eines deutschen Großunternehmens, Göttingen 2013.

Mason, Timothy W.: Arbeiterklasse und Volksgemeinschaft. Dokumente und Materialien zur deutschen Arbeiterpolitik 1936–1939, Opladen 1975.

Mazower, Mark: Inside Hitler's Greece. The Experience of Occupation, 1941–1944, New Haven 1993.

– Hitlers Imperium. Europa unter der Herrschaft des Nationalsozialismus, München 2009.

Mörchen, Stefan: Schwarzer Markt. Kriminalität, Ordnung und Moral in Bremen 1939–1949, Frankfurt am Main 2011.

Morsch, Günter: Arbeit und Brot. Studien zu Lage, Stimmung, Einstellung und Verhalten der deutschen Arbeiterschaft 1933–1936/37, Frankfurt am Main 1993.

Münkel, Daniela: Nationalsozialistische Agrarpolitik und Bauernalltag, Frankfurt am Main 1996.

Neebe, Reinhard: Großindustrie, Staat und NSDAP 1930–1933. Paul Silverberg und der Reichsverband der Deutschen Industrie in der Krise der Weimarer Republik, Göttingen 1981.

Niezel, Benno: Handeln und Überleben. Jüdische Unternehmer aus Frankfurt am Main 1924–1964, Göttingen 2012.

Overy, Richard: «Blitzkriegswirtschaft»? Finanzpolitik, Arbeitseinsatz und Lebensstandard in Deutschland 1939–1942, in: Vierteljahrshefte für Zeitgeschichte, 36 (1988), S. 379–435.

Patel, Kiran Klaus: «Soldaten der Arbeit». Arbeitsdienste in Deutschland und den USA, 1933–1945, Göttingen 2003.

Pelzer, Birgit/Reith, Reinhold: Margarine. Die Karriere der Kunstbutter, Berlin 2001.

Pendergrast, Mark: For God, Country and Coca-Cola. The Unauthorized History of the Great American Soft Drink and the Company that makes it, London 1993.

Penter, Tanja: Arbeiten für den Feind in der Heimat. Der Arbeitseinsatz in der besetzten Ukraine 1941–1944, in: Jahrbuch für Wirtschaftsgeschichte, 1/2004, S. 65–94.

Petrick-Felber, Nicole: Kriegswichtiger Genuss. Die Konsumgeschichte von Tabak und Kaffee im «Dritten Reich», Diss. phil. Jena 2014.

Petzina, Dietmar: Autarkiepolitik im Dritten Reich. Der nationalsozialistische Vierjahresplan, Stuttgart 1968.

Priemel, Kim Christian: Lernversagen. Der Erste Weltkrieg und die nationalsozialistische Wirtschaftspolitik, in: Gerd Krumeich/Anke Hoffstadt/Arndt Weinrich (Hrsg.): Nationalsozialismus und erster Weltkrieg, Essen 2010, S. 299–322.

Prinz, Michael: Der Sozialstaat hinter dem Haus. Wirtschaftliche Zukunftserwartungen, Selbstversorgung und regionale Vorbilder. Westfalen und Südwestdeutschland 1920–1960, Paderborn 2012.

Pyta, Wolfram: Hindenburg. Herrschaft zwischen Hohenzollern und Hitler, München 2007.

Rabinbach, Anson G.: Die Ästhetik der Produktion im Dritten Reich, in: Ralf Schnell (Hrsg.): Kunst und Kultur im deutschen Faschismus, Stuttgart 1978, S. 57–85.

Rauh, Cornelia: Wirtschaftsbürger im «Doppelstaat». Zur Kritik der neueren Forschung, in: Norbert Frei/Tim Schanetzky (Hrsg.): Unternehmen im Nationalsozialismus. Zur Historisierung einer Forschungskonjunktur, Göttingen 2010, S. 100–115.

Rebentisch, Dieter: Schwere Zeiten. Die Frankfurter Wirtschaft zwischen Republik, Diktatur und Krieg 1914–1945, in: Werner Plumpe/ders. (Hrsg.): «Dem Flor der hiesigen Handlung.» 200 Jahre Industrie- und Handelskammer Frankfurt am Main, Frankfurt am Main 2008.

Recker, Marie-Luise: Nationalsozialistische Sozialpolitik im Zweiten Weltkrieg, München 1985.

Sachse, Carola: Siemens, der Nationalsozialismus und die moderne Familie. Eine Untersuchung zur sozialen Rationalisierung in Deutschland im 20. Jahrhundert, Hamburg 1990.

Scherner, Jonas: Die Logik der Industriepolitik im Dritten Reich. Die Investitionen in die Autarkie- und Rüstungsindustrie und ihre staatliche Förderung, Stuttgart 2008.

– Europas Beitrag zu Hitlers Krieg. Die Verlagerung von Industrieaufträgen der Wehrmacht in die besetzten Gebiete und ihre Bedeutung für die deutsche Rüstung im Zweiten Weltkrieg, in: Christoph Buchheim/Marcel Boldorf (Hrsg.): Europäische Volkswirtschaften unter deutscher Hegemonie 1938–1945, München 2012, S. 69–92.

Schulz, Ulrike: Simson. Vom unwahrscheinlichen Überleben eines Unternehmens 1856–1993, Göttingen 2013.

Schütz, Erhard/Gruber, Eckhard: Mythos Reichsautobahn. Bau und Inszenierung der «Straßen des Führers» 1933–1941, Berlin 2000.

Sparenberg, Ole: «Segen des Meeres». Hochseefischerei und Walfang im Rahmen der nationalsozialistischen Autarkiepolitik, Berlin 2012.

Spode, Hasso: Arbeiterurlaub im Dritten Reich, in: Carola Sachse/Tilla Siegel/ders./ Wolfgang Spohn: Angst, Belohnung, Zucht und Ordnung. Herrschaftsmechanismen im Nationalsozialismus, Opladen 1982, S. 275–328.

– Ein Seebad für zwanzigtausend Volksgenossen. Zur Grammatik und Geschichte des fordistischen Urlaubs, in: Peter J. Brenner (Hrsg.): Reisekultur in Deutschland. Von der Weimarer Republik zum «Dritten Reich», Tübingen 1997, S. 7–47.

Spoerer, Mark: Von Scheingewinnen zum Rüstungsboom. Die Eigenkapitalrentabilität der deutschen Industrieaktiengesellschaften 1925–1941, Stuttgart 1996.

– Zwangsarbeit unter dem Hakenkreuz. Ausländische Zivilarbeiter, Kriegsgefangene und Häftlinge im Dritten Reich und im besetzten Europa 1939–1945, Stuttgart 2001.

Stachura, Peter D.: The Social and Welfare Implications of Youth Unemployment in Weimar Germany, 1929–1933, in: Ders. (Hrsg.): Unemployment and the Great Depression in Weimar Germany, Basingstoke 1986, S. 121–147.

Steiner, André: Von der Preisüberwachung zur staatlichen Preisbildung. Verbraucherpreispolitik und ihre Konsequenzen für den Lebensstandard unter dem Nationalsozialismus in der Vorkriegszeit, in: ders. (Hrsg.): Preispolitik und Lebensstandard. Nationalsozialismus, DDR und Bundesrepublik im Vergleich, Köln 2006, S. 23–85.

Streb, Jochen/Pyta, Wolfram: Von der Bodenproduktivität zur Arbeitsproduktivität. Der agrarökonomische Paradigmenwechsel, in: Zeitschrift für Agrargeschichte und Agrarsoziologie, 53 (2005), S. 56–78.

Sudrow, Anne: Der Schuh im Nationalsozialismus. Eine Produktgeschichte im deutsch-britisch-amerikanischen Vergleich, Göttingen 2010.

Süß, Dietmar: Tod aus der Luft. Kriegsgesellschaft und Luftkrieg in Deutschland und England, München 2011.

Süß, Winfried: Der «Volkskörper» im Krieg. Gesundheitspolitik, Gesundheitsverhältnisse und Krankenmord im nationalsozialistischen Deutschland 1939–1945, München 2003.

Tooze, Adam: Ökonomie der Zerstörung. Die Geschichte der Wirtschaft im Nationalsozialismus, München 2007.

Torp, Claudius: Wachstum, Sicherheit, Moral. Politische Legitimationen des Konsums im 20. Jahrhundert, Göttingen 2012.

– Besser als in Weimar. Spielräume des Konsums im Nationalsozialismus, in: Birthe Kundrus/Sybille Steinbacher (Hrsg.): Kontinuitäten und Diskontinuitäten. Der Nationalsozialismus in der Geschichte des 20. Jahrhunderts, Göttingen 2013, S. 73–93.

Turner, Henry A.: Die Großunternehmer und der Aufstieg Hitlers, Berlin 1985.

– General Motors und die Nazis. Das Ringen um Opel, Berlin 2006.

Ullmann, Hans-Peter: Der deutsche Steuerstaat. Geschichte der öffentlichen Finanzen vom 18. Jahrhundert bis heute, München 2005.

Voigtländer, Nico/Voth, Hans-Joachim: Highway to Hitler. Universität Zürich, Department of Economics, Working Paper Nr. 156, Mai 2014.

Wagner, Bernd C.: IG Auschwitz. Zwangsarbeit und Vernichtung von Häftlingen des Lagers Monowitz 1941–1945, München 2000.

Wagner, Kurt: Leben auf dem Lande im Wandel der Industrialisierung, Frankfurt am Main 1986.

Ziegler, Dieter: Die Dresdner Bank und die deutschen Juden, München 2006.

– Erosion der Kaufmannsmoral. «Arisierung», Raub und Expansion, in: Norbert Frei/Tim Schanetzky (Hrsg.): Unternehmen im Nationalsozialismus. Zur Historisierung einer Forschungskonjunktur, Göttingen 2010, S. 156–168.

Zierenberg, Malte: Stadt der Schieber. Der Berliner Schwarzmarkt 1939–1950, Göttingen 2008.

Bildnachweis

S. 14 ullstein bild – Heritage Images / Stapleton Historical Collection
S. 56 bpk / Alwin Tölle
S. 98 bpk / Kunstbibliothek SMB, Photothek / Willy Römer
S. 144 ullstein bild
S. 192 ullstein bild / Leone / Walter Genewein

Register